高校大学生心理问题与危机干预研究

李 璞◎著

中国纺织出版社 | 国家一级出版社
全国百佳图书出版单位

内 容 提 要

大学生是社会发展的重要后备力量。他们的心理健康水平在很大程度上决定着他们是否真正走上正确的成长道路。本书介绍了一些常见的高校大学生心理问题，并提出了合理的危机干预措施，希望能借此书帮助大学生更好地认识自己的心理状况，更好地调适和控制自己的心理，也给高校教育者、学生管理者提供一些帮助大学生处理自己心理问题的具体指导，同时也在大学生心理研究方面做出自己的一点贡献。

图书在版编目（CIP）数据

高校大学生心理问题与危机干预研究 / 李璞著 .-- 北京：中国纺织出版社，2018.12（2022.4 重印）
ISBN 978-7-5180-5829-7

Ⅰ. ①高… Ⅱ. ①李… Ⅲ. ①大学生—心理健康—健康教育—研究 Ⅳ. ①G444

中国版本图书馆 CIP 数据核字（2018）第 279390 号

责任编辑：段子君　　特约编辑：李艳新　　责任印制：储志伟

中国纺织出版社出版发行
地址：北京市朝阳区百子湾东里 A407 号楼　邮政编码：100124
销售电话：010 — 67004422　传真：010 — 87155801
http://www.c-textilep.com
中国纺织出版社天猫旗舰店
官方微博 http://weibo.com/2119887771
佳兴达印刷（天津）有限公司印刷　各地新华书店经销
2018 年 12 月第 1 版　2022 年 4 月第 2 次印刷
开本：710×1000　1/16　印张：14.125
字数：344 千字　　定价：68.00 元

前 言

大学生是社会发展的重要后备力量。他们的心理健康水平在很大程度上决定着他们是否真正走上正确的成长道路。因此，党和国家都高度重视当代大学生的心理健康，学术界也对大学生心理方面的研究也越来越多。大学生在生理上已经发展成熟，在心理上还不成熟。因此，在遇到各种各样的事情，尤其是各种困惑和挫折时，很容易产生心理矛盾和冲突，进而产生较为严重的心理问题。有关报道说，大学生心理障碍发生率在20%~40%之间，倾向较严重者约占10%。这意味着有一个庞大的、急需关注的大学生群体。面对大学生心理问题，家庭、学校、社会应当采取一定的措施来帮助大学生。

心理危机干预在我国有很长的发展历史。早在两千多年前，伟大的教育家、思想家孔子就曾提出“欲修其身者，先正其心；欲正其心者，先诚其意；欲诚其意者，先致其知，致知在格物”的思想。在这里，不难看出孔子对于“正心”“诚意”的心理健康教育的重视。在源远流长的中华医学宝典中，名医华佗也提出了“怒胜忧思”的心理危机干预的经典案例。《国家中长期教育改革和发展规划纲要（2010—2020年）》《中共中央国务院关于进一步加强和改进大学生思想政治教育的意见》（中发〔2004〕16号）《教育部？卫生部？共青团中央关于进一步加强和改进大学生心理健康教育的意见》（教社政〔2005〕1号）《国家教育事业发展第十二个五年规划》等相关文件明确规定，要在我国高校中大力开展心理健康教育工作，促进大学生的全面、健康成长，富有创新精神的拔尖人才。可以说，这些指导性文件都为我国高校大学生的心理危机干预的实施与发展提供了明确的发展方向，并提供了一定的方法与途径。

本书是作者在长期的教育教学实践经验基础上，通过研究各种有关心理学方面的文献资料撰写而成的。本书共八章，主要内容包括：大学生心理健康与心理危机导论、高校大学生常见的心理问题、高校大学生心理应激源与易感因素分析、高校大学生心理危机干预工作体系建立、高校大学生心理危机干预的方法、高校大学生心理危机干预工作系统的评估与反馈、高校大学生心理危机干预的社会支持系统、心理危机事件的干预。

在本书的撰写过程中，作者参考和吸收了诸多相关的研究成果，也引用了其中一些观点，这里表示衷心的感谢！由于时间较为仓促，加之作者水平有限，因而书中难免会存在一些疏漏和瑕疵，恳请广大专家学者、读者不吝指正，以便今后更好地完善此书。

著 者

2018年10月

目　录

第一章

大学生心理健康与心理危机导论

第一节　健康与心理健康

人作为个体自诞生伊始，便祈求健康。然而，对什么是健康，健康的概念应包括哪些内涵，人们一直有不同的见解，并且这种理解随着社会发展以及人类自身认识的深化而不断丰富。

一、健康

20 世纪初，《简明不列颠百科全书》对健康下的定义为："没有疾病和营养不良以及虚弱状态。"我国《辞海》（1989 年版）中，也将健康定义为："人体各器官系统发育良好，功能正常，体质健壮，精力充沛，并具有良好劳动效能的状态。通常用人体测量、体格检验和各种生物指标来衡量。"上述这些对健康的定义都是在生物医学模式下的解释。

数百年来，生物医学的巨大成就为人类的健康做出了卓越的贡献，这种成就使人们对健康的认识局限于过分关注躯体的生物学变化，而忽视了人的心理活动及社会存在对健康的影响。随着现代科技的飞速发展，社会文化的迅猛变革，人们普遍面临着激烈的竞争，快速的生活节奏、前所未有的巨大压力使人不堪重负，对人类的健康产生了重大影响。人们逐渐认识到了心理因素对人类健康不容忽视的重要作用，从而逐步确立了身心统一的健康观，从更合理的角度诠释健康的概念。

1948 年世界卫生组织（WHO）在成立宪章中指出："健康乃是一种身体上、精神上和社会适应上的完好状态，而不仅仅是没有疾病和虚弱的现象。”这是对健康较为全面、科学、完整、系统的定义。这种对健康的理解意味着，衡量一个人是否健康必须从生理、心理、社会、行为等因素分析，不仅看他有没有器质性或功能性异常，还要看他有没有主观不适感，有没有社会公认的不健康行为。

1989 年世界卫生组织提出了 21 世纪健康新概念：“健康不仅是没有疾病，而且包括躯体健康、生理健康、社会适应良好和道德健康。”同时，世界卫生组织制定了 10 条健康标准。

世界卫生组织制定的 10 条健康标准：

1）充沛的精力，能从容不迫地担负日常生活和繁重的工作而不感到过分紧张和疲劳。

2）处世乐观，态度积极，乐于承担责任，事无大小，不挑剔。

3）善于休息，睡眠好。

4）应变能力强，能适应外界环境中的各种变化。

5）能够抵御一般感冒和传染病。

6）体重适当，身体匀称，站立时头、肩位置协调。

7）眼睛明亮，反应敏捷，眼睑不发炎。

8）牙齿清洁，无龋齿，不疼痛，牙龈颜色正常，无出血现象。

9）头发有光泽，无头屑。

10）肌肉丰满，皮肤有弹性。

21 世纪人类的健康是生理的、心理的、社会适应与道德健康的完美整合。在这一新概念中，以生理健康为物质基础并发展心理健康与良好的社会适应，道德健康则是整体健康的统帅。

二、心理健康

从广义上讲，心理健康是一种持续高效而满意的心理状态；从狭义上讲，心理健康是知、情、意、行的统一，是人格完善协调，社会适应良好。迄今为止，关于心理健康还没有一个统一的概念，国内外学者一般认同心理健康标准的复杂性，既有文化差异，也有个体差异。

一般而言，判断个体心理健康与否，主要源于四个方面：

（1）经验标准。即当事人按照自己的主观感受来判断自己的健康，研究者凭借自己的经验对当事人的心理健康进行判定；重在关注当事人的主观心理感受，由于个体先天的遗传及后天的环境不同，经验标准更强调其个别差异。同样的生活事件，当事双方由于自我认知不同，自我体验不同，自我评价也不尽相同。

（2）社会适应标准。以社会中大多数人的常态为参照标准，观察当事人是否适应常态而进行其心理是否健康的判断。例如：大学生根据生理、心理与社会发展应当具有独立生活与处理生活中面临的事务的能力，而如果有的大学生生活能力低下不能打理自己的日常

生活，这便需要引起重视。

（3）统计学标准。依据对大量正常心理特征的测量取得一个常模，把当事人的心理与常模进行比较。这个标准更多地应用于心理学研究之中，一般而言，我们都要将个体的心理测验结果与常模对照，来判断其心理健康状况。

（4）自身行为标准。每个人在以往生活中形成的稳定的行为模式，即正常标准。事实上，心理健康与否其界限是相对的，企图找到绝对标准是不现实的，大学生心理健康标准的掌握也同样存在这样的问题。如何把握标准？我们认为应掌握三个标准，即相对性、整体协调性和发展性。我们在研究大学生整体心理健康时，应将目光投向发展的健康观，即更多的大学生在发展中面临的许多人生课题，心理危机与心理困难也都是在发展的大背景下产生的。有的心理困惑属于某一群体所特有的，比如多重压力之于大学生，他们的人生期望、职业抱负、学业期待引发的学业压力、就业压力、情感压力等都需要应付。有些心理问题具有阶段性，当个体心理成熟后会自愈。

（一）心理健康运动起源与发展

古代对心理疾病的看法，可以说是充满了迷信、偏见与无知，最早有一种“魔鬼说”，认为心理疾病是魔鬼侵入人体内所致，治疗的方法就是把魔鬼从体内赶走，在额顶上钻一小孔，好让魔鬼从此逃走，并祈祷与念咒，称“驱鬼疗法”。到了中世纪，改用接触圣物，给予闹声、放血、将恶臭物品塞进鼻孔、服用泻药、践踏恶魔画像等方法，甚至使用极不人道的挨饿、拷打或火刑。

古希腊名医希波克利特认为心理疾病是由于脑伤或体液过多，他假设人体内有四种体液，即血液、黄胆汁、黑胆汁与黏液，若体内这些液体过多，就会产生相应的行为偏差，例如：黑胆汁与忧郁气质有关，若其量过多，会呈现忧郁症。虽然对心理疾病的原因提出了生理解释，但仍缺乏科学的医学依据。

一直到19世纪以后，才有比较科学的研究，有的采取器质性观点，主要以大脑、内分泌、遗传等的病因来说明，如德国精神医学家克类柏林，认为精神病是由遗传、生理原因造成的，将其分类、描述征候、探讨身体变化原因，称为“描述式精神医学”。另有采取心因性观点，以早年经验、潜意识、人际关系、环境因素等加以解释，如奥地利精神病学家弗洛伊德的心理分析学对心理失常的解释。但更多的人后来采取器质性—心因性混合的观点，如美国动力精神医学认为个人行为失常，应同时就大脑机能、遗传体质、环境因素去研究，其中环境因素包括个体一向的人际关系及对环境的适应，此项观点的转变对“心理健康的发展有极大贡献”。

当代心理卫生运动是从如何正确认识精神病和给精神病患者以人道的待遇开始的。法国大革命以后，比奈尔医生在他工作过的两所医院里，以大无畏的勇气和改革的气魄，毅然给住院精神病人解除了束缚他们躯体的锁链，并且努力为他们提供清洁的房间、良好的食物和仁慈的护理。这一创举引起了社会的强烈反响。他被公认为心理卫生的倡导者。

另一个对现代心理卫生运动的兴起作出贡献的是美国人比尔斯。比尔斯的哥哥患有癫痫病，比尔斯担心这种病会遗传到自己身上，于是，终日惶恐不安。24 岁时，比尔斯因精神失常从四楼跳下，自杀未遂，结果被送入精神病院。病愈出院后，比尔斯立志为改善精神病患者的待遇而努力。1907 年著《自觉之心》，历数当时精神病院的冷酷和落后，详细记述自己的病情、治疗和康复经过，并向世人发出改善精神病患者的强烈呼声。比尔斯得到各方面的赞助后，于 1908 年 5 月成立了“康涅狄格州心理卫生协会”，这便是世界上第一个心理卫生组织。

我国在国际心理卫生运动的影响下，于 1935 年成立了“中国心理卫生协会”，其宗旨是：保持并促进精神健康，防止心理的缺陷与疾病。现在，心理卫生已成为一门独立的学科，是心理学界和医学界共同研究的课题。近年来，心理卫生在我国许多高校受到重视，成立了专门的心理咨询机构或指导组织，高职院校开展心理卫生宣传与咨询工作也进行了积极有益的探索。

（二）心理健康与心理卫生

心理健康的概念是随时代变迁、社会文化因素影响而不断变化的。

狭义和消极的意义：指没有精神病症状或心理不健康的预防及康复。

广义和积极的意义：指心理健康的保持与增进，其含义有三方面：

（1）“心理健康”或“心理卫生”是一门学科或理论体系，其主要研究范围与内容包括：①研究公共卫生理论的运用；②研究心理健康维护并推广心理健康知识；③有关精神疾病的预防；④解释精神疾病的有关问题与服务的有效途径。

（2）“心理健康”或“心理卫生”是泛指身心健康状态，心理卫生工作不是以已经有病或已有不良适应行为的人为对象，而是以一般人、以每一个健康的人为对象。

（3）“心理健康”或“心理卫生”是一种服务工作，“心理卫生”的理论知识必须从日常生活中去实践，才能达到心理疾病的预防与增进健康的效果。“心理健康”的服务体系，广义而言，指社会大众心理保健及精神医疗的服务体系，狭义而言，指未达医疗程度的预防性的服务工作。

心理健康的目标：

“心理健康”的目标之一，是心理疾病的预防、早期发现与处理。

“心理健康”的目标之二，是继续保持并增进个人健康状态，就内在方面而言，应培养个人心理的抵抗力，可设法锻炼养成，以防止不良适应的产生；就外在方面而言，应培养个人与环境保持和谐关系的适应能力。

（三）怎样才算心理健康

一个人的身体是否健康，医学上已经有了比较客观的标准，至于一个人的心理健康与否，从理论上来讲，也应该是有标准的。但由于人的心理是极其复杂的，因此其标准就比较难以确定。对此，至今尚无肯定的答案。有些心理学者认为，心理健康是指个体心理在本身及环境条件许可范围内所能达到的最佳功能状态。心理卫生工作则包括一切旨在改进及保持上述状态的措施，诸如精神疾病的康复，精神病的预防，减轻充满冲突的世界带来

的精神压力，以及人处于能按其身心潜能进行活动的健康水平等，下列几项指标是比较重要的：

（1）心理健康的人常能和他人建立积极的、良好的人际关系；

（2）心理健康的人有良好的情绪控制能力；

（3）心理健康的人乐于学习和工作，并在学习和工作中能充分发挥其智慧和能力，获取最大的成就；

（4）心理健康的人有正确的自我观；

（5）心理健康的人有正常的行为和与周边人和物协调的个性；

（6）心理健康的人能面对现实、把握现实；

（7）心理健康的人的心理特点符合其年龄特征。

心理健康的标准简单来说，可以理解为两条：一是能正确认识自己、他人和社会；二是在处理自己、他人和社会的关系时把握好“度”。达到这两条标准的人，就能融入社会，受到他人的认同与帮助；自己也感到满足和愉悦，这就是心理健康的人。

（四）心理健康“灰色区”理论

人在心理健康上存在着一个广泛的灰色区域。具体来说，如果将人的精神健康比作白色，精神不正常比作黑色，那么，在白色与黑色之间存在着一个巨大的缓冲区域——灰色区，世间大多数人的精神状况都散落在这一灰色区域内。换言之，灰色区可谓是人非器质性精神痛苦的总和，其中包括了人的心理不平衡、情绪障碍及变态人格。这些问题不同程度地干扰了人们的正常生活与情绪状态。灰色区又可以进一步划分为浅灰色与深灰色两区域。浅灰色区的人只有心理冲突而无人格变态，其突出表现为由诸如失恋、丧亲、夫妻纠纷、家庭不和、工作不顺心、人际关系不佳等生活矛盾而带来的心理不平衡与精神压抑。深灰色区的人则患有种种异常人格和神经症，如强迫症、恐人症、癔症、性倒错等症状。浅灰色区与深灰色区之间也无明确界限（图1-1）。

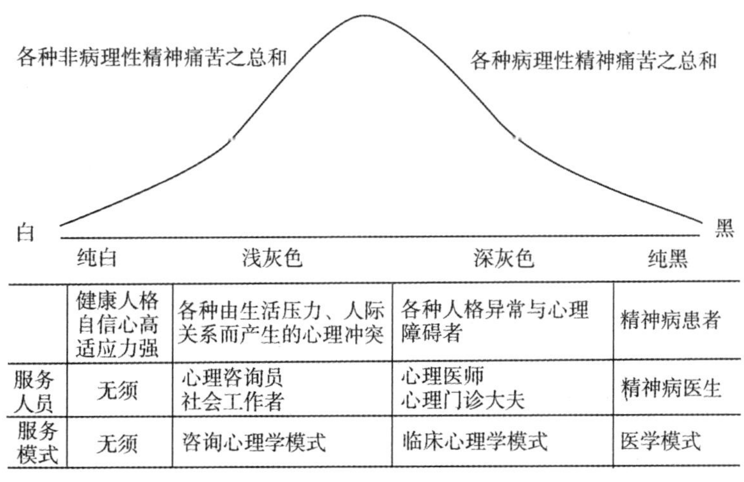

	纯白	浅灰色	深灰色	纯黑
	健康人格 自信心高 适应力强	各种由生活压力、人际关系而产生的心理冲突	各种人格异常与心理障碍者	精神病患者
服务人员	无须	心理咨询员 社会工作者	心理医师 心理门诊大夫	精神病医生
服务模式	无须	咨询心理学模式	临床心理学模式	医学模式

图1-1　心理健康灰色区理论

心理正常是一个常态范围，在这个范围内还允许不同程度的差异存在。心理不健康主要分为以下三类：

1. 一般心理问题

本书将“心理问题”定义为：由现实因素激发，持续时间短，情绪反应能在理智的控制之下，不严重破坏社会功能，情绪反应尚未泛化的心理不健康状态。大学生由于现实生活、学习压力、人际关系等原因而产生的内心冲突，并因此而体验到的不良情绪（如后悔、厌烦、自责等）。其判断标准是：

（1）不良情绪不间断地持续满一个月，或间断地满两个月还不能自行化解。

（2）不良情绪反应仍在相当程度的理智控制下，始终保持行为不失常态，基本维持正常生活、学习、社会交往，但效率有所下降。

（3）自始至终，不良情绪的激发因素仅仅局限于最初事件，未导致不良情绪的泛化。

2. 严重心理问题

“严重心理问题”，必须满足下列条件：

（1）原因：是较为强烈的对个体危害较大的现实刺激。不同的原因引起的“严重心理问题”，体验不同的痛苦情绪（如冤屈、失落、恼怒、悲哀、悔恨等）。

（2）时间：从产生痛苦的情绪开始，痛苦情绪间断或不间断地持续两个月以上、半年以下。

（3）遭受的刺激越大，反应越强烈。多数情况下，会短暂地失去理智控制，随着时间推移，痛苦可逐渐减轻，但是单纯地依靠“自然发展”或“非专业的干预”难以解脱，对生活、工作、社会交往有一定程度的影响。

（4）有泛化现象，痛苦情绪不但能被最初的刺激引起，也可以被与当初相类似或相关联的刺激引起，即反应对象被泛化。

综上所述，严重心理问题是由于相对强烈的现实因素激发，初始情绪反应剧烈、持续时间长久、内容充分泛化的心理不健康状态。

3. 神经症性的心理问题

这种心理不健康状态，是神经衰弱或神经症早期阶段，有时，我们也把有严重心理问题但没有严重的人格缺陷者列入这一类。

根据许又新教授关于神经症诊断的论述，鉴别“严重心理问题”与神经症的要点是“内心冲突的性质”“病程（持续时间）”和“严重心理问题”的心理冲突是现实性的或道德性的；社会功能破坏程度，也作为参考因子予以考虑。如果在出现“严重心理问题”后一年之内，在社会功能方面出现严重缺损，应考虑为神经症或其他精神疾病可能。

三、心理健康的测定

人的心理是人脑的内部活动。科学无法直接测量人的心理，只能根据人的具体活动加以推测，通过测量作为心理外部表现特征的行为（如人的言行），间接知道人的心理特征和心

理健康水平。通常情况下，衡量心理健康状况有两种方法：即心理测验法和精神检查法。

（一）心理测验法

心里测验法是运用各种标准化的心理健康量表对个体进行测试，把测试结果与常模进行比较，若某项测试结果超出该项常模过多，一般认为是异常的。此方法除个别使用外，还大量地用于团体测验和心理健康的流行病调查，以把握某一人群的心理健康分布状况。这是目前心理健康测定中使用最广泛的一种方法。心理测验的用途很广：在教育工作上，它可以测量学生的智能、品德、个性发展，学习动机及兴趣爱好，便于因材施教；在人才选拔和职业指导上，有利于实现人职匹配。每一种职业往往对就业人员的心理结构都有一定的要求，心理测验便是了解一个人心理结构的一种简洁、可靠的方法。常用的心理测验有智力测验、能力倾向测验、人格测验、成就测验及各类职业测验等。本章心理测试有常用的症状自评量表（SCL－90）、抑郁自评量表（Self-rating Depression Scale，SDS）、焦虑自评量表（Self-rating Anxiety Scale，SAS）等问卷材料及评分标准供大家参考。

心理测验法虽然比较科学、可靠，但必须有相应的量表，而且使用者要经专业培训。目前有关心理健康方面的量表使用的范围、测定的内容有限，还不能满足需要，因此，人们也常用精神检查法。

（二）精神检查法

精神检查法原指精神科医生收集精神科病史时，通过交谈与观察检查患者精神活动的一种常用方法。本章引申其为对心理健康状况进行评判的一种方法。一般多由具有心理健康专业知识的专业人员，在心理咨询或治疗中，对当事人做出心理健康问题的性质、类型、程度的评判。此方法多用于个别检查，要求评定人员具有较丰富的专业知识和经验，否则容易误判，尤其当症状不典型、不明显或时好时坏时，更需谨慎。

在实际操作中，尤其在面临难以判断的情形时，为了增加结论的可靠性，常将心理测验与精神检查两种方法结合使用，或先做心理测验，对提示可能有异常者再进行面谈和深入了解，或先做一般性精神检查，再用适宜的量表做专门评定。

第二节　影响心理健康的因素

人的心理健康是一个有相对独立性的极为复杂的动态过程，所以影响心理健康、造成心理障碍的因素也是复杂的、多样的，其中包括生物的、心理的、社会的等各方面的因素。

一、生物因素

（一）遗传因素

人的心理主要是在后天环境影响下形成和发展起来的，然而，人的心理发展与遗传因素也有着密切的关系。统计调查和临床观察资料表明，很多的精神疾病发病原因确实具有血缘的关系。北京医科大学精神卫生研究所曾经对躁狂抑郁症和精神分裂症患者亲属的患病率进行调查，结果如表1-1所示，表中数据明显支持躁狂抑郁症和精神分裂症患者受遗传和生物学因素影响的说法。结果也表明，血缘关系越近，对患者遗传影响也就越明显，这是遗传因素起作用的最为明显的证据。同时，遗传上的易感性在某些人身上也是存在的，以遗传素质为基础的神经类型及各个年龄阶段所表现的身体特征也可以影响人的心理活动。

表1-1　躁狂抑郁症和精神分裂症患者亲属患病率统计表

疾病种类	关系	百分比（%）
躁狂抑郁症	父母	11.5
	子女	22.2
	异卵双生	23.0
	同卵双生	95.7
精神分裂症	表兄弟姐妹	3.9
	堂兄弟姐妹	7.3
	父母	9.8
	同胞兄弟姐妹	11.9
	异卵双生	12.5
	子女	16.4
	同卵双生（分居）	77.6
	同卵双生（同居）	91.5

（二）病毒感染与躯体疾病

由病菌、病毒（如脑梅毒、斑疹伤寒、流行性脑炎）等引起的中枢神经系统的传染病会损害人的神经组织结构，导致器质性心理障碍或精神失常。这一点对儿童的影响尤为严重，是造成智力迟滞或痴呆的重要原因。脑外伤或化学中毒、某些严重的躯体疾病、机能障碍等，也是造成心理障碍和精神失常的因素。

二、心理因素

（一）情感因素

人的心理活动往往通过改变人的情感进而影响内脏器官的活动。积极、愉快的情感对人的生活起着良好的作用，有利于发挥机体的潜能，提高工作效率，增进人体健康。近代医学科学实验研究已经肯定消极情感对身心疾病的发生、发展过程有着不良影响。例如，无所依靠和失望的情绪可以降低一个人的免疫力。情绪在心理变态中起核心作用，心理和精神病的先兆往往表现为情绪异常，所以，良好的情绪是心理健康的重要保证。

（二）个性特征

每个人都有自己独特的个性，它对人的心理健康有非常重要的影响。这是因为人们总是根据自己的个性特点对致病原因及已形成的疾病做出各种反应，所以，个体的个性特征往往比引起疾病的病原性质更能决定疾病的表现。研究显示，各种精神疾病特别是神经官能症，往往都有相应的特殊人格特征作为其发病的基础。例如，强迫性神经症，其相应的特殊人格特征称为强迫性人格，具体表现为谨小慎微、求全求美、自我克制、优柔寡断、墨守成规、拘谨呆板、敏感多疑、心胸狭窄、事事容易后悔、责任心过重、苛求自己等。又如，和癔病相联系的特殊人格特征是富于暗示性的、情绪多变的、容易激动的、耽于幻想的、以自我为中心的和爱自我表现的。因此，培养和完善健全的人格是预防和减少心理障碍或精神疾病的一项重要措施。

（三）心理冲突

心理冲突是人们面对难以抉择的处境而产生心理矛盾的状态。由于心理冲突带来的是一种心理压力，这种压力会增大个体适应环境的困难程度，因而，在多数情况下都会对个体的身心健康和工作产生不良的影响。尤其当冲突长期得不到缓解时，便会产生紧张和焦虑的情绪，严重的还可以导致心理疾病。虽然心理冲突并不一定全都是坏事，但剧烈而持久的冲突无疑有损身心健康，应尽量避免。

三、社会因素

（一）生活环境因素

生活中物质条件恶劣，生活习惯不当，如摄取烟、酒、食物过量等，都会影响和损害身心健康。其次，不良的工作环境如劳动时间过长、工作不胜任、工作单调，以及居住条件不合心意、经济收入差等，都能使人产生焦虑、烦躁、愤怒、失望、紧张等心理状态，从而影响人的心理健康。此外，生活环境的巨大变迁也会使个体产生心理应激反应，由此造成心理的不适。

（二）文化教育因素

教育因素包含家庭教育和学校教育两个方面。对个人心理发展而言，早期教育和家庭环境是影响心理健康的重要因素之一。研究显示，个体早期环境如果单调和贫乏，其心理发展将会受到阻碍，并会抑制个人潜能的发展；而受到良好照顾，接受丰富刺激的个体则有较大可能在成年后成为佼佼者。此外，儿童与养育者的关系，养育者教养的态度、方式，家庭的类型等也会对个体以后的心理健康产生影响。早期与养育者建立和保持良好关系，充分得到养育者的关爱，受到支持和鼓励的儿童，容易获得安全感和信任感，并对成年后的人格良好发展、人际交往、社会适应等方面有着积极的促进作用。例如，杰克布迪（1980年）通过大量的临床观察发现，成年期的抑郁与青春期前爱的持续缺乏和丧失有密切的关系。学校教育的失当，如学校的教育方法、学校的人际关系、校风等方面的问题，教师的教育态度、人格状况不良等，都会导致学生心理健康问题的产生。此外，不同的社会文化对人的心理健康也有重大的影响。文化精神病学的研究表明，不同文化（科学、教育、宗教、风俗、传统文化、社会习惯等）中精神病的发病率与临床表现形式都存在着显著的差异。例如，在发展中国家狂躁或抑郁性精神病较少见，而在发达国家抑郁症却是常见的病症。

（三）重大生活事件与突变因素

生活中遇到的各种各样的变化（尤其是一些突然变化的事件）常常是导致心理失常或精神疾病的原因，如家人死亡、失恋、离婚、天灾、疾病等。在对生活事件与心理健康之间的关系进行解释的时候，一般人都认为由于生活事件的产生增加了个体适应环境的压力。换句话说，个体每经历一次生活事件，都要付出精力去调整由于这一事件的发生所引起的生活变化，如结婚就意味着单身生活的结束，开始新的家庭生活。而升学、就业、谈恋爱等也会不同程度地促使个体生活的改变，如果生活事件增加，那么个体的生活变化也会相应增加，个体要适应变化了的生活，所付出的努力也需要相应增加。所以，如果在一段时间内发生太多的生活事件，个体的躯体和心理健康状况就极易受到影响。

除生活事件的影响外，个体所处环境的巨大变迁也会使个体产生心理的应激。虽然环境变迁也可以算作是生活事件的一部分，但这种变化对个体适应的影响将更加突出。例如，移民研究的结果显示，新到一地的移民与当地居民以及他们原来所在地的居民相比，更容易产生各种各样的躯体或精神异常。很多刚入学的大学生，尤其是来自农村和边远地区的学生，由于入学前后生活和学习环境的巨大变化，在适应新的环境时容易出现各种各样的困难。

【案例分析】

大学新生的适应

经过高中三年的辛勤努力，面对即将展开的大学生活，许多学生既新奇又忐忑，既憧憬又胆怯，因为一切都是新鲜的，一切也都是相对陌生的。在进入大学后，你会发现，你原先的学习方式、人际交往模式甚至生活作息规律都要发生变化和调整。曾经是多年梦想的大学，和个体的想象总是存在落差，一切也并不是想象中的完美，许多学生就会出现一系列的适应问题。

小 A 来到心理咨询室的时候还穿着军训的衣服。一个身材瘦小面带腼腆的女生，说话的声音很低沉，一副怯怯的摸样。这位来自甘肃农村，从大山里走出来的女孩子对这座大城市，一切都是那么的陌生和不熟悉。她几乎带着哭腔告诉咨询师，她想家，不知道如何开始面对新的生活。她曾经熟悉的方言、熟悉的饮食、熟悉的同学都不在她身边，她普通话讲得不好，因此也不愿意主动和其他同学交流，总是一个人独来独往，她害怕这种感觉，不知如何面对。

这是许多大学新生在进入大学后普遍存在的一种体验，尤其是来自外省的同学。成长意味着分离，成长意味着蜕变，成长的过程中除了鲜花更有荆棘。在刚刚进入大学的初

期，允许自己有短暂的不适应，积极主动地去融入这个新的集体，敞开心扉去接纳更多新的同学，调整节奏去适应新的学习和教学模式。耐心点，勇敢点，一切都还是那么美好！

四、促进心理健康的途径

美国出版的《人类行为百科全书》指出："促进人类心理健康的活动，应该包括生理、心理和社会三方面的内容。生理方面是指从受孕期到老年的各阶段人体脑神经系统的保护和预防损伤的各种卫生保健的服务事项。心理方面是指自幼到老的各发展阶段的心理需要获得满足和情绪困扰降低到最低的限度。社会方面是指社会环境、社会制度和社会组织各方面功能的强化。"所以，如何维护心理健康和提高心理健康的水平，也必须从这三大方面去考虑问题，采取相应的方法和措施，才可以达到预期的目的。

（一）坚持健康的生活方式

生活方式是指在日常生活中人们所遵循的行为规范，即习惯化了的生活活动的形式。在日常生活中人们总是按一定的方式去生活，这种方式是每个人在自己的生活过程中，为适应社会生活环境要求，自然而然地形成的。不健康的生活方式和不良的卫生习惯会对人体健康带来严重的危害，引发许多常见病、多发病，如高血压、糖尿病、溃疡病、冠心病、中风，甚至癌症。"健康的精神寓于健康的身体"，健康的生活方式和良好的卫生习惯则有利于提高人的身体健康水平，有了健康的身体，就能给心理健康提供良好的基础。

（二）讲究心理卫生

人们要维护和保持心理健康，提高心理健康水平就必须讲究心理卫生。说到心理卫生，直到目前恐怕还是一个普遍被人们忽视的概念。所谓心理卫生指的是人们应如何维护和保持心理健康，提高心理健康水平，避免和减少发生心理失调与精神疾患的原则、方法和措施。

（1）要注意用脑。因为大脑是心理器官，而心理是大脑的功能，如果大脑作为器官受到损害，其心理功能也必然要受到危害，这时心理健康自然就难以维护和保持。用脑卫生除避免物理、化学和生物的有害影响之外，主要是指在使用大脑时要讲究科学用脑，就是要劳逸结合，有张有弛，避免大脑的过度疲劳以致功能衰弱，特别是应有充足的睡眠，以便使劳累一天的大脑有一个及时而有效的修复过程。

（2）切莫讳疾忌医。在我国，人们对心理失调或精神疾患的认识和态度存在许多误区。因而对一些本来很平常或难以避免的心理失调与精神疾患表现得难以接受，讳莫如深。对于自身的类似情形常常"讳疾忌医"，对于别人则避而远之或抱以歧视的态度。这对于预防和消除心理失调与精神疾患，维护心理健康都是很不利的，也违反心理卫生的基本原则与方法。讲究心理卫生的一项重要任务就是及时在心理失调之初寻求心理咨询与治疗专家或精神科医生的帮助，以尽快消除可能发生的心理失调或精神疾患。

（三）增强情绪的自我调控能力，及时排除各种负性情绪

人的情绪活动可以分为两大类：一是积极的良性情绪，如高兴、愉快、喜悦等，它能

为人的中枢神经系统增添新的活力，发挥机体的潜能，改善人的生理和心理功能，促进人的心理健康；二是消极的负性情绪，如愤怒、焦虑、恐惧、抑郁等。负性情绪的作用有两面性，一方面可利于个体为适应恶劣的环境刺激而斗争；另一方面，负性情绪往往以强烈的激情状态或持久的心境出现，使人的头脑失去冷静，可能导致意识模糊或精神颓丧、意气低沉，使观察事物的能力和思维判断的能力被歪曲，意志行为反应受到扰乱等，从而影响人的整体心理功能的正常发挥，使心理健康遭受严重的损害。因此，要维护心理健康就要学会情绪活动的自我调控，及时排除各种消极的负性情绪。

（四）培养完善健全的人格

人总是按照自己既有的人格来观察外界事物，思考问题，产生相应的态度和情绪体验；同时对外界环境刺激采取一定的应对策略，并做出一定的行为反应。能采取恰当的态度，体验正常的情感情绪，做出正确合理的行为反应，即具备了健全的人格，因而有助于人们正确地评价客观事物，顺利地进行社会交往和人际关系的正确处理，更有助于人们有效地去适应变化着的社会生活环境，从而不断提高心理健康的水平。所以，培养和完善健全的人格，对于心理健康的维护有着极为重要的意义。

（五）积极参与社会活动，扩大人际交往

人类是一种群体动物，过的是群体生活，每一个人作为社会的一员都必须生活在一定的社会群体之中。通过群体的社会生活和交往活动，一个人就可以与群体中的其他成员或其他社会群体进行交往和联系，特别是和志趣相投的伙伴、朋友、同学和同事在一起，更能推心置腹地进行思想沟通与情感交流，从中得到启发、疏导和帮助。通过积极参与社会活动，人际交往得以不断地扩大，不仅可以使人开朗心胸、增进理解、交流经验、开阔视野，还可以使人获得更多的社会支持。更重要的是，这可以使人感受到与社会集体融为一体、不可分离以及充足的社会安全感、责任感、信任感和激励感，从而大大地增强个人对生活、学习和工作的信心和力量，最大限度地减少心理应激和心理危机感。社会活动是人们维护和保持心理健康的最基本、最重要的因素之一。

以上多方面途径构成了维护和增进心理健康的有机的统一的整体，只有生物、心理、社会适应三者的协调发展才能获得良好的效果。

第三节　危机与心理危机的基本理论探究

一、危机与心理危机

（一）危机的定义

“危机”包含的概念十分广泛，在人们生活的各个方面都存在着不同形式的各种危机，

有些危机具有显性特征，有的则是隐性的。例如经济危机、能源危机、人口危机、道德危机等。在现代社会中，充斥着各种各样的危机，人们经常会遇到各种冲突问题。

危机（crisis）这个概念在很多领域中有着广泛的应用。在《韦伯斯特词典》中对危机进行了定义，即“决定性或至关紧要的时间、阶段或事件”。在中国传统文化中，危机是一个非常玄妙的词汇：凡是有危险的地方都潜藏着机遇。这个观点一方面体现了辩证思维的智慧，另一方面又透视出危机与机遇并存的思想。在我国的辞海中也对危机作了专门的解释，即“危机是一种紧急状态。”

心理危机的提出，与“二战”以后人们心理的康复、社会竞争忽然加剧、东西方意识形态对峙的宏观背景，以及美国人开始将关注点由外部转向自我、生活结构发生变化等引起的内心冲突有关。美国心理学家卡普兰在1954年首次提出了心理危机的概念，并对其进行了系统研究。卡普兰认为，所谓心理危机，就是指当个体的生活中出现突然或重大的挫折时（如亲人死亡、婚姻破裂或天灾人祸等）时，所表现出的一种心理失衡状态。卡普兰指出，人们都会不断努力保持一种内心的稳定状态，使自身与环境相平衡与协调，如果出现重大问题或变化，导致个体感到难以解决时，就会打破这种平衡状态，使个体正常的生活受到干扰，内心的紧张程度会逐渐加重，进而表现为无所适从甚至思维和行为的紊乱，进入一种失衡状态，这就是危机状态。自从心理危机的概念被提出以后，学术界的很多学者开始对这一领域进行研究。

1. 国外学术界对危机的研究

罗伯茨认为，危机是一个心理失去平衡的时期，个体遇到了有重大问题所导致的危急后果，或出于危机情境之中，而无法采用以往的应对策略来应付此情境。

格拉斯认为，危机就是一种问题的困难性、重要性和立即进行处理所能利用资源的不均衡性。

普努克鲁将危机定义为“个体运用通常应对应激的方式或机制仍不能处理目前所遇外界或内部应激时所出现的一种反应”。

查普林在其主编的心理词典中也对危机进行了定义，其认为危机即“存在重大心理影响的事件和决定”。

综上所述，我们可以看出，国外学者对危机的认识经历了由浅入深、由外及里的过程，虽然不同学者对危机研究的切入点不同，但大家都认同这样一个观点：危机与挫折有关，危机是一种不平衡状态。

2. 国内学术界对危机的研究

从20世纪90年代起，我国学者们逐渐开始进行心理危机方面的研究，并取得了一些决定性的成果。

中国科学院心理研究所副研究员、中科院心理所危机干预中心副主任、北川心理援助工作站站长、中科院心理所心理史占彪认为，危机是指人类个体或群体无法用现有的资源和惯常应对机制加以处理的事件和遭遇。危机往往是突发的，出乎人们的预期。如果不能及时予以控制和缓解，危机就会导致人们在认知、情感和行为上出现功能失调以及社会的混乱。

中国健康教育研究所的研究员、心理健康咨询中心副主任徐岫茹认为，危机是个体遇到的某些既不能回避，又无法用通常解决问题的方法来解决的重大问题时，其在心理上所产生的不平衡。

清华大学的樊富珉教授对危机进行了定义，她认为，危机有两层含义：一是指突发事件，出乎人们意料发生的，如地震、水灾、空难、疾病爆发、恐怖袭击、战争等；二是指人所处的紧急状态。

华西医科大学的胡泽卿教授认为，危机是由于突然发生的重大生活事件引起的暂时的心理失衡状态，其一方面可以引起人们的焦虑、悲伤、愤懑等不良情绪，另一方面又可以使人更加成熟。正常人都处于身心平衡状态，他们的日常生活是思维、意志、情感和生理需要处于某种程度的和谐状态，在不适当的应激发生时，人的平衡状态可受影响，可能出现情感和思维失控，以致经历一种极端的情感紊乱，这时人就处于危机期。

学者蔡哲等人认为，危机是个体运用寻常应付方式不能处理目前所遇到的内外部应激时所发生的一种反应。

广西师范大学的马湘培教授认为，心理危机是指某种心理上的严重困境，当事人遭遇超过其承受能力的紧张刺激而陷于极度焦虑、抑郁、失去控制、不能自拔的状态。由于情况紧急，既往惯用的应付方法失效，内心的稳定和平衡被打破，常常容易导致灾难性的后果。

（二）心理危机的内涵

从客观角度来看，我们可以把心理危机分为静态与动态两种情况。

静态强调心理危机是一种状态。具体来说，在心理危机状态下，个体运用惯常的应对方式无法处理所面临困境时的一种不平衡心理状态，它是一种过渡状态，人不可能长久地停留在危机状态之中，整个心理危机活动期持续的时间因人而异，短期的心理危机可能只存在一两天，长期的则会持续四到六周的时间。危机可以由重大突发事件引起，也可以由长期的心理压力所导致。在这里，我们必须要认识到，在心理危机状态下，个体会出现一系列负性的生理、情绪、认知、行为反应，如果危机反应长时间得不到缓解，便会引发心理疾患和过激行为的产生。因此，在日常生活中，我们必须以正确的态度对待心理危机，不因其出现的突然性而束手无策，也不应长期陷入心理危机状态而不做出相应的解决措施。

动态则强调心理危机是一种心理过程。客观来说，危机是一种个体发展中原有平衡状态被打破，而新的平衡没有建立的过程。其具有心理状态的失衡、个体资源的匮乏、认知反应的滞后性等特征。

总而言之，心理危机的动态与静态是相互转化的，当个体处于静态心理危机状态下，心理危机并未显示出来，当其遭遇生活中的一些应激事件时，就会处于动态心理危机状

态。由此可见，个体在静态心理危机状态下，需要启动心理危机预防机制，而在动态心理危机状态下，则需要启动心理危机干预措施。

二、与危机相关的概念

在对危机的研究领域，应激、压力、创伤、挫折等都是与危机相关的、含义比较接近的概念，为明确心理危机的研究范畴，我们将相关的概念进行辨析。

（一）危机与应激

应激是由紧张刺激引起的、伴有躯体机能以及心理活动改变的一种身心紧张状态。应激一词的英文表述是“stress”，“stress”一词既可以译为应激，也可以译为压力。从这个角度出发，心理学界一般不对应激与压力做出区分。对于个体而言，适度的应激或压力是有益的，个体在紧张性情境中，警觉性提高，感知功能敏锐，注意力集中，记忆力增强，思维活跃，这些积极的变化可以在一定程度上加强个体应对外界挑战和威胁，这样的应激也在正常应对范围之内。当应激或压力大到个体无法承受时，危机便产生了。由此可见，心理危机可以说是一种程度比较严重的应激反应。

（二）危机与挫折、创伤

所谓挫折，就是指一切能够引起人们精神紧张，造成疲劳过度和心理变化的刺激性生活事件。所谓创伤，则是指可能引起或加剧心理不适的事件或经历。两者一般都指应激事件本身，而危机则是一种心理状态。客观来说，挫折、创伤与危机之间并没有必然的因果关系。个体经历挫折或失败并不必然陷入心理危机，而心理危机的产生也不一定经历挫折或失败。

三、心理危机的主要类型

引起个体心理危机的因素是多种多样的，因此心理危机的类型也是多种多样的。总的来说，心理危机的主要类型包括以下几种。

（一）境遇性危机

所谓境遇性危机，就是指个体无法预测或控制的，突然发生的、罕见的事件所引起的心理危机。例如，个体因遭受失业、彩票中奖等突发的外部事件而引起的情绪以及行为的失调，或者是突然受到侵犯以及恐怖事件（如抢劫、火灾、强奸、爆炸等事故）而引起的情绪以及行为的失调。由于境遇性的危机具有突发性和随机性的特点，因而在大学生的心理危机中占据了较大的比重。

（二）存在性危机

所谓存在性危机，就是指由个体重要的某一人生问题所引起的危机与冲突，如独立、责任、承诺等。具体来说，存在性危机既可能是因为现在的某一实际情况所引起的，也可能是因为对自己的过去不满所引起。一般来说，大学生都已经开始思考其人生的责任、目的、自由、独立性等具有一定深度的问题，但因为认知水平的局限性，因而常常陷入空虚、无望的心理状态，因此常表现出无能力、无希望、无作为的感觉，这就很容易产生抑郁，进而出现心理危机。

（三）发展性危机

所谓发展性危机，就是指因日常生活中出现的某些变化或者是选择等冲突所引起的心理不良反应，如升学、就业、工作、结婚等诱发的危机。对于个体而言，这类危机往往是正常而无法避免的，持续时间虽然比较短暂，但变化急剧。如果能顺利度过这种危机时期，将会显著促进大学生在心理方面的成长，从而提高其诸如人际交往等方面的能力。

第四节　大学校园里的心理危机研究

对于在校大学生来说，他们即将告别校园生活，走向社会，因而普遍面临着较大的心理压力。在这一时期，他们产生心理危机的概率也比较大。虽然大学生在生理发育上已经近乎成熟，然而大多数大学生并不具备成熟的心理状态。主要表现在，大学生辨别是非的能力还不太成熟；情绪有待稳定，情绪的自我控制能力也有待提高；还没有形成稳定的价值观，需要进一步巩固和发展。

如果不对大学生心理危机进行合理有效的干预，将会对其日后的社会生活和职业生涯造成一定的影响。对于大学生来说，认识心理危机的相关知识具有非常重要的意义。

一、大学生心理危机的基本概念和评估

大学生心理危机会对大学生生活和学习产生非常重要的影响，本书在这里将对其进行系统的分析与探究。

（一）大学生心理危机的基本概念

通常来说，因当事人突然遭受重大的生活变故、严重的灾难或精神受到重创等，从而造成生活各方面的巨大变化，出现了超出其在认知、生活条件或经验等方面承受范围的困难，就经常会产生心理危机。遇到心理危机的人往往会陷入一种痛苦、不安的状态，并产生麻木不仁、焦虑乃至绝望等情绪状态，有时甚至会出现一些行为方面的障碍。

进入高校生活后，大学生出现的某种心理上的严重困境，并使其遭遇超过其承受能力的刺激而一直处于极度焦虑、抑郁、失去控制等状态中，此时该大学生就面临着心理方面的危机。

对于高校大学生而言，其普遍具备较强的行动力，加之学校生活的群集性特征和群体

的同质性等特点，使得局部范围的大学生心理危机的事件能够在校园范围内蔓延和传染，甚至会造成校园正常教学和生活秩序的混乱。由此可见，我们必须高度重视大学生心理危机现象。

（二）大学生心理危机的评估

大学生存在的心理危机处于一种动态的发展过程中，因而相关的评估工作必须要考虑到这种动态性特点。在大学生心理危机干预的不同阶段，评估的条件、要求和方式方法都会发生一定的变化。为此，我们在进行评估时，应该做好相应的工作。

1. 建立良好的咨访关系

要对大学生的心理危机现象开展相关的评估工作，首先必须要与被评估者建立良好的咨访关系。如果被评估者存在着抵制或反抗情绪，则不利于评估的进行，也不利于区分被评估者提供其真实客观的想法。

2. 倾听被评估者的观点

心理危机评估者要进行评估，需要了解被评估者产生心理危机的过程、现阶段存在的困难、未来的打算、行动等方面的内容。可能的情况下，还要对其眼中的家庭状况、成长经历也要有一定的了解。

3. 与被评估者较熟悉的社会关系的交流

评估者在与被评估者进行交流时，其对于被评估者较熟悉的社会关系进行访谈可以直接、有效地窥探个体自述内容的真实性，从而了解、解释其产生心理危机的内在原因。

4. 实施心理评估

有些大学生在接受心理评估时，由于某种原因会回避、欺骗、否认自己内心的一些真实想法。为此，在了解情况后，视条件可以进行 MMPI（明尼苏达多相人格调查表）心理测试、169F（卡特尔 16 项人格问卷）等心理测验，发现其存在的一些人格因素，验证其陈述内容的真伪。

二、大学生心理危机的成因

大学生心理危机的成因是多种多样的。具体来说，这些原因集中表现为以下几个方面。

第一，来自学业方面的问题。学习成绩下降或者学习不理想，多门课程未合格，以及存在诸多不能顺利毕业的因素；不满意现存的教学制度和学校管理制度；受到校规校纪的约束或处罚。

第二，来自生理方面的原因，由于先天遗传或其他原因从而造成重大身体缺陷和疾病，由于受重大打击等，也会产生心理危机。

第三，来自自身心理方面的问题，如抑郁、孤僻、自卑、不善交际等。

第四，来自家庭的矛盾或纷争，如家庭经济困难、父母关系紧张甚至父母离异等，从而产生了较大的心理压力。

第五，来自情感方面的问题，如感情不顺、失恋等。

第六，来自就业方面的压力，如就业困难、面试失败等。

第七，出现一些突发性的事件，如应激事件或长期不良情绪的不到合理的宣泄而郁积于心：由这种方式造成的巨大压力从而产生了极度压抑。

如果不能有效解决这些问题或症结，容易进一步引发心理危机。

三、大学生心理危机的类型

依据的标准不同或使用的方法不一样，对大学生心理危机的分类也会多种多样。根据传统的心理学观点，大学生心理危机的类型主要有以下几种。

（一）生理疾病引起的病理性心理危机

相关调查显示，个体的某些生理性疾病可能会引发自身的心理障碍，或者个体的心理疾病引发了心理危机。例如，抑郁、焦虑等不良情绪如果没有得到及时的排遣或宣泄，长期积累下去就会造成个体的心理危机。心理失调的行为会引发一定的心理危机，如品行障碍或违法犯罪等产生的心理危机。

（二）外部环境造成的境遇性危机

各种外部环境或外部突发性事件对个体造成的心理方面的严重困扰和伤害等即为境遇性危机。例如，突发性的外部事件或事故所引起的情绪和行为失调，或受到抢劫、火灾、爆炸等突然的侵犯和恐怖事件而引起的情绪和行为方面的失调。

（三）成长发展中产生的心理危机

个体在成长发展的过程中，可能会因为遭遇某些重大事件而导致个体改变了以往的学习、人际交往、与家人分离等行为习惯，由此引发了心理危机。这种类型的危机具有以下两个基本特征。

其一，危机时期比较短暂，但是发生的变化十分剧烈。大学生在心理危机时期在极易产生消极情绪，如厌学、情绪冲动等。

其二，心理危机当事人如果能够成功克服危机，将会对其自身的心理发展产生较大的积极影响，会在独立性、人际关系方面获得较大的提高。

第五节　大学生出现心理危机的具体表现

根据心理学的相关理论，大学生面临危机时会出现一系列症状，这在主观方面和客观方面都会有一定的表现。

一、主观方面

大学生心理危机在主观方面主要体现为认知的变化和情绪的变化。其具体如下所述。

在认知方面，产生心理危机的大学生可能会将自身置于极度悲伤之中，从而导致认知的变化，如常出现注意力不集中、自卑、健忘、办事效率低、计算和思考理解困难、无工作或生活激情等状态。

在情绪方面，出现心理危机的大学生常出现害怕、焦虑、忧郁、惊恐、猜忌、敏感、暴怒、麻木、自责、绝望、无可奈何等情绪状态。

二、客观方面

大学生心理危机在客观方面主要体现为躯体方面产生的症状和行为方面的障碍。其具体如下所述：

第一，心理危机状态下的大学生会在躯体方面产生一系列症状，如心慌气短、胸闷、呼吸不畅或窒息感、疲乏、头晕、头痛、失眠多梦、食欲下降、容易受到外界极其细微事件的影响等。

第二，存在心理危机的大学生可能会出现一系列行为方面的障碍，如社交退缩、沉默、不能很好地控制自己的情绪、坐立不安、举止僵硬、沉迷于某一不良行为中、极具攻击性、逃避、容易与人争执等。如果心理危机的程度过于严重，甚至会产生精神崩溃、自杀、杀人等行为。

具体来说，存在心理危机的大学生平时还表现出以下一些特征：

其一，危机者不能有效集中注意力进行学习和家务活。

其二，与社会的联系不合理，危机者感到人与人之间距离的遥远，并可能将对自己和对周围的破坏作为解决问题的最终办法。

其三，拒绝他人帮助，认为别人的帮助只能证明自己的软弱无力，其行为、思维、情感不协调一致或产生其他一些异常行为。

其四，与人隔绝、不爱与人接触，常常会采取极端的方式使自己不孤单。

第六节　大学生心理危机的特征研究

对于个体而言，危机属于一件无法控制的事情。同样的，心理危机也是个体内心的某种无法控制的心理状态．探讨大学生心理危机的特点，对于我们积极应对个体心理压力，提高自身心理素质有着重要意义。具体来说，大学生心理危机主要有以下几个方面的特点。

一、危险与机遇并存

心理危机最主要的特点就是危险与机遇并存。这就是说，心理危机具有两面性，个体在产生危险的同时，同时也伴随着某些机遇。在心理危机状态下，一方面，可能导致个体产生极为严重的病态心理与过激行为，包括自杀倾向以及杀人冲动；另一方面，个体在面对心理危机时，危险中也存在着某些机会。

对于在心理危机状态下的大学生来说，在寻求帮助的同时，其自身也会获得一定的成长，这就是心理危机为其提供的成长契机。在心理危机导致个体的不平衡状态下，个体总会存在一定的焦虑情绪，这种情绪就成为不舒适的个体体验以及改变的动力。个体如果能有效地利用这一机会，及时调整自己的心理和行为，适应变化，就能形成动力，促进心理健康，实现成长以及改变。

二、复杂性与系统性

大学生的心理危机具有复杂性与系统性的特点。心理危机是心理问题的反应，通常是十分复杂的，这种反应的复杂性决定了其存在的系统性。心理危机的出现一般不会按照因果关系的规律来发生。一旦心理危机出现，就会随之产生很多复杂的问题。例如，在大学阶段，大学生能获得爱情、学业、专业技能、事业进步等多方面的满足，但同时，他们也承受着巨大的压力，需要对很多事情做出明智的抉择与承诺。

总而言之，心理危机状态下的个体面对着各种矛盾和冲突，选择和机遇，个人情感与职业发展等任务，如果处理不好就容易引发各种心理危机现象，这些危机背后都有着复杂的原因。

三、易发性与潜在性

大学生的心理危机还具有易发性与潜在性的特点。在当前阶段下，在校大学生的年龄普遍在 18 ~25 岁之间，他们的心理正处于从不成熟向成熟发展的过渡阶段，其社会发展水平又明显滞后于心理发展。因此，大学生在心理上具有消极心理与积极心理并存的特点，任何一个小小的问题或是冲突，一旦没有得到及时的处理，都有可能引发大学生严重的心理危机。由此我们可以看出，大学生的心理危机具有明显的易发性特点。

通常情况下，大学生的心理危机往往不会直接爆发，而是潜藏于个体的内心，当个体遭遇某些危机性的事件时，就会在其心理形成危机。这即是说，大学生的心理危机具有潜在性的特点，随时都有爆发的可能。

第七节　心理危机干预与创伤治疗

大学生心理危机干预是根据心理危机干预的理论，找出影响大学生心理危机的因素，提出对策，制定步骤，恢复个体认知、情感和行为方面的功能，最终使大学生心理危机得到及时有效的缓解，变“危”为“机”。

一、危机干预的概念

危机伴随着人的一生，谁也不能避免危机。危机是一种认识，当个体知觉到外界环境或某一具体事件存在着威胁，仅仅依靠个体自身的资源和应对方式无法解决困难时，就产生了危机。一般来说，危机具有两面性，包含着危险和机遇两层含义。如果危机严重威胁到一个人的日常生活和家庭的其他成员，而个体又无法找到合适的解决办法，就有可能导致个体的精神崩溃甚至自杀，这种危机是危险的；但是如果一个人在危机阶段能够及时得到适当有效的治疗性干预，往往不仅会防止危机的进一步发展，而且可以帮助个体学到新的应对技巧，从而使个体的心理恢复平衡。

危机干预是随时对经历个人危机、处于困境（或遭受挫折）、将要发生危险（如自杀）的人提供帮助和支持，使之恢复心理平衡，达到危机前行为水平的短期治疗过程。可以理解当事人无法通过自身因素调整心理问题时，就应该采用外界手段干预的方式，对当事人进行提前治疗，以防止不良后果的产生。

二、大学生心理危机的预防

大学生心理危机的预防与干预应以预防为主。预防是前提，是基础，也是关键。只有把预防工作做实做好，才能有效地降低心理危机及恶性事件的发生。与狭义危机干预相比，预防是一项更为主动、积极，也是更有意义的工作。防范、预警、干预是学校做好大学生心理危机预防与干预的三条基本的途径，其中防范和预警属于预防的两个基本环节。

（一）防范

要提高广大学生预防和应对心理危机的能力，就要学会利用各种教育形式，使学生了解心理危机的基本常识，学会辨认心理危机，增强危机中求助和助人的意识与能力；帮助学生完善心理品质、提高面对挫折的能力；指导学生认识并学习应对现实生活中可能遇到的各种挫折；让学生接受必要的社会实践锻炼，在实践中去感受挫折、经受考验、锤炼意志、提高能力。

（二）预警

对可能发生的心理危机进行预报与监管，把心理危机控制、消除于危机发生的早期。

预警心理危机，首先要建立科学的、易操作的预警指标，以便于及时发现危机的征兆。可根据刺激源、情绪变化、行为表现和生理的反应四项内容，设定简易的和专业的两套预警指标，前者供非专业人员（如普通教师、行政管理人员、后勤服务人员、学生等）参考，后者由专业人员（如心理咨询专职教师、医务人员、社会工作者）掌握。容易引发心理危机的高危时段包括：学习、生活环境变化以后（如新生入学、改换专业、调换班级与寝室等）；重要考试前和成绩公布后；评优选干的前后、受到惩处之时；群体或个体性突发事件（或重大变故）发生后；发生严重冲突以后；与学生自身利益密切相关的规定、措施出台（调整）后；毕业前夕、求职期间等。

（三）干预

干预心理危机是指心理危机发生后进行的“情绪急救”。有效的危机干预，既要具备快速的反应机制和干预通道，又要具备有力的管理措施和科学的干预技术。在心理危机干预中，要遵循安全、健康和人道的原则：确保经历危机的人和可能被危及的同学、教师的安全，不抱侥幸心理，不放松警惕；干预方法、途径和措施既要保证安全，也要符合人们的身心卫生要求，利于健康；在干预、处理危机过程中，学校要关心、保护学生的眼前和长远利益，充分体现人性化和人道主义原则。

三、大学生心理危机干预的策略

（一）完善自我的教育

完善自我包括自我意识的完善和自我人格的完善。自我意识是个体意识发展的高级阶段，也是意识的核心层面，包括自我认知、自我体验、自我控制三个方面，简言之，自我意识就是对自己及自己与周围关系的认识，包括对自己的存在，自己的身体、心理、社会特征等方面的认识。大学生正处于青年中晚期，生理、认识、情感各方面发生了深刻的变化，他们开始关注自我，去发现、体验自己的内心世界；与此同时，大学生的自我意识也经历着不断的分化与整合，并在不断的分化与整合过程中逐步完善。大学生自我意识相关教育要使大学生掌握自我意识的含义和结构、自我意识的发展规律，了解大学生自我意识发展过程中常见的困扰，促进大学生自我同一性的确立和自我意识的完善，使大学生能够客观正确的评价自我、悦纳自我，使自我认识、自我体验和自我控制相协调，理想自我与现实自我相统一，在一定程度上减少心理危机的产生。

（二）适应性提高教育

进行适应性提高教育，就是要使大学生明确适应能力的重要性，帮助他们分析大学生中常见的适应不良现象及其负面影响，引导他们学习适应、生存与发展的技能，提高个人的心理适应能力。适应力提高教育包括压力应对教育、生涯规划教育等。当今大学生面临着无所不在的压力：学业压力、经济压力、就业压力、情感与性压力、人际交往压力等。压力有两面性，一方面，压力过大时会使个体陷入心理危机，产生不良后果；另一方面，

适度的压力可以激发人的积极性和潜能，促进个人的自我实现。压力应对教育帮助大学生科学认识和分析压力来源，掌握一定的压力应对技巧，使自己保持健康的身体和良好的心态。良好的生涯规划教育可以帮助大学生了解自我特质、掌握职业与教育环境资源，逐渐发展个人的生涯认同、建立生涯目标，使大学生在面对生涯选择时，能够针对各种机会和资源进行评估，形成决定。生涯规划教育能帮助迷茫的大学生找到理想目标，提高大学生对环境的适应能力。

（三）情绪管理教育

大学生正处于生理、心理及思想变化时期，心理状态及情绪动荡不安，缺乏社会生活的磨炼，情绪控制力较低。不良情绪会妨碍人的身心健康，且极易产生过激行为。因此，应对大学生进行科学指导，使其了解情绪的类型及发生机制，明确情绪对日常生活和身心健康的影响，反省自己的情绪表现、学会自我情绪调节和管理技巧。通过情绪管理教育，可以使学生了解人的情绪的正常值及自身情绪变化的特点，通过有效的调控手段，使自己经常保持乐观、满意、温馨的心态，形成适度的情绪反应能力和较强的抗干扰能力，避免忧伤、苦闷、急躁等消极情绪，在生活、学习中充满自信、热情、奋进、向上。因此，应对学生情绪问题给予更多的关注，进行情绪调节，培养学生准确知觉、理解、表达情绪的能力，善于用积极健康的情绪直面环境，推动学习。

（四）危机通识教育

不少大学生对心理危机的认识并不明了，甚至存在很多误解，如认为心理危机是一种精神疾病，正常人不会陷入心理危机等。对大学生进行危机认知教育，要使其了解什么是心理危机、心理危机的成因和表现、大学生中比较常见的心理危机等基本常识；使大学生明确心理危机的产生并不都是病态的表现，正常人在外来强烈和持久的刺激下也会陷入心理危机；心理危机是可以识别，也是可以得到预防和治疗的，对于大学生心理危机的防治，需要各方面的共同努力。危机通识教育要使大学生学会“三助”，即学会自助、学会求助、学会助人。学会自助：即要自觉提高自身的心理素质，抵御心理危机的侵扰；学会求助：即在面对心理困扰时，有主动求助意识，及时向外界或专业的心理机构求助，以尽快解决问题；学会助人：即掌握一定的危机识别知识，对于周围陷入心理危机或存在自杀危险的同学，及时给予支持和帮助，必要时诉诸专业机构。

（五）加强大学生心理危机源的管理

对大学生心理危机源的实证研究结果发现，大学生心理危机源主要来自于前程压力和学习压力等方面。因此，预防大学生心理危机首先应该从这些方面对危机源进行管理，训练大学生的应激感知能力，减轻其压力感。生活事件之所以成为危机源，与大学生对其的感知是不可分割的。只有当学生将其感知为压力性事件，才会对他形成压力，引起心理失衡；否则即使发生，也不会对他造成影响。

首先，预防大学生心理危机要从认知上训练大学生对压力的感知。具体来说，要引导大学生了解心理危机源、分析危机源；训练大学生正常对待危机源，而不是主观夸大危机源所带来的结果；要训练大学生以积极、乐观的态度对待危机源，将危机事件的发生看作是个体成长的机会。例如，教师可以根据学生的实际生活情况，帮助学生建立危机事件档案，并引导他们尝试体验各种危机事件带来的感受，并分析感受过程中心理和情感的变化。

其次，在大学生心理危机源中，有些事件是可控的，而有的事件是不可控的。对不可控性危机源，高校应及时对处于应激事件当中的学生给予关注，动员一切力量进行帮助、教育和支持。对可控危机源，高校要采取措施减少危机源的数量和强度，从源头上遏制心理危机的产生。

再次，控制心理危机发生的频率和强度。危机事件对学生的影响往往具有累积性，而危机事件的强度则直接决定其对学生个体的心理冲击力的大小。因此，控制其发生的频率和强度对预防心理危机具有类似于“正本清源”的作用。一方面，教师应指导学生积极采用理想的控制应激的方法，指导“解决问题”的方法，鼓励他们自我监督来提高学习成绩；另一方面，运用“解决问题”的方法并不能消除所有应激源的影响，应当根据不同应激源的具体情况进行指导。例如，在必要情况下采用“回避”的方法也是有效的。比如，换一种环境，暂时把烦恼抛开。

（六）加强合理选择心理危机应对方式的指导

为帮助大学生了解和掌握合理的应对措施，建构科学的心理危机应对机制，非常重要的一点就是要加强指导大学生合理选择心理危机的应对方式。

1. 指导大学生形成合理的认知方式

认知是个人对自我以及对周围环境的认识。对应激事件的认知和主观感受在大学生应对危机的过程中起着重要作用，对事件的不同认知会产生不同的心理反应。危机源能否对学生构成心理危机主要取决于个体的认知，如果对事件的认知是科学的、切合实际的，便有利于抓住事件的本质，采取适当的应对方式；但如果一个人的认知习惯失当，在面临外来应激时，诱发心理危机的可能性就较大。高校应当培养大学生积极地看待问题，让学生学会辩证地去看待问题。例如，对待失败，可以适当利用“酸葡萄”效应和阿Q精神，可以用“塞翁失马，焉知非福”“破财消灾”“失恋总比婚后离婚好”等来安慰自己。

2. 建立和完善大学生社会支持系统

当大学生面临难以解决的困境时，有必要向社会支持系统寻求帮助。健全大学生社会支持网络体系，对于预防大学生心理危机、帮助大学生成功渡过危机是非常重要的。

高校应当积极建立和完善大学生社会支持系统。大学生社会支持网络包含两方面的内容。一方面是指高校建立能给予大学生物质和精神上帮助的支持系统，这些支持主要是来自学校、社会的支持网络体系；另一方面是指大学生自身的社会支持系统，主要是指大学生在自己的社会关系网络中所能获得的、来自他人的物质和精神上的帮助和支援。就高校方面而言，可以建立心理救助制度、贫困生支持制度、师生交流制度等形式建构起广泛深人的社会支持网络。学校要尊重大学生的同伴关系，增进师生之间的交流与沟通，向大学

生提供更加广阔的活动场所和更丰富多彩的活动内容，使学生在更大范围内发展他们的人际关系。

3. 建设高素质的高校心理危机干预队伍

我国高校现有心理健康教育工作人员不足，专职咨询人员很少，而心理危机干预是高度专业化的工作，它需要扎实的专业基础、丰富的知识和娴熟的技术。高校应大力培养心理危机干预的专门人才，尤其是从事心理健康教育的人才队伍；积极开展对从事大学生心理健康教育工作专、兼职教师的培训，培训内容包括心理健康知识、心理辅导的方法、心理危机的干预等。学校应制订培训计划，将心理危机干预的师资培训列入学校师资培训计划，通过培训不断提高他们从事心理健康教育工作所必备的理论水平、专业知识和技能。同时，班主任、辅导员和学生骨干作为心理危机干预的重要力量，也应视为心理危机干预培训的对象。并参照国家有关部门心理咨询专业人员相关规定和要求，逐步使专职心理健康教育和咨询人员达到持证上岗要求。

四、危机干预的实施

危机干预本身属于一种心理卫生的救助措施，主要对心理适应陷入危机状态者给予适时救援，助其渡过危机，并根据个体情况转向有关机构进行治疗。处于危机中的当事人，常常会忽略一些明显的事情，包括对自身资源的忽略。自我支持技术的目的在于从自身的角度出发来解决危机、调整情绪，使自身的功能水平得到恢复。

（一）寻求滋养型的环境

个体在危机中陷于莫名其妙的恐惧和不知所措的境地，不知道发生了什么事情，也不知道将来会发生什么事情，但可以肯定的是，那些过去有类似经历的人能够从其经验中得到帮助。因此，向有经验的人或心理咨询老师求助，是寻求解决问题的办法之一。

（二）积极调整情绪

危机的出现会使人们极度地紧张和沮丧，这些情绪反应不仅是内在的、强烈的不适感，而且是消极的挫折体验，将使危机进一步恶化。当危机超出个体控制以及个体无力改变外部事物时，把握自己的情绪尤为重要。情绪调节法包括抑制、分散等回避痛苦的方法。这些方法能转移人的消极思想和情绪，为个体心理重建赢得时间。当遇到的痛苦得到宣泄的时候，情绪会适度舒缓，因此向朋友倾诉、自我对话、大声独白和心情记录都是调整情绪的方法。

（三）建立良好的人际关系

孤立无援的个体希望能够得到别人的帮助，在危机期间和危机过后，个体都需要与周围的人保持良好的人际关系，但不一定是提供强烈的情感支持，而是与其保持日常联系，共同分享经验，共同面对事物。这有助于遭受危机的个体重新适应社会，还可以分散注意力，缓解消极紧张情绪。另外，每个人在与朋友的交往中都带有肯定自我的成分，倾向于选择能肯定其自我价值的人做朋友。

（四）面对现实，正视危机

在危机的前期，个体习惯采用积极的态度来应对危机，利用一切可以利用的资源来避免危机带来的损害。但到了危机中后期，当个体应对危机的策略失败，个体感到绝望的时候，他们就会消极地逃避现实。采取退缩的策略来应对危机。而面对现实、正视危机，有利于个体激发自身潜在的力量，动员一切资源寻求危机的解决办法。

（五）暂时避免做出重大决定

处于危机中的个体处理问题的能力比平时要低，由于个体受到问题和情感的双重困扰，搜集信息和处理信息的能力受到一定限制。个体在对面临的问题无法进行深入分析，掌握的信息量又少的情况下，很难做出正确的决策。个体虽然很想摆脱危机，努力去寻找一切解决问题的办法，但危机的无法控制往往使得个体无功而返，甚至造成更大的伤害。因此，在危机时期，不做重大决定，有利于个体的自我保护，避免再次受到伤害。

五、创伤治疗

精神创伤（或心理创伤）是指那些由于生活中具有严重的伤害事件所引起的心理、情绪甚至生理的非正常状态。这种不正常的状态可能比较轻微，经过一段时间（通常在三个月之内）的自我调整就能痊愈。但是也有一些精神的创伤影响会持续较长的时间，甚至常常是终生的。对于较为严重的精神创伤，在心理学和精神科的分类中被称为“创伤后应激障碍”（Post-Traumatic Stress Disorder，PTSD）。创伤治疗首先要做的是情绪稳定化。

严重的创伤所产生的后果可以让正常人人格解体、失去现实的检验，可以出现思维的混乱以及严重躯体反应。因此，需要在支持和提供安全环境的前提条件下进行安抚性的治疗，旨在提供安全、信任关系，提供躯体照顾和情感支持的治疗称为“稳定化治疗”。它是在受害者启动恐惧系统时所使用的一种疗法，包括躯体接触（拥抱、握手）、提供基本生活所需（开水、毛毯等）、不急于解释而隔绝恐惧的来源（如将受害者带离现场或用隔离布将现场隔离。并告知个体，他们现在所有的情绪反应都是对非常事件的正常反应）。

稳定化的其他重要技巧为想象训练。因为所有创伤者特别是幼年时期的创伤受害者均有着丰富却可怕而失控的想象。所以，给他们传递稳定的、好的、积极的想象，教其学会正确的想象办法是稳定化的核心。这些技术包括“生命树”“安全岛”“保险箱”“内在帮助者”等。

第二章

高校大学生常见的心理问题

第一节　大学生常见的情绪困扰

一、健康情绪的标准

情绪是心理健康的窗口，它在很大程度上反映了心理健康的状况。健康情绪有如下三个标准：①情绪的目的性明确、表达方式恰当；②情绪反应适时、适度；③积极情绪多于消极情绪。

一个情绪健康的大学生具有以下特点：①开朗、豁达，遇事不斤斤计较；②及时、准确、适当地表达自己的主观感受；③情绪正常、稳定，能承受欢乐与痛苦的考验；④充满爱心和同情心，乐于助人；⑤正确地认识自己和他人，人际关系良好；⑥对前途充满信心，富有朝气，勇于进取，坚韧不拔；⑦善于寻找快乐，创造快乐；⑧能面对现实、承认现实和接受现实，善于把个人需要与社会的需求结合起来。

二、当代大学生的情绪特征

大学阶段是人生的第二个“心理断乳期”，是一个非常关注自我、注重个性表达、情绪体验丰富、情绪波动起伏的时期。大学生常见的情绪有：快乐、兴趣、羞愧、内疚、羞涩、悲伤、惊奇、敌意、愤怒、蔑视、厌恶、恐惧等。大学生的情绪具有如下几个特点。

（一）情绪的丰富性

从自我意识的发展看，大学生出现较多的表现是自我体验、自我尊重的需要强烈，易产生自卑、自负等情绪；从社交看，大学生的交往范围日益扩大，同学、朋友及师长之间交往频繁，有的大学生开始了恋爱，情绪表现得更细腻、更复杂；从个人定位看，大学生通过各种活动了解社会，学习社会的道德规范，对自己的身份、角色、志向、价值等问题有了更深入的思考，理智感、美感、集体荣誉感等高级情感也有所发展。

（二）情绪的外显性与内隐性共存

大学生思维敏捷，反应灵活，对外界刺激敏感，常喜怒哀乐形于色，呈现情绪外显性特点。但由于大学生的社会意识和自我意识的进一步发展，使得青少年早期的心境化情绪得到继续的发展，出现比较微弱而持续时间较长的情绪状态——心境，避免了猛烈而短暂的激情现象的过多出现。同时，大学生在特定场合和特定问题上，情绪并不总是直接外露，而是隐藏自己内心真实的体验，用自己认为适当的形式表达自己的情绪，即情绪表现出隐蔽性。比如，在对待异性的态度上，明明对某位异性很爱慕，却偏偏表现出无所谓、回避的态度；明明讨厌某人，却可以强装笑脸等。这样，既可保持自己在他人心中目中的良好形象，又逐渐具有了情绪的自我控制能力，使强烈的情绪反应得到一定的调节。大学生的情绪也就表现出外显性与内隐性共存的特点。

（三）情绪的掩饰性

大学生随着知识水平的提高、思想内涵的丰富，在情绪反应上较隐晦。他们已具备在一定的情景下控制自己的愤怒、悲伤等情绪的能力，形成外在表现和内心体验不一致的特点。他们会根据一定的条件来表达情绪，如对一件事情或对某人明明是厌烦的，但由于种种原因，可能表现出较好的或不在意的态度。

（四）情绪容易起伏波动

大学生具有较高的文化修养，对情绪已有一定的控制力，情绪比较稳定。但是，大学生年龄一般在17~23岁之间，身心发展处在走向成熟而又未完全成熟的阶段，情绪反应不稳定，有时易走极端。导致大学生情绪起伏波动的主要原因是：大学生在生理、社会和心理上发展的不平衡性所产生的矛盾冲突，常在情绪体验中得以表现；大学生的辩证思维的发展水平还不是很高，对待矛盾容易产生偏激，从而引起情绪上的两极反应。遇到挫折灰心丧气，受到表扬极其振奋。如考试的失败、受到了批评、要求没被满足等，都可能懊悔、惆怅多时；当受到表扬、学习取得优异成绩、某项工作得到肯定时，则会手舞足蹈，甚至“大摆宴席”。随着时间的推移，其外部动作的表现会减少，如愤怒时有的会采取沉默以示对抗等。同时，由于大学生的自尊心强，对一些事过于敏感，也增加了情绪的波动性。比如，学习成绩的优劣、同学关系的好坏、恋爱的成败，甚至同学间衣着、饮食的不同，都会引起大学生情绪的较大波动。

三、情绪和情感对大学生身心健康的影响

现代科学研究表明，情绪和健康的关系是非常密切的。情绪的骤然变化，如喜形于色、惊恐万状、焦躁不安、怒发冲冠等，都会引起一系列的生理变化。如果使一个健康的人处于舒适状态，并用语言暗示使之精神愉快，那么此人的动脉血压就可下降 20 毫米汞柱左右，脉搏跳动每分钟也可减少 8 次；而精神焦虑则会导致血压上升、脉搏跳动加快、胆固醇升高，即使咀嚼食物，也分泌不出唾液。

凡是乐观、开朗、心情舒畅的人，各种内脏功能正常运转，对外来不良因素的抵抗力也会增强。只有在这种平静的情绪状态下，人才能持续从事智力活动。忧郁、焦急不安和烦恼的人，内脏器官功能活动会受到阻碍，如果这种情况反复出现，就可能引起身心疾病。古人认为“怒伤肝，喜伤心，思伤脾，恐伤肾”。临床医学也发现，急躁易怒、孤僻、爱生闷气的人易患高血压病；沉默忧郁、多愁善感的人，容易生肺病。情绪的激烈变化，常常是许多疾病加剧和恶化的先兆。这是因为神经系统的正常机能是有机体健康的重要保证，一旦情绪剧烈变化，神经系统的功能失调，特别是大脑皮层细胞遭到破坏，必然会使机体的正常功能发生紊乱，从而导致疾病。为了健康长寿，保证工作、学习的顺利进行，我们必须始终保持乐观的情绪。

良好的、愉快的情绪和情感有利于人的身心健康，它不仅是维护心理健康的保证，还是促进生理健康的有效途径。良好的情绪和情感取代引起神经和精神紧张的不良情绪和情感，可以减少和消除对肌体的不良刺激。良好的情绪和情感可以直接作用于脑垂体，保持内分泌功能的适度平衡，从而使全身各系统、器官的功能更加协调、健全。

培养大学生良好的情绪和情感有利于大学生的身心健康和心理发展，促进其潜能开发，提高其工作效率和生活质量。良好的情绪和情感往往使大学生乐于行动，有兴趣学习、工作和活动，有积极地与人交往的愿望；良好的情绪和情感有助于开阔思路；良好的情绪和情感能使大学生注意力集中，富有创造性。特别是当大学生处于愉快、乐观的情绪和情感状态时，更容易感受到天地万物是那么美好，更加对生活充满信心。

不良情绪对大学生身心健康有很大危害，主要有两种：即过度的情绪反应和持久的消极情绪。过度的情绪反应包括：因为 些重大的生活事件而情绪反应过丁强烈，如狂喜、暴怒、悲痛欲绝等；为一点小事而有过分的情绪反应，怒不可遏或激动不已；情绪反应过于迟钝、无动于衷、冷漠无情等。持久性的消极情绪是指在引起忧、悲、恐、怒等消极情绪的因素消失以后，还会很长时间沉溺在消极状态中不能自拔。

【案例】

一位来自农村的大一的学生小蔡说：“我从农村来，没见过计算机，可是现在竟学了计算机专业。入校后，看着别人操作的熟练样，而自己却对操作一窍不通，我真着急，闹着让爸爸买了一台计算机，可我又操作不来。快一年了，我的进步太慢了，太笨手笨脚，真不该学计算机。为了学操作，上学期我有两门不及格，我打算先休学一年。”同时，一位文科生学高等数学，他说："无论我使多大的劲，就是搞不明白，现在我越来越讨厌这门课了，索性不去管它。……"

上述案例中的学生学习自卑，自甘退缩，这是一种持久性的消极情绪。这类学习自卑者在学习中时常表现出自己的智力或能力不如别人，不敢主动学习和探索，不敢提问和坚持自己的见解，更不敢与老师谈论或与人争论，遇到挫折困难往往退缩，且学习成绩不好，尤其是创造能力较差。大学生要在学习上获得大的成就，必须克服这种自卑和退缩心理，摆脱持久性的消极情绪，正确面对学习中的困难和挫折。像上面提到的小蔡，进步缓慢实际上是一种暂时的现象，如果自己能刻苦地练习，就会很快地熟悉操作，可他急于求成，反而影响其学习效果，最后选择了退缩。长此以往，这类学习自卑者就会对学习产生消极影响。

四、大学生中常见的情绪困扰与应对

大学生的情绪问题是指因生活事件引起的悲伤、痛苦持续时间长不能消除的状态。情绪问题一方面导致大学生大脑神经活动功能紊乱，使得大学生自制力、学习效率降低，甚至会产生某些失去理智的行为，导致心理障碍和心理疾病；另一方面，情绪问题又会降低大学生的免疫功能，导致其正常生理平衡失调，引起心血管、消化、泌尿、呼吸、内分泌等系统的各种疾病。因此，学校和大学生必须要重视大学生的情绪问题。大学生中常见的不良情绪及其表现主要有以下几点：

（一）焦虑及其应对

焦虑是一种紧张、害怕、担忧、焦急等混合交织的复杂情绪体验。大学生在学习、工作、生活各方面遭遇挫折或担心、需要付出巨大努力的事情来临时，便会产生这种体验。

1. 焦虑的表现

【案例阅读与分析】

王强（化名）自幼学习一直不错，在学校总是年级前三名。父母都只是初中毕业，在外地打工特别劳累，把希望都寄托在他身上。但进大学后一切都变了，住校生活让他很不适应，丰富的社团活动让他很自卑，感觉自己是从农村来的，家里条件不好，同学们都不像中学那样单纯，还要应付人际关系，生活没意思，有时真想离开这里不读书了，太烦闷了，太痛苦了。

【分析】

王强的情况是大学新生入学后容易出现的"新生适应不良综合征"。刚入学的一年级新生，心理上一般有"依赖性""理想化""盲目自信"等心理特征。由于生活环境的更换，学习方法的改变，以往优势的失去，使其所处的不是"理想"的现实，因而出现适应不良，表现为苦闷、焦虑、缺乏自信、过于自卑等。

大学生常见的焦虑有适应焦虑、社交焦虑、考试焦虑、就业焦虑。

(1) 大一新生的适应焦虑。新生刚到全新环境时，总爱这样问自己："别人喜不喜欢

我？我有没有吸引力？我还有没有优势？”在这样的自我探询中，有些新生很容易产生一些不合理的认知：

在环境适应方面：①还是过去好；②周围没有人喜欢我；③班里的新同学不真诚；④我不是班干部，成绩不再优秀了，不必严格要求自己了。

在学习方面：①我不适应新的学习节奏，我无法跟上新的学习节奏；②学习太苦、太枯燥，没有意思；③我找不到适应新的学习的方法；④我变笨了，我不再是学习的料；⑤我没有别人有冲劲、有后劲；⑥我觉得自己成绩差，又不够勤奋，常常会觉得没希望了；⑦学习有点力不从心，容易产生厌学情绪。

如果不能正确处理以上认知，就会产生大一新生的适应焦虑了。

(2) 考试焦虑。考试焦虑是由于担心考试失败或渴望获得更好的成绩而产生的一种忧虑、紧张的心理状态。大一新生进入大学校门后，最常向辅导员老师或者师兄师姐求助的就是面临首次期终考试，不知如何着手准备，因而紧张焦虑。事实上，对大多数同学而言，在面临考试情境时，多少都会产生紧张与不安的感觉以及种种生理的不舒适，例如，心跳加速、手心冒汗、胃痛等反应，使考试犹如一场挥之不去的梦魇。如果长期处于这种状况，而且逐渐影响自己的生活起居，就可能罹患“考试焦虑症”了。

【案例阅读与思考】

赵同学，女，19岁，大学一年级学生，独生女，父亲为一小学校长，母亲在一所高中担任班主任。家教严格，父母对其要求很高，很舍得在她身上投资，从小到大上过很多培训班和辅导班。同时，父母也对其寄予了很大的期望，该生很听话，学习刻苦，成绩一直不错，顺利考入大学。性格内向，做事按部就班，中规中矩，追求完美。进入大学之后，发现大学的学习和高中很不一样，授课老师上课速度很快，点到为止，下课便离开教室，不再像高中那样一点一点地反复为学生讲解答疑，也很少布置作业，因此很不适应，常常不知现在的学习该如何下手。在大一学年第一学期期末考试中紧张焦虑，以至于考试成绩不理想，总分不高，没能拿到院级奖学金。现在第二学期的期末考试即将到来，赵某想，如果考不好，我的同学、朋友、亲戚会怎么看我？我的人生还有什么出路？从那时起她就出现烦躁不安、紧张、焦虑的症状，晚上翻来覆去难以入眠，并经常做噩梦。白天注意力不能集中，感到心慌意乱，虽然能控制情绪，但总觉得不踏实，内心非常烦恼痛苦。两周前头痛加重，去医院看过内科医生，并做了头部的CT等检查，一切均正常。

【思考】

赵同学怎么了？该怎么办？

(3) 社交焦虑。社交焦虑是一种与人交往时觉得不舒适、不自然，紧张甚至恐惧的情绪体验。大学新生面对陌生的环境和人群，会呈现出人际关系的种种不适应。有的新生由于处于一个“高手云集”的环境中，往往过高地估计别人，无端地怀疑自己的能力，以至于不敢与他人接触，造成交际范围狭窄；有的学生奉行“我行我素”的处事原则，过分关注自己，注重自己在人际交往中的地位而忽略他人的需要和存在，对别人缺乏关心和谅解，导致了人际交往中的自命不凡和过于敏感；有的新生不知道如何处理与异性的关系，对男女交往过于敏感，从而使正常的异性交往不能自然进行；有的陷入单相思而不能自拔，由此而产生情感冲突。这些学生大都会出现人际关系失调造成的焦虑不安、心烦意乱、孤单失落、寂寞失眠，甚至社交恐惧等症状。

【案例阅读与思考】

晓文（化名）出生在农村，家境清贫，母亲在她10岁时病逝，父亲续娶一后母，育有1个同父异母的弟弟。受成长环境影响，对后母不喜欢，在家中一直脾气较差，但因其学业成绩一直不错，全家都迁就她。父亲长年在外乡工地做泥瓦工，后母在家种田，全家生活、上学等经济来源等主要靠父亲一人提供。进入大学后，老师和同学反映其喜欢独来独往，只顾追求学业进步，自我认为与他人进行人际交往是浪费时间，不关心周围的人，不顾他人感受，常常做出随心所欲影响他人的事情，同学提醒、劝告也不改正。周围人都不喜欢她，久而久之都不愿与其交往。渐渐地，晓文害怕看到大家看她的眼神，认为“很恐怖”，感受到大家对她的言行举止的排斥与厌恶感，故在社交活动中极度害怕说错话，做错事，与人接触就有焦虑感，反复出现头痛和失眠现象，并影响到了学习。

【思考】

晓文不愿意与同学交往的原因是什么？为什么会感到别人的眼神很“恐怖”？她该怎么办？

（4）大四毕业生的就业焦虑。近年来就业形势不容乐观，大学生在就业过程中产生一些焦虑、抑郁的情绪是正常的。轻度的焦虑有一定的积极作用，可以激发潜能，使自己产生紧迫感，从而更努力地寻找就业机会。可是，一旦焦虑过度，上升到“焦虑症”就应该及时给予关注和心理干预，以免病情加重，导致过度失望带来的郁闷和焦虑，产生过激行为。

【案例阅读与思考】

佳佳（化名）是大四学生，他说：“临近大学毕业，对就业难感到压力大、紧张、焦虑、烦躁、做梦、情绪低落，食欲下降、经常失眠、不想与人交流，经常一个人坐着发呆，觉得自己没用，内心很痛苦。毕业前五个月的一次大型人才招聘会上，递交了几十份个人简历，都是往国有企业、大公司投的。招聘单位说：过几天会通知面试。我当时自己心里还挺高兴的，心里想总会有一两家大公司录用我。过了两天，有一家公司通知我去面试。头天晚上，我把面试应该注意的事项都考虑了一遍，面试当天，我还精心打扮了一番。面试时，心理还是挺紧张，以至于说话有点发抖。面试结束后，他们告诉我，如果通过第一次面试，会有第二次复试。在等待第二次面试的日子里，我的手机天天开着，就连晚上也从不关机，并总是随身带着。可是两个星期过去了，没人通知我第二次面试，也没有其他公司通知我去面试。眼看马上就要毕业了，工作还是没有着落。我每天总在想：为什么找不着好工作？是不是因为我的大学不起眼，不是重点大学？这时父母的话在耳边响起：只有重点大学毕业生才能找到好工作。越想越觉得自己找不着好工作就是因为这个原

因。现在想起来真后悔，后悔当初没有再复读，要是考上重点大学，就不会有今天的糟糕局面。心情异常烦躁、焦虑、看书没有以前专心，经常走神，食欲也下降了，总是担心自己找不着好工作。看到身边的同学们陆续找到了工作，觉得自己没用，是个废物，同学们一定都很瞧不起自己，在他们眼里自己肯定'一无是处'，觉得对不起父母和老师。为此，情绪更加低落，也更烦躁了，又不愿意和同学们说，无法化解不良情绪，内心十分痛苦。”

【思考】

佳佳遇到的问题是什么？他该做怎样的调整？

2. 焦虑的应对

（1）正视焦虑。丹麦著名的哲学家斯隆·契克格达认为，当我们面临发展自己的可能性时，都会产生一种向往的心态，如果没有这种紧张不安、跃跃欲试的冲动，任何成功和进取都是不可能的。回避焦虑不可能使问题得以解决，担忧也不会得以消除。我们应该去做胜负未卜的追求或探索，只要坚持去做，到一定时候，就不会产生焦虑了。比如，你为将要进行的演讲比赛担忧，这种担忧实际上是一种自我调整。只要你最终还是演讲了，你也就恢复了情绪的正常，也许下一次演讲时你就不会担忧了。可是你如果没有演讲，担忧就成了一个症状了。你将会对这种感觉感到一种恐惧和敌意。因此，消除焦虑的最好方法是正视它，并且全身心投入进去。

（2）不要自己吓自己。有位心理学家在某次体操比赛前测试运动员的焦虑水平。结果发现无论是得胜者还是失败者在赛前的焦虑程度是一样的，他们的差别仅仅在于是否懂得去应付压力。那些后来表现不好的运动员把注意力全部放在了担心上，担心自己表现不好该怎么办，从而陷入一种恐慌状态。表现良好的运动员一般都不去想自己的焦虑，而是把注意力放在自己要做的事情上，从而克服了焦虑。在心理学上有个名词叫做“自我预言的实现”，讲的是如果人们把情境定义为现实，那么这些情境在其后果中便是现实的。这是因为，你一旦有了一个对结果的假设，你所有的行为都会在不自觉当中去朝结果的方向“努力”。

有位哲人说，我们每个人不是活在昨天，也不是活在明天，而是活在今天。当我们担心失去明天的星星时，自然也就没有心情享受今天的阳光了。因此，面对焦虑，我们需要本着实事求是的态度进行分析，排除主观上的“假”，辨明客观上的“真”，使自己的精力不耗费在虚假的幻想上，而是努力做我们应该做的事，你会渐渐发现，原来很多方面都是自己吓唬自己，而不是焦虑事件本身。

（二）嫉妒及其应对

英国科学家培根说：“在人类的一切情欲中，嫉妒之情恐怕要算作最顽强、最持久了。”在日常生活中，嫉妒的存在是很普遍的。当看到别人比自己强时，心里就酸溜溜的不是滋味，于是就产生一种包含着憎恶与羡慕、愤怒与怨恨、猜嫌与失望、屈辱与虚荣以及伤心与悲痛共存的复杂情感，这种情感就是嫉妒。

1. 嫉妒的表现

嫉妒是指他人在某些方面胜过自己引起的不快甚至是痛苦的情绪体验。嫉妒是自尊心的一种异常表现，在大学生中普遍存在。引起大学生嫉妒心理的内容是多方面的，具体表现为：

（1）学业嫉妒。学习活动是大学生的主导活动。学习活动强烈地影响着大学生的心理过程和心理特征。考试、评优、保研等许多新问题、新情况需要青年去面对、适应。如果处理不好，就会产生嫉妒心理。它不仅表现在差生对优生的嫉妒，而且也产生在优生群体之中。特别是优生，在学业上得到的赞誉比较多，伴随的总是鲜花和掌声，已经习惯了自己的“优越”地位。一旦成绩下滑，成为“一般者”或是“较差者”，就会产生心理落差，感到心理紧张，产生嫉妒心理。

（2）恋爱嫉妒。爱情中的嫉妒心理是由于爱情的排他性、占有心理、过度关注、自卑、猜疑心、缺乏安全感等原因引起。处于恋爱中的青年男女，常常把对方看作是属于自己的。一旦发现自己的恋人同其他异性接触，就感觉浑身不自在，心里顿生无名之火，陷入痛苦之中。更有甚者，就连自己的恋人讲异性朋友的优点，也会引发猜疑，产生嫉妒心理。

（3）仪表嫉妒。爱美之心人皆有之。但是有的大学生天生丽质，气质超群，可有的却相貌平平。这时，那些相貌漂亮的大学生就特别容易成为被嫉妒的对象（在女大学生身上表现尤为突出）。特别是因自己的容貌、身材、生理缺陷成为前进的绊脚石时，大学生就对自己的相貌和魅力缺乏信心，对相貌出众者产生无名的嫉妒之火，采取贬低、冷落，甚至恶意中伤他人的行为来消除内心的不平。

（4）仇富心理。贫富悬殊是社会问题。有些物质上欠缺的大学生在贪图享受、追求高消费时，常常感觉囊中羞涩。看到经济条件好的同学花钱大方，就会产生“学好数理化，不如有个好爸爸”的自卑心理，并对家境条件优越者产生一种嫉妒心态。

2. 嫉妒产生的原因

（1）平均主义是嫉妒产生的思想根源。嫉妒的产生，在某种程度上是因为人们的思想观念。传统的平均主义思想根深蒂固，所以水平、地位相当的人，他们认为不管是在精神享受上还是物质占有上都应该是平均的。如果现实不能达到这种平均的理想状态时，那就会产生嫉妒。大学生群体特别希望老师能看到自己的与众不同，即便是自己没有什么与众不同也希望老师能一视同仁、公平对待自己。而当这种愿望不能实现时，便会对被老师重视的同学冷言相对，冷嘲热讽，甚至在这些同学出现某些不幸时幸灾乐祸。

（2）有理想无作为是嫉妒产生的直接原因。大学生受教育程度相对而言比较高，一般都有着强烈的进取心和求胜心，胸怀大志，力求成才。但是有些学生认为进入了大学就已经证明自己成功了，因此，花大把的时间去上网、逛街、聊天，没有很好地利用时间来丰富自己的知识和提高自己的社会实践技能。当机遇来临时，由于缺乏实力而不能很好地把握。这时他们便会对努力学习不断提高自身能力并能随时把握机遇的同学产生嫉妒。正如

培根说的："嫉妒是一种四处游荡的情欲，能享有它的只能是闲人。"

（3）不健全的人格因素是嫉妒心理产生的内部原因。人格因素是构成个性的核心因素。一个人格不健全的人考虑事情往往只从自身利益出发，一旦事与愿违便产生不平衡心理。如果一个人生性好强，做任何事情都喜欢争第一，"出风头"，那么一旦遭遇失败就有可能对比自己强的人产生嫉妒。

3. 嫉妒的应对

法国文学家巴尔扎克曾经说过："嫉妒者比任何不幸的人更为痛苦，因为别人的幸福和他自己的不幸，都将使他痛苦万分。"因此必须正确应对。嫉妒的应对策略如下：

（1）正确的自我认知。要开阔视野与心胸，懂得"天外有天，人外有人""强中自有强中手"的客观规律。大学生应客观地分析他人的优点以及他人成功背后的努力，同时要看到自己努力的不足。坦然面对他人的成功，正确接受自己的失败。自我分析时不能自暴自弃，认为自己一无是处。然而，真正做到豁达开朗并非易事，但如果在愤怒、消极状态下，能较平静、客观地面对现实，是能达到克服嫉妒的目的的。

（2）正确的归因方式。嫉妒的产生与个体的归因方式密切相关。因此，大学生在关注结果时，不能凭空抱有一种志在必得的心态，而要考虑自己是否付出了，自己的付出能否为自己赢得满意的结果。在看到他人取得成功收获时，应该看到他人成功背后的努力。当大学生能对事物有一个正确的认识，并且能够做出正确的分析时，那么不管是面对自己的失败还是他人的成功，都能有一种平常心，嫉妒之心就不会滋生。

（3）丰富的大学生活。培根说："每一个埋头沉入自己事业的人，是没有工夫去嫉妒别人的。"大学生应该积极参与各种有益身心的活动，使大学生活真正充实起来。例如，常去图书馆阅读，丰富知识，开阔眼界；主动参加一些社团活动和社会实践，发现自己在其他方面的优势，嫉妒的毒素就不会滋生、蔓延。不要刻意以自己的短处去比他人的长处，这样就不会产生不平衡心态，就不会滋生嫉妒心理。

【案例阅读与分析】

"老师，你给我评评理，我知道你一向比较公平。"我抬头一看，是大一的李某撞了进来，他高昂着头，满脸愤怒，眼睛努力向上翻着，仿佛不给他一个正确的说法，他会六亲不认、大闹天宫一样。原来，他在与同学争论"公共汽车上该不该让座"时发生争执。他认为，不管是谁一律不让。对方骂他"狗也知道给主人让道"。于是双方发生了争执。

李某在学习上比较努力，各门功课成绩都在中上等水平，语文成绩很好，特别喜欢看书，对历史很感兴趣，喜欢在班上谈论一些历史人物，面对许多同学的茫然，很是不屑，常骂别人是猪头；李某比较自私，对自己有利的事就做，很少参加班集体活动，他觉得这些活动与自己无关，所以该生人际关系有时比较紧张。家长也反映该生在家时，从来不会关心父母，不会顾及父母的需要与感受，一切围绕自己的喜怒哀乐行事，父母稍有怠慢，他都会发脾气，他认为父母为他做事是应该的。父母尽管常常因为他的任性、冷漠而伤心，但考虑到他还比较爱学习，就对他百依百顺，忽略了对他进行行为准则的教育。

【分析】

李某的自私冷漠，表现在对物不珍惜、对人不感激、对事不尽力、对己不克制。造成李某冷漠的原因又是什么呢?

（三）冷漠及其应对

1. 冷漠的表现

（1）对个人命运听之任之。有的大学生不但对“国事、家事、天下事”漠不关心，而且对自己的事也是听之任之，走一步算一步。他们不但政治上不积极进取，而且专业学习也得过且过，甚至个人生活也一塌糊涂。

（2）同学见面似路人。很多同学热衷于网络游戏、QQ 聊天，却淡漠了跟自己有最直接联系的室友。有的学校开班会也改在 QQ 上进行群聊，大家在网上聊得热火朝天，但是同学见面却好像陌生人，很少说话。互联网的广泛应用，距离已经不是问题，然而有的大学生似乎已看破红尘、超凡脱俗，把自己游离于社会群体之外，独来独往，目中无物，对各种刺激无动于衷。

（3）对各种活动漠然处之。大学社会实践和社团活动丰富多彩，应接不暇，然而仍有部分学生对各种活动认识不足，要么不参加活动，要么出人不出力。

2. 冷漠的应对

冷漠与退缩一样，是一种消极情绪的内化而非外显的行为。事实上，冷漠比攻击更可怕。冷漠会带来责任感的下降、生活意义的缺失与自我价值的放弃，可以说是“百害无利”的消极情绪体验。常用的调适方法有：

（1）积极转变观念。人际关系是相互的，要获得别人的友情，就不能对人冷漠，若不伸出自己的手，又怎能握住对方的手？洁身自好、顾影自怜是在为自己设置陷阱。

（2）传递温暖行动。人与人之间需要感情的交流，尤其是性格内向、情感含蓄的大学生更应主动走出自己的情感世界，实现相互沟通；克服观望、等待或被动态度，意识到自己是生活的主人和创造者，自己要对自己负责任，积极地投身于各项活动，从中去获得热情、乐趣和自身价值。

（3）自我心理调节。生活中虽然有假恶丑，但毕竟人间处处有真情，不能因遭遇几次挫折和不幸就一叶障目、失去信心。正如俄国诗人普希金说的：“假如生活欺骗了你，不要忧郁，也不要愤慨！不顺心时暂且忍耐；相信吧，快乐之日就会到来。”同时，自得其乐也是摆脱冷漠心理纠缠的好方法。

【案例阅读】

王某说她控制不住要拿舍友的东西，如刚买的化妆品、眼镜。主要是来到大学后，看到同学们都快乐无忧地生活着，长久潜藏于心的愤怒悄悄地滋长着，她不知道如何化解与排解这种情绪，便经常翻同学的书柜和床位，将他们的东西据为己有，看到她们焦虑、着急的样子，内在的愤怒便找到了宣泄口，直到有一次，同学们在她背的书包里翻出了寝室同学各种各样的东西。

王某在童年曾遭受了一定的挫折与伤害，因为缺乏必要的心理辅导与心理支持，在她升入大学后，她的心理问题并没有得到及时的解决，因此她潜在的愤怒并没有得到升华与缓解而是压抑起来，并寻找适当的机会进行发泄，最后导致受到了学校纪律的处分。

（四）愤怒及其应对

愤怒是当他人或外界事物不能满足自己内心需要，或主观愿望无法实现时所产生的一种消极情绪反应。心理学研究表明，当愤怒发生时，可能导致人心跳加快、心律失常、高血压等躯体性疾病，同时还会使人的自制力减弱甚至丧失，思维受阻、行为冲动，甚或干出一些后悔不迭的蠢事。

1. 愤怒的表现

愤怒是大学生常见的一种消极情绪。青年时期的大学生精力充沛、血气方刚，在情绪情感发展上往往容易产生好激动、易动怒的特点。如有的大学生因一句刺耳的话或一件不顺心的小事而暴跳如雷；有的因人际协调受阻而怒不可遏、恶语伤人；有的因别人的观点与自己相左而恼羞成怒；有的因暂时的挫折或失败而悲观失望，痛不欲生。如此种种，遇事缺乏冷静分析与思考，图一时之快，逞一时之勇，从而形成好激动、易动怒的不良情绪。

2. 愤怒产生的原因

溺爱型家庭教育环境是产生愤怒的温床。这种家庭一般经济条件较好，子女的要求很容易得到满足，任性脾气往往得不到必要限制。

不良社会风气是滋生愤怒的诱因。现在社会上的“老实人吃亏”“爱哭的小孩有奶吃”等风气，武打片、凶杀片等精神产品的污染以及令人看不惯的社会事件增多等，都会成为愤怒情绪滋生的直接因素。

错误的认知是愤怒情绪产生的内在因素。有的人认为发怒可以威胁他人，发怒可以抵挡责难，发怒可以推卸责任，发怒可以逃避努力，发怒可以满足愿望。不正确的认知使他们变得简单、幼稚，稍不如意便怒气冲天，事后却后悔不迭。正如古希腊毕达哥拉斯所言：“愤怒以愚蠢开始，以后悔告终。”

疲劳也是使人容易发怒的一个原因。古代先贤孙子说：“吏怒者倦也。”贾林也说：“人困则多怒。”老舍笔下的“骆驼祥子”本是一个性格温顺的人，但他后来为了赚钱，拼命干活，脾气也就变得暴躁起来。

3. 愤怒的应对

（1）平静地接受既成事实。愤怒的发生常常是因为人们主观地认为某些事情应该怎样不该怎样，而结果却相反。认为现实生活应该像自己期望的那样展现，这种主观性过强的思维习惯是引发愤怒的重要根源。“人生不如意事常八九，”如能平静地接受这一事实，认同这是正常的人生体验，人才会变得豁达开朗，对许多事就不会那样容易发火了。

（2）有分寸地、建设性地表达。表达自己的愤怒时，应注意以下几条原则：①对事不对人；②不翻老账，只对眼前；③允许对方发火，互相发火能消除紧张和猜疑的气氛；④

发火之前，你要找到对方过错的确凿证据；⑤让人们明白你生气的原因；⑥别把事情做绝，冷静下来后，可以重新考虑或做出某种让步，要给对方一条退路。

（3）原谅别人就是原谅自己。宽容是一种美德，是对犯错误的人的救赎，也是对自己心灵的升华。不要总是想着对方如何得罪了你，给你造成了多少损失。想想对方的错是否值得你去如此发火。他是故意的还是无心的？平日待你如何？给对方一个机会，就是给自己一个机会。对于一些人，原谅远远要比惩罚来的有效。也许只是一时的失误，也许只是一闪而过的歪念。人总有犯错误的时候，不要过于苛刻。

【案例阅读与分析】

关于女大学生抑郁症的案例分析

小洁（化名）自述：从小就在优越的环境中长大，父母都是高中老师，我过着衣食无忧的生活。由于父母工作比较忙，从小就把我送到乡下的奶奶家抚养，虽然在乡下条件比不上城里，但只要我要什么奶奶总能满足我，父母也定期来奶奶家看我，而且每次来总能拿上很多好吃、好玩的东西和好看的衣服，还给我不少的零花钱。因此当时在乡下很多小孩眼里，我是最幸福的，小伙伴们都很羡慕我，从小我就有了一种“众星捧月”的感觉。直到我上中学时奶奶病逝，才回到城里和父母生活。也许父母是因为从小没能很好地照顾我，感到有点愧疚于我，所以回到家后的我，更是受到父母的格外呵护，享受着“小公主”般的感觉，这样的生活一直伴随着我走进了大学。

刚进大学时，对于我来说一切都是陌生的，离开了父母的呵护，有点茫然了。但我还是挺积极地面对生活，各方面表现得都还不错，身体健康，积极而热情。但是大一时，我参加了学校和系上的各类学生干部、干事的竞选，结果都失败了。长这么大，第一次体会到如此“沉重”的打击，一向好胜的我陷入了自我否定的泥潭。情绪往往会因为一件很小的事情而大起大落，反复无常。但我努力学习，成绩还不错，每次都能拿到学校的“优秀奖学金”。也许是我这种争强好胜的性格，在寝室里好与人争执，又很少忍让。长此以往，寝室的同学都不敢“惹”我了，我的人际关系也开始出现了危机，我总怀疑别人在议论我，对每个室友都充满了敌意。每次看到别人高兴地在一起玩或学习时，内心充满了孤独感；晚上常常做噩梦，睡眠出现问题，精神状态不佳；没有胃口，常常不知道自己为什么发脾气，也很难控制自己的消极情绪，最终变成了同学中的“另类”。我很痛苦，也努力尝试过改变自己，但坚持不下来。大二期间，精神萎靡，对生活缺乏热情，自我否定几乎表现在我生活的所有内容中，甚至产生了自闭的状态。

【分析】

小洁的心理成长路程，可以说是艰难的。首先她的问题最初是由于以偏概全和绝对化思维造成的。一次干部竞选失败导致她产生失败感，后面的发展就因此而进入了自我认定的失败感之中。其次，小洁的情绪认识和控制能力差，她既不知道自己情绪不良的原因，更不能有效地控制自己的不良情绪，任情绪泛滥，以至于造成了不良人际关系，加重了她

的心理负担。再者，小洁的挫折耐力较差，她不善于进行客观的挫折归因，夸大挫折程度，缺乏应付挫折的意志力。小洁的核心问题仍然是情绪问题。

（五）抑郁与孤独及其应对

抑郁情绪就是感到压抑和忧愁的情绪，是一种感到自己无力应付外界压力而产生的消极情绪，常常伴有厌恶、痛苦、羞愧和自卑等情绪体验，是大学生中常见的不良情绪。抑郁情绪人人都曾体验过，对大多数人来说它的出现是短时的，时过境迁就会消失。

1. 抑郁与孤独的表现

（1）情绪上的表现。这是抑郁心理最主要的表现。处在抑郁心理中的学生，在情绪上表现出强烈而持久的悲观，对周围的一切都失去兴趣，对自己的未来感到失望。悲观失望的同时，还常常处于一种焦虑状态中，因为身体上的不适，长期失眠而导致的上课注意力不集中，学习效率低下会使大学生在抑郁的同时又饱受焦虑的折磨。长此以往，致使他们很难坚持完成学业。

（2）认知上的表现。具有抑郁心理的学生在认知过程中，往往会以偏概全，他们过分地关注事物的消极面，贬低积极的一面。在思维、记忆等认知活动中，经常出现效率低下的现象。例如，在一些考试中，经常出现思维迟钝、记忆紊乱现象，大大影响水平的发挥。

（3）自我评价的表现。处于抑郁状态中的大学生总是对自己持一种否定态度。他们常常感到自卑，缺乏自信、自尊，他们心目中的理想自我与现实自我总存在着很大的距离。他们总感到自己不如别人，对自己的能力、自己的才干都持一种不满意的态度，他们不知道自己有什么优势和特长。

（4）人际交往和人际关系上的表现。具有抑郁体验的学生自卑感比较严重。所以，他们在人际交往中总处于一种退缩不前的状态。一方面，他们十分敏感，在人际交往中生怕被别人冷落，如果在人际交往中稍受刺激便紧张不安；另一方面，由于自卑他们又不愿意与别人主动交往。所以，他们朋友很少，又不愿意参加学生活动，这些使得他们总感到孤独、寂寞。

2. 抑郁与孤独产生的原因

一般来说，抑郁情绪多发生在性格内向、孤僻、敏感、多疑、依赖性强、不爱交际、易悲天悯人、遭遇挫折、长期努力看不到成功希望的大学生身上。那些不喜欢所学专业，或人际关系处理不当，有过失恋体验的大学生也会产生抑郁情绪。主要是因为这些大学生对这些负面事件的认识不正确以及对自我价值的不合理评价而造成的。

3. 抑郁与孤独的应对

（1）改变不良的认知。不良的认知情绪源于适应不良的认知。一些大学生抑郁心理的产生，多是错误的认知导致的。认知疗法是根据人的认知过程影响人的情绪和行为的理论，通过认知和行为技术来改变求助者的不良认识，从而矫正不良行为的心理治疗方法，其着眼点放在求助者非功能性的认知问题上，通过改变求助者对己、对人或对事物的看法与态度来改变并改善所呈现的心理问题。其策略便在于帮助求助者重新构建认知结构，重新评价自己，重建对自己的信心，更改错误的认知方式。

(2) 树立自信。处于抑郁状态的大学生一般都能找到产生抑郁的最初原因，如考试失败、失恋、不善于人际交往、经济压力、就业困难、身体上的缺陷，等等，由于这些原因导致了自卑，由自卑而滑入了抑郁的泥潭。处于抑郁状态中的学生要发挥自己的潜力，通过积极的自我暗示来改变对自己的不良评价。

(3) 经常清零。在面对困境的重要时刻，善于抛开纷乱复杂的信息流，不要被负面信息充塞视听，让自己静下来，不停地“倒空”自己，以“空”的状态看自己。

(4) 学会转移抑郁情绪。如果将自己所有的自尊心都绑在某一件事情上，肯定会变得非常脆弱。为了避免发生这种片面的依赖性，最好是拥有生活的多个方面：学习、工作、朋友、家庭、爱好与兴趣，等等。任何一部分的优秀都能增强自己的自尊心。当生活的某一方面不顺利时，还可以从其他方面获得安慰和支持。

(5) 增进交流，寻求自己的社会支持系统。大学生在人际交往过程中，应不断提高认识，纠正交往中的认知偏差，通过自我暗示、转移和合理宣泄等方法进行自我调适，消除交往中的不良心理，保持良好心态；掌握交往艺术，发展交往能力，培养良好的交往素质。

当一个人心理上受到挫折时，最需要的莫过于他人的安慰、同情、理解和关心。一些大学生在出现抑郁的各种症状时，为避免被他人轻视、嘲笑，常常掩盖自己的症状，装作若无其事，而实际上却陷入了更深的焦虑之中。

第二节　人际关系的心理误区和调适

一、自负心理及其调适

自负的人只关心个人的需要，强调自己的感受，在人际交往中表现为目中无人。与同伴相聚，不高兴时会不分场合地乱发脾气，高兴时则海阔天空、手舞足蹈地讲个痛快，全然不考虑别人的情绪和态度。另外，在对自己与别人的关系上，自负者过高地估计了彼此的亲密度，讲一些不该讲的话。他们这种过分的行为，反而会使人出于心理防范而与之疏远。

（一）自负的一般表现

自视过高，很少关心别人，与他人关系疏远。这种人时时事事都从自己的利益出发，从不顾及别人，不求于人时，对人没有丝毫的热情，似乎人人都应为他服务，结果落得个门庭冷落。

看不起别人，总认为自己比别人强很多。这种人固执己见，唯我独尊，总是将自己的观点强加于人，在明知别人正确时，也不愿意改变自己的态度或接受别人的观点。总爱抬高自己、贬低别人，把别人看得一无是处。

过度防卫，有明显的嫉妒心。这种人有很强的自尊心，当别人取得一些成绩时，其嫉妒之心油然而生，极力去打击别人、排斥别人；当别人失败时，幸灾乐祸，不向别人提供任何有益的帮助。同时，在别人成功时，这种人常用“酸葡萄心理”来维持自己的心理平衡。

（二）形成自负的原因

一是过分娇宠的家庭教育。家庭教育是一个人自负心理产生的第一根源。对于青少年来说，他们的自我评价首先取决于周围的人对他们的看法，家庭则是他们自我评价的第一参考系。父母宠爱、夸赞、表扬，会使他们觉得自己“相当了不起”。

二是生活中的一帆风顺。人的认识来源于经验，生活中遭受过许多挫折和打击的人，很少有自负的心理，而生活中一帆风顺的人，则很容易养成自负的性格。现在的大学生大多是独生子女，是父母的掌上明珠，如果他们在学校又出类拔萃，就会养成自信、自傲和自负的个性。

三是片面的自我认识。自负者缩小自己的短处，夸大自己的长处。自负者缺乏自知之明，把自己的长处看得十分突出，对自己的能力评价过高，对别人的能力评价过低，自然产生自负心理。当一个人只看到自己的优点，看不到自己的缺点时，往往会形成自负的个性。这种人往往好大喜功，取得一点小小的成绩就认为自己了不起；成功时完全归因于自己的主观努力，失败时则完全归咎于客观条件；过分的自恋和以自我为中心，把自己的举手投足都看得与众不同。

四是情感上的原因。一些人的自尊心特别强，为了保护自尊心，在交往中遇到挫折时，常常会产生两种既相反又相通的自我保护心理。一种是自卑心理，通过自我隔绝，避免自尊心的进一步受伤害；另一种就是自负心理，通过自我放大，获得自卑不足的补偿。例如，一些家庭经济条件不是很好的学生，生怕被经济条件优越的同学看不起，装清高，在表面上摆出看不起这些同学的样子。这种自负心理是自尊心过分敏感的表现。

（三）克服自负的负面影响

人不能没有自负。尤其对青少年来说，在适当的范围内，自负可以激发他们的斗志，帮助他们树立必胜的信心，坚定战胜困难的信念，使他们能勇往直前。但是，自负又必须建立在客观现实的基础上，脱离实际的自负不但不能帮助人们，反而会影响其生活、学习、工作和人际交往，严重的还会影响心理健康。

首先，接受批评是根治自负的最佳办法。自负者的致命弱点是不愿意改变自己的态度或接受别人的观点，接受批评即是针对这一特点提出的方法。它并不是让自负者完全服从于他人，只是要求他们能够接受别人的正确观点，通过接受别人的批评，改变过去固执己见、唯我独尊的形象。

其次，与人平等相处。自负者视自己为上帝，无论在观念上还是行动上都无理地要求别人服从自己。平等相处就是要求自负者以一个普通社会成员的身份与别人平等交往。

第三，提高自我认识。要全面地认识自我，既要看到自己的优点和长处，又要看到自己的缺点和不足，不可“一叶障目，不见泰山”，抓住一点不放，失之偏颇。对自我不能孤立地去评价，应该将自己放在社会中去考察。每个人都有自己的特别之处，都有他人所不及的地方，同时又有不如人的地方，与人比较不能总拿自己的长处去比别人的不足，把别人看得一无是处。

第四，要以发展的眼光看待自负。既要看到自己的过去，又要看到自己的现在和将来，辉煌的过去可能标志着你过去是个英雄，但它并不代表现在，也不预示着将来。

二、嫉妒心理及其调适

嫉妒是一种消极的心理品质，是对他人的成就、名望、品德、优越地位及既得利益的一种不友好的、敌视与憎恨的情感，它把强于自己的人看作是对自己的威胁，是自己前进路上的绊脚石，因而对其感到不悦，甚至产生怨恨、愤怒的烦躁情绪。嫉妒心理是一种积极地想排除别人超越地位的心理状态，具有破坏和憎恨的感情色彩，是妨碍大学生人际交往的最卑劣的情感。有这种心理的大学生在交往中表现出强烈的排他性，并很快地导致诸如中伤、怨恨、诋毁等妒忌行为的发生。而更强烈的嫉妒心理还具有报复性，嫉妒者把嫉妒对象作为发泄的目标，使其蒙受巨大的精神损伤。

嫉妒心理的发展有以下几个阶段：最早的程度较浅的嫉妒，往往深藏于不易察觉的潜意识中，如自己与某同学相处很好，对于其优势名誉、地位等并不想施以攻击，不过每念及此，心中总会感到有一些淡淡的酸涩味；程度较深的嫉妒，是由强度较浅的嫉妒发展而来的，其标志是当事人的嫉妒心理不再完全潜藏，而是自觉或不自觉地显露出来，如对被嫉妒者作间接或直接的挑剔、造谣、诬陷等；非常强烈的嫉妒，嫉妒者已丧失了理智，向对方作正面的直接攻击，希望置别人于死地而后快，这往往会导致毁容、伤人、杀人等极端行为。

（一）嫉妒心理的特点

1. 普遍性

嫉妒在大学生中是普遍存在的，不管是男生还是女生，也不管是低年级同学还是高年级同学，每个同学或多或少都有嫉妒心理，只不过有的人嫉妒心理强，有的人嫉妒心理弱罢了。

2. 潜隐性

大学生中的嫉妒心理一般不表现在表面上，而是深藏于内心之中。因为他们担心别人若知道自己有嫉妒心会疏远他们，但又不服气别人的成就。

3. 临近性

大学生嫉妒的对象往往是身边的同学，甚至是十分要好的朋友。

4. 社会性

大学校园是一个浓缩的小社会，嫉妒心是在这个特殊的小社会中逐步形成和表现出来的。

另外，嫉妒者会有一种无法摆脱、充满压抑和矛盾的挫折感，这种人不愿承认和面对现实，但他们又不甘落后，对方的任何进步对于这种人来说都是挑战，为此他们终日闷闷不乐，精神萎靡。

（二）嫉妒心理产生的原因

嫉妒心理产生源于两种错误的认识：一是认为别人取得了成绩，就说明自己没有成绩，别人成功了就说明自己失败了；二是认为别人的成功就是对自己的威胁，是对自己利益的侵害。嫉妒的产生离不开人们生活环境和心理的空间中所发生的各种事件。大学生嫉妒心理产生的原因主要有：

1. 失宠心理

大学生被认为是“天之骄子”，经历了中考、高考的层层筛选，在中小学时期都是同龄人中的佼佼者，受到老师、同学和亲戚朋友的广泛关注，特别是深受老师的器重，而进入大学后，由于大学生活独立自主的特点，教师不再密切关注学生的一举一动，使某些学生产生了失宠的感觉。而同时各种学生团体的独立性和自立性，必定发掘出一批能力较强的学生干部，并为广大学生提供了发挥各自特长的舞台，在相互的对比中，有失宠心理的学生更容易消极地看待自我的行为及其结果，从而失去心理平衡。

2. 由匮乏感（自感知识面窄，阅历浅）引起嫉妒

中学教学中，虽已广泛提倡素质教育，但现实中却仍然偏重于应试教育，因此中学生的知识面较窄，又局限于理论，很少与实践相联系；同时中学生与社会接触较少，阅历浅。而进入大学后，学习、生活都不同于中学阶段。大学里的学术氛围浓厚，并涉及各门学科、各个科学领域，另外大学的开放性和社会性更强调学生的实践能力，学生要接触的事件更现实化，社会化，人员更复杂，于是有学生产生匮乏感，从而导致自卑、恐惧等心理情绪，在有意或无意中与别人进行对照，就极易产生嫉妒心理。

3. 由失落感所致

由于对大学的憧憬和向往，某些中学生往往把大学想象得过于美好，在主观上把大学生活理想化，而进入大学后发现大学生活是现实的，并非想象中那么完美。理想与现实的差距使这类学生不可避免地产生某种程度的失落感，与此同时这种失落感导致各种消极情绪，嫉妒心理即是其中一种。

4. 由委屈产生嫉妒

现代社会是一个充满竞争的社会，大学更是如此，在竞争中，由于主客观各方面原因，难免出现难分上下而又不得不有所区分的时候，其中一方可能会感到委屈，进而对另一方产生嫉妒。

（三）嫉妒心理的克服

嫉妒这种“平庸的情调对于卓越才能的反感”，常导致害人害己的不良后果，大学生应学会理智地处理嫉妒心理。

1. 正确地看待人生的价值

这样，你就能摆脱一切私心杂念，心胸开阔，不计较眼前得失，更不会花时间和精力嫉妒他人的成功了。一个埋头于自己的事业追求的人是无暇顾及别人的事的。俗语“无事生非”，正出于此。一个人没有理想，胸无大志，无所事事，就会挑别人的刺，寻别人的短，自己不进取，却去阻碍他人前进，唯愿众人都平庸度过一生。

2. 发挥自我优势

金无足赤，人无完人，各人各有自己的优势和长处。追求万事超人前既无必要，也不可能。要全方位地认识自己，既看到自己的长处，又正视自己的差距，扬长避短，发现并开拓自身的潜能，不断提高自己，力求改善现状，开创新局面。

3. 培养达观的人生态度

人生就是一个大舞台，自得其所，各有归宿：要有勇气承认对方比自己更高明更优越的地方，从而重新认识、发现和创造自己。这样就能从病态的自尊心和自卑感中解放出来，从嫉妒的泥潭中拔出来。

4. 密切交往，加深理解

许多嫉妒心理是由误解产生的。嫉妒者误认为对方的优势会造成对自己的损害，从而耿耿于怀。所以要打开心扉主动接近别人，加强心理沟通，避免发生误会，即使发生了也要及时妥善地解决。

三、多疑心理及其调适

《三国演义》中有这样一段描写：曹操刺杀董卓败露后，与陈宫一起逃至吕伯奢家。曹、吕两家是世交。吕伯奢一见曹操到来，本想杀一头猪款待他，可是曹操因听到磨刀之声，又听说要“缚而杀之”，便大起疑心，以为他要杀自己，于是不问青红皂白，拔剑误杀无辜。这是一出由猜疑心理导致的悲剧。猜疑是人性的弱点之一，历来是害人害己的祸根，是卑鄙灵魂的伙伴。一个人一旦掉进猜疑的陷阱，必定处处神经过敏，事事捕风捉影，对他人失去信任，对自己也同样心生疑窦，损害正常的人际关系，影响个人的身心健康。

多疑是人际交往中一种不好的心理品质，可以说是友谊之树的蛀虫。正如英国哲学家培根说的：“多疑之心犹如蝙蝠，它总是在黄昏中起飞。这种心情是迷惑人的，又是乱人心智的。它能使你陷入迷惘，混淆敌友，从而破坏人的事业。”具有多疑心理的人，往往先在主观上设定他人对自己不满，然后在生活中寻找证据。带着以邻为壑的心理，必然把无中生有的事实强加于人，甚至把别人的善意曲解为恶意。这是一种狭隘的、片面的、缺乏根据的盲目想象。

（一）猜疑心理的表现

生活中我们常会碰到一些猜疑心很重的人，他们整天疑心重重、无中生有，认为人人都不可信、不可交。如果看见两个同学在窃窃私语，就以为在说自己的坏话；别人无意之中看自己一眼，以为别人不怀好意，别有用心；每当自己做错了事，即使别人不知道，也怀疑别人早就知道，好像正盯着自己似的；别人无意之中说了一句笑话也以为在讥讽自己；怀疑别人对自己的真诚，认为这些都是虚假的，整个世界都是罪恶的，自己没有一个可以谈心的朋友；经常地感到孤独、寂寞、心慌、焦虑；总觉得别人在背后说自己坏话，或对自己使坏。喜欢猜疑的人特别注意留心外界和别人对自己的态度，对别人脱口而出的一句话很可能琢磨半天，努力发掘其中的“潜台词”，这样便不能轻松自在地与人交往，久而久之，不仅自己心情不好，也影响到人际关系。这种人心有疑惑却不愿公开，也少交心，整天闷闷不乐、郁郁寡欢。由于自我封闭阻隔了个体与外界的联系，妨碍感情交流，这种人将会由怀疑别人发展到怀疑自己、失去信心，变得自卑、怯懦、消极、被动。

（二）造成猜疑的原因

1. 作茧自缚的封闭思路

猜疑一般总是从某一假想目标开始，最后又回到假想目标，就像一个圆圈一样，越画越圆。最典型的例子就是“疑人偷斧”的寓言了：一个人丢失了斧头，怀疑是邻居的儿子偷的。从这个假想目标出发，他观察邻居儿子的言谈举止、神色仪态，无一不是偷斧的样子，思索的结果进一步巩固和强化了原先的假想，他断定邻居的儿子就是贼了。可是，不久在山谷里找到了斧头，再看那个邻居儿子，竟然一点也不像偷斧者。现实生活中猜疑心理的产生和发展，几乎都同这种封闭性思路主宰了正常思维密切相关。

2. 对环境、对他人、对自己缺乏信任

古人说：“长相知，不相疑。”反之，不相知，必定长相疑。不过，“他信”的缺乏，往往又同“自信”的不足有关系。疑神疑鬼的人，看似怀疑别人，实际上是对自己有所怀疑，至少是信心不足。有些人在某些方面自认为不如别人，因而总以为别人在议论自己，看不起自己，算计自己。一个人自信越足，越容易信任别人，越不易产生猜疑心理。

3. 对交往挫折的自我防卫

有些人以前由于轻信别人，在交往中受过骗，蒙受了巨大的精神损失，遭受了重大感情挫折，结果万念俱灰，不再相信任何人。

（三）猜疑心理的克服

猜疑的人通常过于敏感。敏感并不一定是缺点，对事物敏感的人往往很有灵气，有创造力，但如果过于敏感，特别是与人交往时过于敏感，就需要想办法加以控制了。具体可采用以下几种方法：

1. 用理智力量克制冲动情绪的发生

当发现自己开始怀疑别人时，应当立即寻找产生怀疑的原因，在没有形成思维之前，引进正反两个方面的信息。如“疑人偷斧”中的那个农夫，如果失斧后冷静想一想，斧头会不会是自己砍柴时忘了带回家，或者挑柴时掉在路上，那么，这个险些影响他同邻人关系的猜疑，或许根本就不会产生。现实生活中许多猜疑，戳穿了是很可笑的，但在戳穿之前，由于猜疑者的头脑被封闭性思路所主宰，这种猜疑显得顺理成章。此时，冷静思考显然是十分必要的。

2. 培养自信心

每个人都应当看到自己的长处，培养起自信心，相信自己会处理好人际关系，会给别人留下良好的印象。这样，当我们充满信心地进行工作和生活时，就不用担心自己的行为，也不会随便怀疑别人是否会挑剔、为难自己了。

3. 学会自我安慰

一个人在生活中，遭到别人的非议和流言，与他人产生误会，没有什么值得大惊小怪的。在一些生活细节上不必斤斤计较，可以心胸开阔些，这样就可以避免烦恼。如果觉得别人怀疑自己，应当安慰自己不必为别人的闲言碎语所纠缠，不要在意别人的议论，这样不仅解脱了自己，而且还取得了一次小小的精神胜利，而别人对自己产生的怀疑自然就烟消云散了。

4. 及时沟通，解除疑惑

世界上不被别人误会的人是没有的，关键是我们要有消除误会的能力与办法。如果误会得不到尽快解除，就会发展为猜疑；猜疑不能及时解除，就可能导致不幸。所以如果可能的话，最好同你“怀疑”的对象开诚布公地谈一谈，以便弄清真相，解除误会。猜疑者生疑之后，冷静地思索是很重要的，但冷静思索后如果疑惑依然存在，那就该通过适当方式，同被猜疑者进行推心置腹的交心。若是误会，可以及时消除；若是看法不同，通过谈心，了解对方的想法，也很有好处；若真的证实了猜疑并非无端，那么，心平气和地讨论，也有可能使问题解决在冲突之前。

四、自卑心理及其调遣

自卑是由于意识到自己不如别人而产生的一种自我体验，表现为过低评价自己的能力与品质，轻视自己，同时又担心失去他人尊重的心理状态。通俗地说，就是自己看不起自己，又以为别人也看不起自己的一种心理状态。自卑是影响大学生人际交往的严重心理障碍。有自卑心理的大学生常常缺乏自信，想象失败的体验多，在交往过程中畏首畏尾。如果遭到一点挫折，便怨天尤人；如果受到别人的耻笑与侮辱，便忍气吞声。他们缺乏足够的耐挫力，常常把失败归因于个人能力、性格或命运，因而灰心丧气，意志消沉。而这又常使个体自卑心理进一步被强化。

自卑是一种因过多的自我否定而产生的自惭形秽的情绪体验。自卑感人人都有，只有当自卑达到一定程度，影响到学习和工作的正常进行时，才会被认为是心理疾病。在人际交往中，主要表现为对自己的能力、品质等自身因素评价过低；心理承受力脆弱，经不起

较强的刺激；谨小慎微、多愁善感、常产生疑忌心理；行为畏缩、瞻前顾后等。

（一）自卑心理的特点

1. 泛化性

具有自卑心理的大学生，往往会因为某一方面的失败，落后于人，就把自己看得一无是处，全盘否定自己。一个在学习上不如人的学生，往往还会认为自己语言不够幽默，衣着不适宜，举止太笨拙。自卑情绪的这种泛化特点，使这些人无法看到自己的优点。

2. 敏感性与虚荣性

自卑心理严重的大学生在同人交往中，对他人的态度、评价等表现得特别敏感，女性自卑者更是如此。几个同学的小声议论会被认为是在议论他的缺点；身材矮小的人在同学们议论高矮的时候，总是借故避开等，这些都是自卑者敏感性与虚荣性的表现。

3. 掩饰性

有自卑心理的大学生对自己主观上认为的缺点短处总是设法掩饰，生怕别人知道。具有自卑心理的学生往往对自己的不足和别人对此的评价很敏感，常把别人无关的言行看成是对自己的轻视。由于担心自己的缺陷被人知道，因而特意加以掩饰或否认。

（二）自卑心理产生的原因

1. 自我评价过低

自卑者在对自己的身材、外貌、学习、交往等各方面能力的评价上，往往看不到自己的长处与优势，而是夸大自己的不足。他们在认识和评价自己时，进行的是一种不正确的社会比较，即拿自己的短处去比别人的长处，其结果是越比越泄气、越自卑。有些大学生由于学业上、工作上成绩平平，无出色表现而过低估计自己的才智水平，甚至对整个自我认识消极、认为自己“处处不如别人”，于是在交往中过于拘谨，放不开手脚，担心自己成为笑料或被人算计。

2. 消极的自我暗示

有自卑心理的大学生，惯于进行自我暗示，对自己的期望值总是很低，在任何活动之前，常对自己进行“我不行”“我很难成功”的消极自我暗示。这种自我低估的倾向使他们不相信自己的力量，抑制了能力的正常发挥，结果必然造成活动的失败，而失败又似乎证明了他们早先过低的自我评价与期望，从而强化了他们片面的自我认识，增强了他们的自卑感。自卑者大多对自己的性格、气质特征有些了解，但他们对于自身存在的不利于交往的性格特征，总表现出无能为力的态度，叹曰“江山易改，本性难移”。如那些自认为性格怯懦、抑郁低沉、反应迟缓者，多不敢主动结交朋友，常常“天马行空、独来独往”。

3. 不当归因

大学生对自己学习与交往失败的不当归因也是自卑心理产生的认知原因之一。

4. 潜意识中的自负

这是大学生中一些人自卑心理产生的深层原因。许多人在行为中表现出的自卑、自我贬低是由于他们心灵深处的自负引起的。在潜意识中，他们以为别人能的我都能，别人有的我也都有，总认为无论是外形长相还是学问才识，自己都要比别人高些。这使得他们在现实生活中容不得自己落后于人，一遇挫折，他们就很快走向原有状况的反面，出现自卑。

5. 理想自我与现实自我的冲突

当代大学生由于入学竞争的艰难，因此都为自己设计了一个令人钦羡的理想自我：外表英俊，才能拔萃，受人尊重……但现实的自我总是与之有很大距离，两相对照，就会有自惭形秽、自我不满之感，从而形成自卑。

（三）自卑心理的调适

自卑是心理暂时失去平衡的一种心理状态，对此可以通过补偿的方法来加以调适，而这种补偿又有消极和积极之分。有的青年明知自己能力不强，却故作姿态，甚至以奇异打扮来招人注意，借以弥补自己内心的空虚。这种消极的补偿方法，是不足取的。而积极的补偿方法有以下几种：

1. 正确认识自己，看到自己的长处

俗话说“尺有所短，寸有所长”，“金无足赤，人无完人”。每个人都有自己的长处与短处，既比上，又比下；既比优点，也比缺点。跟下比，看到自身的价值；跟上比，鞭策自己求进步。这样，就会得出“比上不足，比下有余”的结论。世上任何人都逃脱不了这个公式，而明白了这一点，心理也就取得了平衡点。看到长处是为了培养自信，但也必须承认自己身上存在的短处，如生理缺陷、环境的不利、知识的不足、经验的欠缺等。对于导致自卑的因素要积极地进行补偿，一是“笨鸟先飞，以勤补拙”，二是扬长避短。有些缺陷已成定局，如个子矮小、长相不好等，但是，可从别的方面进行补偿。个子矮小者如拿破仑，他做了法兰西帝国的统帅；身残者张海迪，坐在轮椅上，却登上了事业的高峰，写了几百万字的书……

2. 正确地暗示自己，避免使用否定自己的语言

自卑本身就是消极的自我暗示，做事之前就对自己说“我不行”“我没什么用”“我不会干”，结果就真的干不好，因为这种消极的暗示导致不必要的精神紧张和精神负担，使自己的内心充满失败感。结果做事情就束手束脚、畏首畏尾，主动性、创造性受到压抑，自然就妨碍了成功。因此，要勇敢地暗示自己“我能行”“别人能干的事，我也能干”“有志者事竟成”“事在人为”“坚持就是胜利”等，这样会增加自己战胜困难与挫折的力量，成功就会向我们招手，自卑也就逐渐丢在脑后。也许你说否定自己的语言是为了体现一种谦虚，但“累积暗示效果”会使其产生自我鄙视。至于他人会产生什么反应呢？或许一开始没有什么，听得多了就会觉得“你是一个真正没用的人”，从而令你沮丧无比。要避免使用否定自己的语言，打开积极进取、乐观自信的思维大门。

3. 正确地表现自己，积极与人交往

认识到自己的长处，就要大胆地表现。扬己长，避己短，在人群中树立一个新形象。要相信自己的能力与价值，如一次发言，一次竞赛，一次属于你的机会，都要积极自信地去做、去尝试，因为只有行动才是达到成功的唯一途径，退缩与回避只能带来自责、懊悔

与失意。要注意循序渐进，先表现自己最拿手、最容易取得成功的方面。有了一次成功，你会惊异地发现，你也行，这样自信心就随之增强。从而更积极自信地再去尝试稍难一点的事，以积累第二次成功，接着争取更多的成功。

不要总认为别人看不起你而离群索居。你自己瞧得起自己，别人也不会轻易小看你。能不能从良好的人际关系中得到激励，关键还在自己。要有意识地在与周围人的交往中学习别人的长处，发挥自己的优点，多从群体活动中培养自己的能力，这样可预防因孤陋寡闻而产生的畏缩躲闪的自卑感。这样，自卑就被逐步克服了。

4. 调整理想的自我，改变不合理观念

这有两方面含义。一是指降低自我期望的水平，努力使理想自我的内容符合实际自我所能做出努力的程度，不过分追求完美，或不对自己提出过高的要求，也就是避免给自己定一个不切实际的、过于理想和美好的目标，避免造成理想自我与现实自我差距过大。一个人不能没有理想，但理想的建立一定要从自身实际出发。理想标准的确立应当以自己通过努力能够实现为原则，只有这样，才会在实践中不断取得成功，增强自信心。二是指改变思维方式中某些不合理的观念。

总之，克服自卑心理的关键，在于必须有坚定的自信心和决心，这样就可以把自卑心理转化为自强不息的动力，使自己在生活和学习中成为一个强者。

五、害羞心理及其调适

几乎每个人都有害羞的时候，对青少年来说更为普遍。美国俄亥俄州立大学的一项统计结果表明，97% 的学生认为做公开演说是世界上两件最可怕的事情之一（另一件是核武器）。本来，一个人有一定害羞心理是正常的，只要不影响正常的人际交往就不能视为障碍。一个人如果在任何场合都不害羞，比如某女子在异性面前从不害羞，有时反而会让人接受不了。儿童心理学知识表明，儿童出生五六个月后，就有一种认生现象，这种认生现象便是害羞的最初表现形式，它表示儿童的认知水平有了新发展，能够区分生人与熟人。但是如果一个人在任何场合与人交往都害羞，甚至不敢或不愿与人交往，则害羞就成了交往心理障碍。

害羞心理是大学生中较常见的人际交往障碍。具有这种心理的人，在交往中由于过分的焦虑和不必要的担心，就会在言语上支支吾吾，行动上手足失措。有严重害羞心理的人甚至怯于交往，对交往采取回避态度，在交际场所或大庭广众之下，则害羞羞于启齿或害怕见人。害羞这一交往心理障碍对大学生的直接危害是使交往者无法表达自己的心声与情感，常常造成交往双方的误解，使交往以失败告终，其间接危害则是会导致交往者情绪与性格的不良变化。害羞会使人在交往失败后产生沮丧、焦虑和孤独感，让人饱尝形影相吊的痛苦，使人置身于沙漠中的那种孤立无援的愁苦、不安和恐惧的情绪状态中，进而导致性格上的变异、软弱、退缩和冷漠。

（一）害羞心理的表现

站在陌生人面前，总感到有一种无形的压力，似乎自己正在被人审视，不敢迎视对方的目光，感到极难为情；与人交谈时，面红耳赤，虚汗直冒，心里发慌。即使硬着头皮与人说上几句，也是前言不搭后语，结结巴巴的；不善于结交朋友，于是常感孤独，常因不能与人融洽相处或不能充分发挥自己的才干而烦恼；不善于在各种不同场合对事物坦率地发表个人意见或评论，因此不能有效地与他人交换意见，给人拘谨、呆板的感觉；常感到自卑。在学习和生活中往往不是考虑取得成功，而更多的是害怕失败。

（二）害羞心理的成因

1. 先天原因

有些人生来性格内向，气质属于黏液质、抑郁质类型，他们说话低声细语，见到生人就脸红，甚至常怀有一种胆怯的心理，举手投足、寻路问津也需要思前想后。

2. 家庭教育不当

过分保护型与粗暴型的家庭教育方式都可能造成子女怯懦的性格。前者，家长代替了子女的思想和行为，导致子女缺乏经验，生活办事能力差，单纯幼稚，遇事便紧张、恐惧、焦虑；后者，家长剥夺了子女思维和行动的机会，而且子女时常担心遭批评和斥责，遇事便紧张、焦虑、消极、被动。有些家长对儿童的胆小不加引导，孩子见到生人或到了陌生的地方，便习惯性地害羞、躲避，没有自信心。儿童进入青春期后，自我意识逐渐加强，敏感于别人对自己的评价，希望自己有一个“光辉形象”留在别人的心目中，为此，他们对自己的一言一行非常重视，唯恐有差错。这种心理状态导致了他们在交往中生怕被人耻笑，因此表现得不自然、心跳、腼腆。久而久之，他们便羞于与人接触，羞于在公开场合讲话。对此，应给予正确指导，鼓励青少年大胆、真实、自然地表现自己，否则他们的害羞心理会愈演愈烈。

3. 缺乏自信和实践锻炼

有些人总认为自己没有迷人的外表，没有过人的本领，属能力平平之辈，因此他们在交往中没有信心，患得患失。长期的谨小慎微不仅使他们体验不到成功的喜悦，而且使他们更加不相信自己的能力。再加上多数学生生活环境比较顺利，缺乏实践锻炼的机会。这些往往是导致害羞的重要原因。

4. 挫折的经历

据统计，约有四分之一害羞的成人在儿时并不害羞，但是在长大后却变得害羞了。这可能与遭受过挫折有关。这种人以前开朗大方，交往积极主动，但由于复杂的主客观原因，屡屡受挫后变得胆怯畏缩、消极被动。

（三）克服害羞心理

要克服害羞心理，需要从以下几个方面做起：

1. 正确评价自己，建立自信心

正确评价自己、建立自信是要求害羞者肯定自己，发现自己的闪光点，而不是只看到

自己的短处，这样有助于他们在交往中发挥自己的特长。否定自己是对潜力的扼杀，是能力发挥的障碍。虽然我们不能盲目乐观，但起码要看到自己的长处，发现自己的闪光点，在以后的交往中就可以扬长避短。要鼓起勇气，敢于迈出第一步。当害羞者在自信心支持下终于有所成功的时候，就会在未有过的成功体验下对自己重新评价，开始相信自己的能力。如果再有第二次、第三次的成功，害羞者就会对自己形成一个比较稳定的自我肯定认识，害羞心理就会悄悄地从他们身边走开。要看到自己的力量，不要只看自己的短处。

2. 勇于和别人交往

勇于和人交往，就是要丢下包袱、抛弃一切顾虑、大胆前行，即不要怕做错了事，说错了话。要认识到说错了虽然不能收回，但可以改正；做错了，只要吸取教训，就能起到前车之鉴的作用；失败并不等于无能。这样，害羞者在行动之前就不会光想到失败，而能够想到羞怯并不等于失败，只是由于精神紧张，并非是自己不能应付社交活动，这样他们就会走出自我否定和自我暗示的阴影。许多害羞者在行动前过于追求完美，担心失败，害怕别人的否定性评价，这样的自我否定和自我暗示肯定会影响能力的发挥。结果越担心、害怕，失败的可能性越大。

3. 学会交往

学会交往也是帮助害羞者摆脱障碍的有效方法。害羞者可以在与人交往中观察别人是怎样交往的，特别是要观察两类人：一是观察交往成功者，看看他们为什么总是交往的中心，为什么能将各种复杂交往方法运用得得心应手；二是观察从害羞中走出来的那些人，并向他们学习。在日常学习和生活中，应多考虑我要怎么做；在各种社交场合中，应顺其自然地表现自己，不要担忧人家是否注意你。与人交往，特别是与陌生人交往，要善于把紧张情绪放松。使用一些平静、放松的语句，进行自我暗示，常能起到缓和紧张情绪、减轻心理负担的作用。交往时要注意一些技巧，比如当你与对方交谈时，眼睛要看着对方，并将注意力集中于对方的眼睛，这样可以增加你对对方的注意，减少对方对自己的注意；在连续讲话中不要担忧中间会有停顿，因为停顿一会儿是谈话中的正常现象；在谈话中，当你感觉脸红时，不要试图用某种动作掩饰它，这样反而会使你的脸更红，进一步增强你的羞怯心理。

4. 学会克制自己的忧虑情绪

凡事尽可能往好的方面想，多看积极的一面。平时注意培养自己的良好情绪和情感，相信大多数人是以信任和诚恳的态度来对待自己的。把自己置于不信任和不真诚的假定环境中，对别人总怀有某种戒备心理，自己偶有闪失，或者并无闪失，也生怕别人看破似的，这样自己就会惶惶然，更加重羞怯心理。人们可以通过意志的力量来改变自己性格上的许多东西，克服诸如优柔寡断、神经过敏、胆怯等不良心理。一些知名演员、演说家、教师，在青年时代曾是胆怯害羞的人，但是后来他们却能在大庭广众之下口若悬河，就是因为他们意识到非克服害羞心理不可所取得的成效。事先做好准备，答题时就会应对自如；熟记演讲内容，演讲时便会口若悬河；发言开口时声音洪亮，结束时也会掷地有声。

除了这些“策略”与“技巧”之外，更重要的是要培养自己各方面的能力。因为有能力才会有自信，才能克服自卑、羞怯的心理。

5. 增强体质

户外锻炼，是增强神经系统的最有效方法。性格内向、气质为黏液质或抑郁质的人，神经系统比较脆弱，容易兴奋，一点小事就会闹得脸上红一阵、白一阵。通过体育锻炼，增强了体质，过度的神经反应会得到缓和，害羞程度就会自然而然地减轻。

以下有几条克服害羞的小窍门，不妨一试。

（1）做一些运动。例如：两脚平稳站立，然后轻轻地把脚跟提起，坚持几秒钟后放下。每次反复做30下，每天这样做2~3次，可以消除心神不定的感觉。

（2）害羞会使你呼吸急促，因此，要强迫自己做数次深长而有节奏的呼吸，这可以使紧张的心情得以缓解。

（3）与别人在一起时，无论是正式场合还是非正式场合，开始时手里不妨握住一样东西，比如一本书、一块手帕或其他小东西，这会使人感到舒服而且有一种安全感。

（4）学习毫无畏惧地看着别人。对于一位害羞的人来说，开始时这样做会比较困难，但你非学不可，你不能总是回避别人的视线，不能总盯着一件家具或墙角。

（5）有时你的羞怯不完全是由于过分紧张，而是由于知识领域过于狭窄，或对当前发生的事情知道得太少。如果你是个学生，你也许只注意学校的功课，对文学、音乐、艺术等领域没有涉猎。假若你能多读一点课外书籍、报刊，广泛地吸收各方面的知识，你就会发现，在社交场合你可以毫不困难地表达你的意见，这将会有力地帮助你建立自信，克服羞怯。

六、大学生常见的人际关系案例分析

孤独无助的李某

李某是某大学英语专业二年级学生，来自一个偏远的山村，父母都是农民。由于自幼学习成绩优异，她背负着全家人的希望，虽是农家女，但父母从不要求她做农活。从小学到高中毕业，她都是周围人赞许的对象，虽然性格内向、不善言辞，但与其他同学仍然相处良好。

上了大学之后，她开始感觉很多事情并不如意，尤其是如何与同学们交往、怎样处理好人际关系的问题让她伤透了脑筋。近一年多来，她和同寝室的两个同学因误会发生了几次争吵，以至于互不理睬，同时与班上其他同学也少有来往，反而经常与几个老乡待在一起，集体活动很少参加。她常感叹自己没有一个能相互了解、谈得来的知心朋友，感到特别孤独和自卑，经常独自哭泣，特别怀念以前的中学生活。长期的压抑和苦恼，使得她经常夜间失眠，白天注意力不集中，记忆力下降，患上了神经衰弱。但她强打精神，力图用埋头学习来减轻自己的痛苦，冲淡烦恼。虽然花了大量时间在学习上，但学习效果很差，

成绩急剧下降，几门功课成绩不及格让她感到无比的震惊和恐慌，心情更加糟糕，食欲渐减，体质明显下降，深感自己已经陷入绝境无法摆脱，失去了学习的信心。

如鱼得水的林某

林某是大学一年级学生。其学习成绩从小学到中学一直是名列前茅，经常受到老师的表扬和父母的夸奖，被同学们羡慕，是大家学习的榜样。经过努力，她考上了自己满意的大学。

刚进入大学时，由于第一次远离父母，离开家乡，孤身一人来到一个陌生的城市，面对的是来自全国各地、性格、经历、家庭条件各不相同的同学，她有时觉得自己很孤独，很想家，就经常往家中打电话，诉说自己在学校的感受和对家人的思念。此时学校和班级也组织了大量的活动，一些老乡和高年级的同学也经常主动地关心她，带她熟悉学校和所在的城市。经过一段时间的调节，她适应了大学生活，并意识到在大学里搞好人际关系、培养人际交往能力是非常重要的，同时也学会了尊重、理解周围的人，珍惜同每一个同学的交往和友谊，坦诚相待，具有良好的集体观念和团队精神，结果与同学们相处得很融洽。特别是同宿舍的四位女生，学习上互相帮助，生活上互相关心，大家一起听歌、一起逛街、一起做运动，夜间一起聊自己的欢乐、忧愁；每天会有值日的同学帮大家买好早点、打好开水，大家都感觉到宿舍就像自己的另外一个家一样，非常舒适、温暖。

【思考】

结合上述两个案例，你认为人际交往对大学生的发展有何影响呢？

第三节　大学生恋爱心理特征与常见心理问题

一、大学生的恋爱心理及特点

（一）爱情概述

1. 错误的爱情

几乎所有的大学生都能背诵《大话西游》中那段经典的台词：曾经有一份真挚的爱情摆在我的面前，我没有珍惜，直到失去时我才追悔莫及，人世间最痛苦的事莫过于此。如果上天能够给我一个再来一次的机会，我一定会对你说："我爱你！"如果非要给这份爱情加上一个期限，我希望是一万年……大学生心中理想的爱情有很多种，但是，理想并不等于现实，当大学生心中的理想之爱面对现实的挑战时，很多时候爱就会化作烟雨，随风而逝，留给当事人的只能是无尽的遗憾、懊恼与失落。

因此，作为当代大学生，我们首先要清楚什么不是爱情。

（1）偶像化的爱情。一个没有达到高度自我知觉的人，倾向于把自己所爱的人“神化”，将他当作一切爱情、光明与祝福的源泉而崇拜他。在这一过程中，人失去了对自己力量的觉悟，在被爱者身上失去了自己，而不是找到自己。从长远观点看，没有一个人能符合崇拜者的心愿，当然也不可避免地会出现失望。而解决这一问题的方法是寻找新偶像。这种偶像式的爱情在最初的体验是强烈性与突发性，但是很容易被打碎。这种爱常常错误地被看作真正的、伟大的爱情。恰恰是这种所谓的强烈性表现了那些恋爱者的饥渴和孤独。

（2）完美的爱情。这种爱情的本质只能存在于想象之中，而不是存在于同另一个人实实在在的结合之中，这种爱情往往是用替代品使自己满足；另一种表现是将现实推移。我们常常将恋爱的对方想象得极其完美。特别是校园爱情被称为“真空爱情”或“玻璃爱情”，就是因为大学生夸大了爱情的完美性而忽视了其现实性。当真实的生活摆在面前时，大学生的爱情就显得脆弱不堪，因为完美本身拒绝缺点。

（3）爱的投射。当恋爱失败或受挫后，当事人将注意力放到“所爱者”的错误和缺点上，对他人细微错误的反应十分灵敏，而对自己的问题与弱点却不闻不问。他们考虑更多的是如何指责对方或者教育对方。那么，两者之间的爱情关系就成为相互投射。事实上，当恋爱受挫后，当事人需要认真反思自我，而非投射。

（4）爱情的非理性观念。常见的爱情的非理性观念主要有以下十类：①没有爱情的大学生活是失败的；②爱情是靠努力可以争取到的，即付出总有回报；③爱不需要理由；④因为相爱而发生的性关系无可非议；⑤恋人是完美的，爱情是至高无上的；⑥爱是缘分也是感觉；⑦不在乎天长地久，只在乎曾经拥有；⑧爱情重在过程不在结果；⑨爱情能够改变对方；⑩失恋是人生重大的失败。由于受非理性观念的影响，部分大学生将恋爱置于其他重要人生任务之上，如学业，有大学生甚至因为爱而荒废了学业。有的学生坚信在爱情中付出总有回报，做爱情的守望者，耐心地等待，有的甚至采取极端举措。

（5）产生于孤独无助时的爱恋。爱情产生于何时？我们无法精确计算。但很多悲剧产生于开始，因为开始本身就意味着错误。特别是大学新生，来到陌生的城市，面对陌生的环境，显得无助与孤独。此时，可能一声问候、一束鲜花都会令孤独无助之中的你感动至极。要记住：在孤独无助时，你更需要广泛的社会支持如友情而不一定是爱情。

2. 真正的爱情

（1）爱情的含义。爱情是人性的组成部分，狭义上指情侣之间的感情，广义上还包括朋友之间的爱情和亲人之间的爱情（爱的感情），如夏衍在《关汉卿不朽》里说：“他是一个对现实生活和人民群众有爱情的人。”

狭义的爱情是人与人之间的强烈的依恋、亲近、向往，以及无私并且无所不尽其心的情感。它通常是情与欲的对照，爱情由情爱和性爱两部分组成，情爱是爱情的灵魂，性爱是爱情的能量，情爱是性爱的先决条件，性爱是情爱的动力，只有如此才能达到至高无上的爱情境界。

可见，爱情有其独特的生物性特征，从生物学角度，爱事实上由脑内化学反应引起，与性冲动不同，这是一种长久维持的反应。我们注意到，人类并不是只有在做爱、生育及共同抚育后代时才爱对方，爱情始终都存在，所以依然很难用简单的生育本能来解释爱情。

（2）产生爱情的生物因素。

①苯基乙胺。最基本的一种爱情物质称为苯基乙胺（phenylethylamine，简称 PEA）。无论是一见钟情也好，或者日久生情也好，只要让大脑产生足够多的 PEA，那么爱情也就产生了，俗话说那种“来电”的感觉就是 PEA 的杰作。有趣的是，当人遇到危险的时候，紧张也能够使得 PEA 的分泌水平提高。也就是说人处在危险的时候，产生爱情的可能性反而会提升。事实上 PEA 是一种神经兴奋剂，它能使人有一种极度兴奋的感觉，使人觉得更加有精力、信心和勇气。由于 PEA 的作用，人的呼吸和心跳都会加速，心跳加快，手心出汗，颜面发红，特别是瞳孔是否会放大是判断真爱与否的最佳标准。也许在未来的某个日子里，人们再也不必为如何向挑剔的恋人证明自己的爱而烦恼，也再也不必像歌里唱的那样不停地问自己“真爱是谁”。只要像做体检一样去医院做个简单的化验，那个让你瞬间血流量急增的人，就是你的真爱了。恋爱中的人喜欢海誓山盟，愿为爱人上九天揽月，下五洋捉鳖，这实在不能说是一种有意的欺骗，因为在承诺的时候，一个深陷情网的人会真的相信自己有这样的能力。自信心的空前膨胀是 PEA 的副作用之一。另外一种副作用就是能让人产生偏见、变得执着，丧失客观思考的能力。坚信自己选择的正确，只看到自己喜欢的东西，正所谓“情人眼中出西施”。英国伦敦大学的一位瑞士科学家曾经招募自称处于热恋阶段中的青年男女作为志愿者，采用磁性共振成像技术记录他们的大脑活动，图像表明，在看到自己恋人照片的时候，大脑的四个特定的区域不约而同地出现血液流量急增的现象，而同时，大脑中负责记忆和注意力的部分活动则受到了抑制，于是，那些处在恋爱中的男男女女自然就“变笨了”。为了说明“爱情使人变傻”这种观点是不分种族国界，人人平等的，他挑选的志愿者来自 11 个不同的国家。

②多巴胺。另一种重要的爱情物质是多巴胺（dopamine），它能产生一种令人欢欣的感觉。多巴胺是去甲肾上腺素生物合成的前体，为中枢性递质之一，可增强心肌收缩力，增加心输出量，扩张脑血管，增加血流量。对周围血管有轻度收缩作用，升高动脉血压。多巴胺的作用之一是刺激后叶催产素（oxytocin）的分泌，这种激素会影响妇女的分娩和哺乳，有消除紧张和抑郁的作用。一般认为拥抱时所感受到的那种安全感和满足感与这种激素密不可分。

③去甲肾上腺素。第三种爱情物质叫去甲肾上腺素（norepinephrine），有强大的血管收缩作用和神经传导作用，会引起血压、心率和血糖含量的增高。所谓心跳的感觉就是去甲肾上腺素在起作用。

当你头脑中充满着这些爱情物质的时候，也正是你意乱情迷的时候。但很不幸的是，人体内的这些爱情物质不可能永远处在一个较高的水平，人体的自我调节能力很强，总是试图将人体的状态调整回正常状况。一旦爱情物质消失，人也就从这样的迷醉状态中恢复过来，或者就像我们常说的那样，失去了爱的感觉。这种物质的持续时间视个体和环境有所差别，一般来说，去甲肾上腺素的浓度高峰可以持续6个月到4年的时间，平均不到30个月（2.5年）。这和社会学调查得出的数据很接近。

④内啡呔。所有有过恋爱经历的人都知道，爱除了激情外还应该有些其他的东西。在轰轰烈烈地爱过之后，我们需要另外一种爱情物质——内啡呔（endorphin）来填补激情。内啡呔的效果可以降低焦虑感，让人体会到一种安逸的、温暖的、亲密的、平静的感觉。内啡呔所带来的感觉是和PEA之类的物质完全不同的，后者使我们体验到爱的激情，而前者让我们体验到爱的平静。虽然这并不能让人激动和兴奋，但这种温馨的感觉一样能使人上瘾。一般来说，一个婚姻存在的时间越长久，这种状态也就会越牢固。这里面很大的一个原因就在于夫妻双方已经习惯了内啡呔所带来的平静。看来让爱情历久弥新的关键就在于在PEA之类的激情物质消退之前，分泌足够多的内啡呔。

⑤后叶加压素/脑下垂体后叶荷尔蒙。在动物实验中已经得到验证，注射了后叶加压素/脑下垂体后叶荷尔蒙（vasopressin）的雄性野鼠对交配过的雌性的兴趣会远远高于对其他雌性野鼠的兴趣，而面对其他雄性野鼠对自己伴侣的亲昵行为，它也表现得更加好斗。脑下垂体后叶荷尔蒙注射到老鼠体内会引起勃起。

⑥其他。性学专家金博士在她的书中提到，性吸引力和我们身上产生的化学物质有关，如除了内啡呔让我们欣喜外，单胺类让我们在恋爱中得相思病。

一旦过了热恋期，这些化学物质便会逐渐消退，而我们也会产生失去爱或兴奋的失落感觉。不过，我们同时也会进入依附期：男女双方互相依赖，发展较为成熟的两性关系。这时候的后叶加压素/脑下垂体后叶荷尔蒙，会使我们感到平静、满足。

可见，为什么恋爱总让人晕头转向？奥秘就在于大脑在热恋状态下会释放多种化学物质，传送到身体的各个部分。它们的综合作用能使人处于简单的幸福状态，心跳加速、头晕目眩、两颊绯红。虽然我们可以认为对于爱情的本质已经看得非常透彻，但具体到某一个体如何诱发另一个体产生、分泌爱情物质，我们依然所知不确。因为苯基乙胺的分泌并不会长期处于旺盛状态，随着时间的推移，苯基乙胺的分泌水平将逐渐下降。大约在恋爱的第四或第五个年头，爱情激素的作用就将完全消失，爱侣间也将激情不再，归于平淡。遗憾的是，科学家至今无法将激发爱情的化学物质合成药物，让人们的“爱情之树常青”。因为这些人工合成的化学物质一旦进入体内就被胃囊吸收，完全起不了作用。因此，到目前为止，除了真爱，还没有任何灵丹妙药能挽救濒危的爱。

（3）爱情的社会因素和文化因素。除了生物属性，爱情还有其独特的社会属性和文化属性，在中国文化中的爱情，每个人都会有拥有一片属于自己的爱情天空。那中国古人又是如何创建他们那个时代的爱情观呢？

①忠贞。宋代文人秦观有一首很有名的《鹊桥仙》，他在其中曾写道：

柔情似水，
佳期如梦，
忍顾鹊桥归路。
两情若是久长时，
又岂在朝朝暮暮。

诗词作品固然高雅浪漫，但民间流传的这个爱情故事充满了凄美的忠贞与无奈。织女突破重重阻力誓要与心爱的牛郎厮守终生，最后宁愿隔星遥望，一年里以苦守三百六十多天为代价，来换取一日相聚。衷心不改，此生不渝。这一份忠贞感天动地，实在是值得我们学习与借鉴。

②伦理。我国元代的时候，有一个名叫王实甫的剧作家，他的戏剧《西厢记》是由唐代诗人元稹写的传奇《会真记》改编的。一上舞台就惊倒四座，博得男女青年的喜爱，赢得粉丝无数，被誉为“西厢记天下夺魁”。

话说书生张生进京赶考，路过河中府普救寺，无意间窥得前朝相国之女崔莺莺，一见之下不由心生爱慕。这期间，有一贼人孙飞虎听说崔莺莺有“倾国倾城之容，西子太真之颜”。便率领五千人马，将普救寺层层围住，限老夫人三日之内交出莺莺做他的“压寨夫人”，大家束手无策。张生随即修书一封给金兰好友杜确，三日后，杜确率领救兵赶到了，打退孙飞虎。情节一波三折，文、武、情、戏俱全，传唱至今，最终有情人终成眷属，足以令今天的编剧们汗颜。在思想上，就当时的时代而言，也是非常深刻的。所谓伦理，就是人与人，以及人与自然的关系和处理这些关系的规则。以《西厢记》来看，它的内容无疑已经超出了当时的伦理道德所约束的范畴——孤男寡女，花园幽会，互赠情诗，既无父母之命，又无媒妁之言，他们的行为绝对是不允许的。但最后结局却又是大团圆，这无疑又是在肯定、鼓励张生与崔莺莺的爱情方式。看来，在传统文化的爱情观里，只要是男女真心相爱，无论有任何风雨阻碍，有情人也必会终成眷属。

（二）大学生恋爱心理的发展过程

大学生恋爱不再属于早恋的范围，也不再受太多的限制，正是因为这种心理状态才使得越来越多的大学生投入其中，但是说毕业季就是分手季，也说明大学恋爱也往往很难善始善终，那么大学生恋爱心理是怎样发展的呢？

大学生恋爱心理发展一般经历四个时期。

1. 异性疏远期

一般为 12 ~ 14 岁，进入青春期的少男少女，生理发育的急剧变化，引起心理的不安、害羞，使男女之间在心理和行为上出现隔膜，关系疏远甚至反感。不过，随着社会的现代化发展，各种传媒的发达及人们观念上的日趋开放，这一阶段的表现已越来越不明显。

2. 异性向往期

一般为 14 ~ 16 岁，随着性生理的发育，尤其是性意识的发展，男、女生逐渐从疏远、抵触开始转向为彼此产生好感，愿意在一起学习、游戏和活动。

3. 异性接近期

一般为16～18岁，随着性生理的进一步成熟，异性间产生向往和倾慕。单相思是指在异性关系中的一方倾心于另一方，却得不到对方回报的单方面的“爱情”。爱情错觉是单相思的另一种形式，是指在异性问的接触往来关系中，一方错误地认为对方对自己有意，或者把双方正常的交往和友谊误认为是爱情的来临。它常会使当事人想入非非，自作多情。单相思是恋爱心理的一种认知和情感的失误。单相思使某些学生陷入痛苦的境地，处于空虚、烦恼，甚至绝望之中。如果他们处理不好，以后的恋爱、婚姻生活都将受到消极的影响。

4. 恋爱期或爱情产生期

18岁以后，随着性生理和性意识的成熟，男女生交往频率增加，受环境因素的影响，多数青年进入恋爱状态。

单从年龄上看，多数大学生处在上述性心理发展的后两个阶段，但由于个人经历及自身社会文化背景等方面存在差异，他们在恋爱心理发展的阶段特征上的表现，也可能有很大的差异。

上述是很多大学生在恋爱时会有的心理，也是很多大学生会忽视的，以自我意识为主导的恋爱。其实大学恋爱会有很多美满的结果，也同样因为双方感情低调才会少有人知，反而那种轰轰烈烈、不管不顾的，才往往不得善终，所以平常心对待，不要过分强求。

（三）大学生的性心理

大学生在校年龄一般为18～23岁，其生理发育已基本成熟，对性的渴望日趋强烈，在行为上也必然有所体现。因此，对大学生这个特殊群体的性心理研究不容忽视。

1. 大学生性心理的发展阶段

促使大学生性意识较迅速发展的主因莫过于激素水平变化引起的身体的剧变和第二性征的出现，继而引起的对性及异性的关注。通用的性心理发展分期如下。

（1）异性疏远期。从青春期开始，男女少年对两性的一系列差别特别敏感。男女界线分明，如低年级初中生的“课桌三八线”现象。羞涩、不安与反感常常萦绕在青少年心头，在彼此交往中已深深地感到某种“隔阂”。

（2）异性接近期。由于性的渐趋成熟，青春期男女由开始的对异性疏远，发展到对异性的好奇并产生相互接近的渴望。但是这时期对异性的好感仅是一种对性懵懂的认知，一方面感到困惑和不安；另一方面又渴望接近异性。青年初期，青年男女情窦初开，异性之间的疏远在逐渐缩小，产生了渴望彼此接近的情感需要。男女青年开始关注异性对自己的态度，为博得异性的好感而表现自己。他（她）们常常以欣赏的心情和友好的态度，来对待异性的言谈和行为。

（3）异性向往期。这一时期，青年男女往往以各种主动的方式对异性表示好感，希望得到对方的积极反应。女性会刻意装扮，她们总觉得异性注视着自己，言谈举止显得紧张、腼腆；男性常常有意在异性面前显示自己的风度、才华和能力。

这一时期的青年男女，性机能已经成熟，但正确的道德观和恋爱观一般尚未形成，如果人为地遏制或反对他们正常的异性交往，不仅容易造成逆反心理，甚至会诱发他们追求异性的神秘感和狂热性，进而过早地产生恋爱意识，进入恋爱角色，卷进恋爱旋涡。这一时期有两个重要特点：一是感情隐秘，异性间接触时感情交流是隐晦的、含蓄的，常常以试探的方式进行，缺乏真正感情的交流；二是对象广泛，不是特定的异性，而呈现出不确定性。

（4）两性恋爱期。两性恋爱期是指男女性意识发展成熟后出现的异性相爱行为。这一时期的异性交往具有以下四个特点：

①爱情具有浓烈的、理想的、超然于现实的浪漫色彩。

②特定的恋爱对象，即男女青年按各自心目中的标准寻找自己特定的恋爱对象，喜欢与自己选择的异性单独在一起，出现不热衷参加集体活动的“离群”现象。

③感情趋向明朗化，即试图通过约会等方式 诉衷肠，交流内心感情，但表达方式往往出现欲言又止、语无伦次、窘态百出、词不达意等情况。

④产生了占有欲，即对爱恋对象产生精神性、情绪性的占有欲，不希望自己爱恋的异性和其他与自己同性的同学、朋友接触，产生“嫉妒心理”。

从大学生性心理由对异性的抵触、困惑到向往、恋爱的动态变化和发展过程中可知：随着年龄的增长，心理上表现的对异性的渴望和求偶倾向也随之增长。

2. 大学生性心理的特点

友谊、爱情、学习、择业、前途、理想，以及千变万化乃至刻骨铭心的性问题冲击着大学生年轻的心。大学生性心理特征概括起来有以下几点。

（1）性焦虑。包括对与自己性别相关的形体特征的焦虑，对自己的心理行为是否与性角色相吻合的焦虑，对自己性功能是否正常的焦虑。大学生应该树立健康的审美观，同时接受自身现实，不怨天尤人，注意扬长避短，如果对自身的性生理、性心理有疑惑，应及时寻求咨询和帮助，不可独自敏感多疑，无事生非。

（2）性别的差异性。性别不同，造成大学生的性心理也有所差异。

在感情流露上，男性往往表现得较为外显和热烈，女性则往往表现得比较含蓄和深沉。

在内心体验上，男性更多是感到新奇、喜悦和神秘，而女性则茫然和不安，常常会感到不知所措、惊慌、羞涩、喜悦、惧怕，以至于神思恍惚，神情迷惘。

在表达方式上，男性一般比较主动，有意识地在自己爱慕的异性面前表现自己，常常寻找机会向对方暗示甚至直接表白自己的爱慕之情。女性则往往显得被动、羞涩和腼腆，她们一般不会主动向对方表露心迹，更不愿意向对方直接表白自己的爱慕之情，最多是用言语或目光暗示对方，促使对方了解自己的内心所爱，使对方主动大胆地追求自己。

此外，男性的性冲动易被性视觉刺激唤起，而女生则易在听觉、触觉刺激下引起性兴奋。

（3）动荡性和压抑性。大学阶段拥有人的一生中最旺盛的性能量，体内突然增加的性激素的刺激，会引发强烈的生理感应和心理体验。尤其是外界各种渠道的性刺激，更易诱发性的需求和冲动，从而出现动荡不安的情况。

然而，大学生深感道德、法律的力量，这种欲望被理智限制和约束着。于是在需求和满足之间出现了尖锐的冲突和矛盾。不少大学生的心理还不成熟，尚未形成稳固的、正确的性价值观和恋爱观，自控能力较弱。性的生物性与社会性的冲突使许多大学生产生了性压抑。

（4）强烈性和文饰性。大学生正处于心理断乳期，心理封闭锁是其显著特点。他们既寻求自我独立又感到孤独无依；既渴求在新的集体中得到帮助和安慰，又紧紧地封锁自己的心灵。一方面大学生需要友谊，渴望理解，寻求归属感和爱，希望与自己所爱的人分担痛苦、共享快乐；另一方面又自我闭锁，他们虽然十分重视自己在异性心目中的形象、评价，但表面上却无动于衷，不屑一顾或故意回避。他们表面上好像讨厌那种亲昵的动作，但实际上却十分希望亲身体验。文饰自己强烈的渴望导致许多人不愿轻易敞开自己的心扉，这种心理上的矛盾，使大学生产生了种种心理冲突和苦恼。

（5）本能性和朦胧性。大学生的性心理缺乏深刻的社会内容，尤以低年级大学生为重，基本上还是生理急剧变化带来的本能作用，他们不了解性的基本常识，对性有浓厚的神秘感，只是本能的感知了解。大学生往往怀着好奇心，甚至怀有罪恶心理来秘密探求性知识，对异性有着浓厚的兴趣、好感和爱慕。然而，这种生理变化带来的性意识的觉醒和萌动，还披着一层朦胧的面纱，在此基础上，在朦胧纷乱的心理变化中，性意识逐渐强烈和成熟起来。

二、大学生恋爱常见的问题

许多大学生在恋爱问题上感到有很多说不明白的心灵困境或叫心理困扰，其原因有三方面。一是因为在大学生心目中，爱情的理想与现实的差距让人感受到一种难以名状的失落。也就是说，总相信有完美的爱存在，可现实却是，没有十全十美的男人或女人，更没有十全十美的自己。二是由于恋爱能否成功的因素是多方面的，要达成多方面的默契是需要时间的，要建立一份永久的爱情与幸福的家庭是需要相互理解、共同努力的。三是由大学生恋爱的心理特征所引发并形成的恋爱高速度进展和恋爱的多元化所致。具体地说，因为他们年纪尚轻、涉世太浅，缺乏深入了解和正确评价一个人的经验；因为他们过于情感外露、行为外向，盲目地一扫传统的以含蓄、深沉为美的恋爱方式；因为他们年轻、冲动；因为他们本身面临的就是一个人生价值观念多元化的现实社会……所以，恋爱心理困扰的产生便是顺理成章的了。

（一）单相思的困扰与调适

人们常说的单相思一般是指你为他（她）相思成灾，她（他）却一无所知，即使这样，你却仍然一往情深，耐心地等候，幻想终有一天能真情感动、苦尽甘来，即“衣带渐

宽终不悔，为伊消得人憔悴”。

1. 科学地认识单相思

心理学认为，人的认知是客观事物在人脑中的反映，这种反映有时因为受到主客观因素的干扰而出现偏差。单相思一般有两种情况：一是误解对方的言行、情感，把友情当作爱情；二是深爱对方，却不知道对方的感情，又怯于表白。单相思者往往对倾慕的对象一往情深，希望得到对方爱情的动机十分强烈。在这种心理的支配下，常常会把对方的言行举止纳入到自己主观需要的轨道上理解。有时候，对方一个眼神、一点微笑、一句模棱两可的话语，在第三人看来毫不足道，但在单相思者看来，却似乎在暗示着什么。因此，单相思是指男女一方的倾慕感情苦于不被对方知道和接受而造成的一种强烈的渴望。

但并不是所有单相思都一定意味着悲剧。爱情的开始可以分两大类。两人一见钟情到永远衷情，这是最完美的爱情，但这种完美爱情很难发生，即使发生了也很难维持。而大多数的恋爱其实都始于单相思。一个人先于另一个人坠入爱河，他首先要感动的是他自己，使自己处于一种激情中，然后以这份激情去感动对方，最后两人共享爱与被爱的感觉，这就从一厢情愿变成了两厢情愿。而悲剧的单相思是以一厢情愿开始，以一厢情愿结束，被相思的人最终没有被感动。

单相思是每个人都可能经历的一种心理状态。单相思本身并不算心理障碍，但盲目的非理性的单相思如果得不到合理疏导与调适，就会导致心理失调，甚至是更为严重的后果。单相思的人渴望爱情而得不到它，在情绪上，自然是郁郁寡欢的。他们的视野和情感世界变得狭隘，对生活失去乐趣，甚至茶饭不思，神情恍惚。久而久之，失望、怨恨、自卑、固执、悲伤多种多样的消极心理都会出现，心理会逐渐失衡，轻者导致强迫性神经病，重者导致忧郁症。更严重者在行为上会出现攻击倾向，这种攻击如指向外部，可能发生对思恋对象的攻击；如果这种攻击指向内部，就是自杀。

2. 对单相思的调适

对于大学生来说，单相思常是初恋的触发点。这一阶段的单相思少有顾忌，并带有很大的盲目性，主要是以感观为基础。大学生可能会为单相思感到害羞，其实同龄人差不多都有可能正在单相思。如果你是处在一种淡淡的、甜甜的单相思中，这是很正常的，并不是一种病。这里需要改变的是被单相思搅得天翻地覆的那种状况。我们最后要达到的目标并不是要你完全断绝单相思，而是要把单相思控制在一个适度的范围内。

一是如果你已被单相思折磨得万分痛苦，那么你最简捷和安全的选择就是，将心事告诉你的密友。你会发现你的朋友会帮你出谋划策，甚至还会告诉你他的单相思故事呢。这样，你会感到自己在单相思路上并不寂寞。不管你朋友的谋划对你的“爱情”有没有帮助，只要能倾吐一下心中所淤积的爱意，把自己的焦虑和忧愁与你的朋友分担，你就会感到轻松。朋友的劝导、安慰会在你的内心自然构起一个新的兴奋点，同时你的感情也会向这新的兴奋点分流。

二是如果你有勇气，向意中人明白地表达爱慕之情是摆脱单相思的直接方式。一般来说，单相思者的意中人多是出类拔萃者，所以我们可以推想他们大多比较理智。当你向意中人直接表达爱慕之情后，有可能会出现几种结果：接受，劝慰，拒绝，漠视。如果他（她）接受你的爱当然是最好的，单恋转化为双恋，爱的欢乐就取代了爱的痛苦。如果他（她）找出种种理由劝慰你放弃对他的爱，你就知道你们情缘已了，但交个普通朋友他是不会拒绝的。这样，你单相思的苦恼也可解除不少。如果他（她）拒绝了你，你可以大哭一场，或大怒一场，这对你来说也是人生必经的一次磨炼和情感体验。美梦惊醒的那一瞬虽然痛苦，但你很快会发现这也并非世界的末日，吸引你的人会不断地出现。如果他（她）漠视了你，不理睬你，你应该对自己说："他根本不懂得爱，一个完美的人怎么可能对别人的爱慕无动于衷呢？"你尝试用批评的眼光去扫视你的崇拜对象，会发现这也是一种非常有趣而且有用的体验。

三是尽可能地恢复自己的理智与自信。有的大学生一旦陷入单相思，连向对方表白的勇气都没有，只好把爱慕之情压抑在心底。这种单相思者往往比较内向、害羞、自卑，他们对意中人或抱着高不可攀的畏惧心理，把对方当作高贵、完美的神灵一样来崇拜；或因为对方早就心有所属，本不应该在自己的追求范围之内，却又情不自禁，陷入深深的矛盾之中。如果是这样，你必须静下心来分析一下自己的思维。你可能会这样想：①他（她）太完美了，他（她）的一举一动都像在施魔法似的（我太平凡了，我的一举一动根本吸引不了他（她））。②如果能和他（她）结婚，我便是这世上最幸福的人（如果办不到，我便是这世上最痛苦的人）。③为了他（她），我愿意赴汤蹈火（为了他，我愿做他的奴隶）。我们可以发现，在前一句话的背后还有一层含义，那就是括号里的话。你常给自己念叨第一句话，并不知蕴藏在心底的第二句话，而第二句话恰恰说明你严重地缺乏自信。现在我们要做的是，把第二句话从暗处提到明处，这是你恢复理智与自信的关键。应该这样想：①他（她）很优秀，对我具有魔法般的吸引力，但我也不错，我要努力赶上他（她）。②如果我能和他（她）结婚，我可能是十分幸运的人；如果办不到，我也有可能找到比他（她）更好的人。③为了他（她），我愿意尽己所能，但我没必要为他（她）忍受过多的折磨。我是一个独立的人，我不能失去自尊。如果坚持以这一种方式思维，你便会慢慢恢复自己的理智，从单相思的痛苦中挣脱出来。

还有一个好办法就是多参加感兴趣的运动。运动能够消耗部分淤积于内心的能量，从而使人意气风发、情绪高昂，获得自信与自尊；或许你还可以尝试一下空间转移，离开原来的生活环境或进行短期的旅行，避免触景生情，尽可能离你痴心所爱的人远一点，同时也许你会发现"天涯何处无芳草"。

记得有位名人曾说过：恋爱不是一颗心去敲打另一颗心，而是两颗心共同撞击的火花。单相思的感情固然真挚、强烈，要想斩断缠绵的情丝固然残酷，但如果任情感执著下去，自己将会受到更大伤害。因此，对已经陷入单相思的大学生来说必须加强自我保护，只有早日使自己走出单相思的旋涡，才能拥有一个健康的人生。

（二）一见钟情的困扰与调适

提到"一见钟情"，不得不让人想起《廊桥遗梦》中的罗伯特和弗朗西斯卡，一个摄

影记者与一个家庭主妇，用尽后半生来回忆四天的感人故事；《泰坦尼克号》中的杰克和露丝，一个流浪汉与一个富贵小姐，三天的一见钟情，演绎了一段生离死别的动人爱情故事。这种瞬间产生的男女之爱，可能吗？

1. 科学地认识“一见钟情”

一部分科学家认为男人和女人各自把所梦想的对象特征储存于大脑之中，就像把数据储存于软盘中一样，称之为“爱之图”。这张图最早由父母勾画，并不断受到外界因素的修正与补充。年龄越大，图像越具体，由于某种契机而第一次目光相触时，眼睛就捕捉到对方身高、体形、眼神、发色、发型、风度以及服饰等信息，以每小时400多千米的速度，通过视神经传给大脑。对方特征与所储存的图像越是相吻合，大脑产生的信息就越强烈，体内的“化学工厂”便开足马力产生大量兴奋物质，进而在脑中形成一种幸福激素，引起诸如心跳加快、手心出汗、颜面发红等变化，心中激情涌荡，即“一见钟情”。生活中的配偶与“爱之图”并非完全一样，但人们总是在孜孜不倦地追求着。“众里寻他千百度，蓦然回首，那人却在灯火阑珊处”，这就是存在于现实生活中的“一见钟情”的恋爱过程，有人形象地喻之为“苦旅”。

从心理学的角度来看，我们一般认为“一见钟情”是指短时间内突然发生的爱情。男女双方首次见面，单（双）方被对方外在的表现，诸如长相、身材、风度、言谈举止等吸引，从而产生良好的第一印象，并且这种最初的印象非常鲜明，令人喜悦，令人激动，令人久久不能忘怀，以致激起强烈的感情，心潮澎湃，不能控制，爱从心头起。一见钟情的导火索是第一印象，因为对方的某种表情、行为、美貌、气质都可能给人以特殊的刺激，而这个印象所包含的内容恰好符合自己理想配偶的主要条件，于是一股爱慕之情油然而生。

人的恋爱过程是一个高级情感的培养过程，尽管各人的情况不同，发展的速度不一样，但一般都需要一个认识、交友到恋爱的阶段，都需要经过时间考验。而一见钟情越过了前两个阶段，径直地飞跃到爱情的阶段，在一瞬间，把感情推向了高潮，确定了终身。事物发展的规律一般是“欲速则不达”。情人之间，只有经过思想感情的充分交流、全面的考察和理智的思考，对双方的性格、爱好、情绪等作整体性的了解，才能达到“心心相印”“情投意合”，才能全面感受到对方的外在美，深刻地体会到对方的内在美和本质。

2. 现实生活中的“一见钟情”

应当承认，生活中确实存在着不少由一见钟情而缔结婚姻并且后来生活得很美满的事例。比如说法国的戴高乐将军在巴黎的一次舞会上认识了后来成为其贤内助的汪杜洛小姐，他们一边跳舞，一边倾诉，当跳完第六支舞曲时，已经山盟海誓定下终身了。因为一见钟情而能缔结婚姻的一般有两个原因：①有的是出于偶然，即双方的道德品质都比较高尚，而且双方的兴趣、爱好相投，彼此符合对方心目中的“情人偶像”。②有的则是“钟情”后彼此又经过了一段在思想和个性上契合的过程，因此当他们建立家庭时，爱情已经获得了比较坚实的基础。

而美国历史上著名的总统林肯认为自己一生中的最大不幸和痛苦就是一见钟情。1893年，年轻的林肯与热情漂亮的姑娘玛丽一见钟情，认识不久后就结了婚。然而，林肯并没有享受到爱情的幸福。玛丽心胸狭窄，脾气暴躁，经常会为一件小事而暴跳如雷。林肯只好忍受着妻子的脾气，从不在家请朋友吃饭，常常独自一人在黑夜里散步，因此在残酷的政治斗争中，得不到家庭温暖的林肯显得格外苍老，而且无法摆脱的忧郁一直缠绕着他，直至遇刺身亡。又如俄国大诗人普希金同其夫人——有“莫斯科第一美人”之称的娜塔丽亚，也是在舞会上一见钟情而迅速结合的，可惜闪电般的结合并没有给他们带来幸福，而是带来无尽的痛苦，从而导致普希金英年早逝，为此，后人无不扼腕叹息。

3. 大学生应正确对待“一见钟情”

一见钟情是大学生恋爱中比较常见的现象。一般来说，男生比女生更易一见钟情。这是因为男生选择对象往往更注重于女方的外貌长相等外表特征，只要女方貌美，他就把女方的一切理想化。而女生恋爱则一般较为注重男方的内心世界，选择对象时一般较为慎重，但她们若对男方产生了“好”的印象，也很难轻易改变。总而言之，每个人的性格、理想、信仰、情操和道德观念都是不同的。“一见”只能了解对方的外在，所以要了解对方的内心世界并确定他（她）是不是自己理想中的爱人并不是一件容易的事。我们并不反对一见钟情式的爱情，问题在于如果你对某一异性产生了良好的第一印象后，不要仅仅满足于此，一定要保持冷静的头脑，去掌握对方的真实形象，要在相互了解中检验和巩固这种“钟情”，使之得到健康的发展。对那些正陷入一见钟情而不能自拔的大学生们来说，千万要保持冷静，要用理智去控制你的热情。

（三）对男友性冲动的困扰与调适

“约会时男友常有性冲动，自己不想发生性关系，但又不愿伤男友的心，怎么办?”

“为什么赞成婚前性行为的男生多于女生，而很在乎伴侣贞洁的又是男多于女?”

这些问题往往会困扰着许多女大学生，使她们在爱与性之间左右徘徊，不知所措。爱情是美好的，也是双向的，至于该不该发生性爱，关键要看恋爱中两个人的观念和态度。倘若双方都愿意且有心理准备，那么事前一定要采取避孕、防病措施，尽量避免事后才补救。对于女大学生来说，如果没有心理准备，那就要坚定自己的立场，采取一定的方式来保护自己。

1. 青春无瑕同盟协议

“享受爱情的甜蜜，珍爱女性贞操，结婚之前不与任何异性发生性关系……”这是成都某高校7位女大学生签订的《青春无瑕同盟协议》的内容。协议开宗明义：“如花岁月，沐浴爱情光辉，然而目睹过太多因享一时冲动的甜蜜而以泪洗面的悲剧，为了抵制不良风气，为了维护女性健康，特订立此协议。”协议内容共有4条：①享受爱情甜蜜，维护爱情严肃，珍爱女性贞操，结婚之前不与任何异性发生性关系。②恋爱过程中，如遇男友提出性要求，应明确表示拒绝，同时，在与男友交往过程中应检点自己言行，不以过于亲密的言行误导男友。③协议中的盟友有义务提醒其他盟友遵守协议，对盟友的提醒，被劝者

应以友好态度听取。④本协议根据自愿原则订立，如果感觉难以遵守，应声明退出。这个协议的内容一经传出，立即激起千层浪。有的人认为这是一个毫无意义的同盟，也有人为这个“贞操同盟”击掌叫好，还有人觉得有点矫枉过正了，但无论如何她们对贞操的慎重态度是值得肯定的。

2. 如何巧妙地拒绝男友的性要求

大多数女大学生不愿意在没有心理准备前，就匆忙发生性行为，但又怕让男友误会，不知道应该如何开口。

首先，你要理解男友的性要求是正常的，冲动之时他们常常有通过性行为来释放性紧张的迫切要求，所以，你要理解他，要多主动关心他，用你的“情”来安抚他的“性”，要告诉他你虽然拒绝他的性要求，但自己仍然爱他不变。

其次，你们相爱，就会尊重彼此。你可以婉言拒绝他的要求，向他说明这并非是你性冷淡，而是不想未婚先孕、不想偷偷摸摸做爱等，简要地表明自己的态度即可，不要因此与他辩论而纠缠不休。他若爱你，就会尊重你的选择的；相反，许多女孩轻易以身相许，反而被对方认为过于随便，最后得不到尊重。对婚前性行为说不的做法虽然不现代，但也绝不愚蠢。如果他不能体谅你，不尊重你拒绝的理由，他未来也不可能会尊重你。如果他因为你没有准备好接受初次性行为，就要离开你，那么说实在的，这种男人也没有什么可爱的地方，他早一点离开对你反而是一种解脱。

再次，说“不”时要直接、清楚且坚决。因为男性长期以来，一直觉得女人口是心非，因此不清楚的信息会让他误解。很多时候，就是因为男方认为女方没有说“不”，或即使轻轻说“不”，他也以为是女性害羞，或在吊他的胃口。当然，直接且坚决表达“不”的立场，并非是要激怒对方。信息虽然要清楚，但口气可以委婉。你应该直接向对方说明拒绝的原因：例如“我还没有准备好”、“今天身体不太舒服”，或是“今天心情不好，可不可以换另一种亲密方式”……你必须很清楚地了解，当你准备好说“不”，是因为你爱护你自己，所以要明确表达自己“不要”的立场。当然，无论你以多么委婉的语气表达拒绝，满心期待的另一半一定还是会感觉好像被泼了盆冰水一般，不是滋味。这时你若主动亲亲他、抱抱他，那么他一定会理解并尊重你的选择，两人之间的关系一定会更亲密。

最后，男性对视觉和主动触觉的刺激往往比较敏感，只要减少这两方面的刺激量和强度，就可以减弱或避免性冲动。因此，女孩欲避免恋爱时发生非意愿的性关系，约会时尽量不要穿暴露的衣服，尽量不要在过于隐秘的地方约会，最好离开二人世界，与男友到公共场合去谈恋爱。不管怎样大学生还处在学习阶段，过早发生性行为，会影响学习，而且一旦分手，对双方尤其是女孩子可能伤害更大。因此，陶醉在爱河里的女大学生千万不要被爱情冲昏了头脑，要自尊、自爱，要清楚地知道自己在做什么，自己想要什么，有没有承受能力。对于男生来说，则要学会怜香惜玉，学会理解和尊重女友的意愿，只有这样爱情之花才能绽放得越来越美。

(四) 失恋的困扰与调适

失恋是痛苦的，会在失恋者的心上留下久久难愈的创伤。从心理学的角度看，失恋是青春期最严重的挫折之一。

1. 失恋的原因

其实，失恋的原因说复杂也复杂，说简单也简单，一般来说，大学生失恋主要有以下几个原因。

（1）一方认为性格不合。这种情况在大学生恋爱中是很常见的。曾经热恋过的两个人，一方发现对方在思想、个性方面不适合自己而提出分手，而另一方却依然留恋，放不下对对方的感情。

（2）一方见异思迁。一般是说两个人有过一段恋爱史，但是后来一方“温度”下降了，见异思迁，移情别恋，离开了对方，另有新欢，而没有心理准备的另一方就得承受很大的痛苦了。

（3）一厢情愿。也就是落花有意流水无情，当你鼓足勇气跟对方表白的时候，却被对方拒绝。这种情况在大学生恋情里也是占有相当大比例的。

（4）社会舆论压力。相爱的双方缺乏勇气和信心，迫于社会的偏见和父母的威严，在外界干涉下只得痛苦分手。

（5）恋爱动机不纯。恋爱动机的纯洁和健康是保证恋爱顺利的重要基础。有些大学生谈恋爱不是出于爱情本身，而是因为生活的单调、寂寞、烦闷、虚荣心等。万丈高楼平地起，不是建立在真挚感情基础上的恋爱往往先天不足，最终是自食其果。

2. 失恋可能导致的不良心理和行为

爱情是美妙的，对于情感真挚的大学生来说，当爱情故事悄悄地开始时，一切都是那么的美好；可是当爱情故事结束时，失恋的打击又是那么的令人心碎，而由此引起的心理反应也异常剧烈。当一场爱情走到了尽头，失恋者由于失去了对方的爱情，而其他感情又不能替代，会产生极度的绝望感、孤独感和虚无感。在此危险时刻，失恋者往往有以下不良的心理和行为特征。

（1）自杀。一些大学生失恋后，万念俱灰，自以为“看破红尘”或者觉得活着没意思，情绪极度悲伤，甚至绝望，充满着难堪和羞辱感，甚至羞于见人，自尊心受损，甚至走上轻生之路。失恋者的自卑、悲观、厌世、空虚、羞辱、悔恨等各种负面情绪极端强烈，一旦想摆脱心理负荷，就会导致自杀。

（2）报复。这是一种较常见的发泄手段，是极度的占有欲受到挫折而唤起的极端心理。失恋者因失恋而绝望暴怒，从而产生报复心理，造成毁坏性的结局。

（3）抑郁。一些大学生失恋后，把痛苦埋在心底，充满了虚无感，失意感和失落感。他们对生活极度冷淡，对异性有憎恶感，导致长期心情抑郁，为人冷漠、孤僻，严重者可导致精神分裂；还有一些人为寻找精神寄托，以酒消愁，以烟解闷，在酒精和尼古丁中麻醉自己；或从此嫉俗厌世，怀疑一切，看什么都不顺眼，爱发牢骚；或从此玩世不恭，得

过且过，寻找刺激，发泄心中不满。

（4）盲目的补救。失恋后，极少数大学生对抛弃自己的人一往情深，对爱情生活充满了美好回忆和幻想，自欺欺人，否认失恋的存在，从而陷入单相思的泥潭；甚至做出一些与年龄智力极不相符的幼稚行为，在异性面前哭哭啼啼、苦苦哀求对方重归于好；若有第三者插足，有时会恳求第三者不要破坏他们过去的感情。

3. 失恋的心理调适

面对失恋的打击，如何升华痛苦的情感，是检验一个人道德情操的最好尺度。对于失恋的不幸，作为大学生：

一是不能失去理智，要冷静反思，找出原因，完善自我，友好地对过去的恋人说一声再见。失恋的痛苦往往来源于不甘心自己的恋情如此短暂，不甘心付出了还是没有结果。你也许感到心灵深处最神圣的东西彻底崩溃了。恍惚间现在的他（她）是那么的陌生，那么的遥远，失落、委屈和愤恨，说不出心里是一种什么样的感受。但失恋有时也是一笔财富，它能使你认清爱情的另一面，重新认识你自己。作为当事人要冷静思考，弄清失恋的原因。假如对方的品行不端，是个“薄情女”或“负心郎”，这种人根本就不值得爱，而“塞翁失马，焉知非福”，及时分手未必不是件好事；假如对方的选择是出于理智的考虑，发现你并不是他理想的伴侣，这是正常的情感变化，恋爱不成友谊在，应该尊重对方的选择。你应该清醒地认识到原有的那段纯真感情已经一去不复返了，如果还沉浸在过去的回忆里，让痛苦带走所有的快乐，那么只能衬托现实的悲哀。要多为对方着想，既然对方觉得这样更幸福，就让他（她）离开你吧。不然，两个人的生活，有一个人觉得不幸福，这样的生活既不幸福、也不稳定。要知道，强扭的瓜不甜，有的东西你再喜欢也不会属于你，有的东西你再留恋也注定要放弃。要坚信，只要这个世界上有我爱的人，就有爱我的人。

二是失恋不能失志，要自我调节，转移注意力，化痛苦为动力。一旦失恋，就要迅速走出“爱情故事”的阴影，将失恋的教训尘封，以坦荡的胸怀及时从狭隘的情感中摆脱出来。恋爱失败了，用学习和工作来补偿失恋的痛苦，“失之东隅，收之桑榆”。你可以向知心朋友倾诉你的不幸，从中获得安慰，减轻痛苦；你也可以在群体活动中充实精神，寻找乐趣；当然，你也可以向心理咨询机构求助。哲学家培根说过：一切真正伟大的人物，没有一个因爱情而发狂，因为伟大的事业抑制了这种软弱的情感。古往今来许多伟人在爱情遭受挫折以后，并没有被失恋的痛苦所压倒，而是化痛苦为动力，终于在事业上取得了非凡的成就。歌德失恋后没有陷入深深的痛苦之中，而是把自己破灭的爱情作为创作的素材，写成了《少年维特之烦恼》，以此成为他事业成功的起点。年轻的居里夫人因失恋有过向尘世告别的念头，但她很快就从失恋的痛苦中崛起，投身于科学事业之中，而且她在四年的大学生活里，把全部的精力都用在学习上，最后以优异的成绩获得两个学衔——物理学硕士和数学硕士。罗曼·罗兰也曾饱尝过被心上人抛弃的痛苦，情场受挫后，他置一切于度外，集中精力奋发创作，经过十年构思，十年写作，完成了轰动世界文坛的名著

《约翰·克利斯朵夫》。

自古雄才多磨难。经历了失恋磨难的人，一旦重新站立起来，将会显示出倍加强大的精神力量。失恋不是失去爱的权利，也不是被爱神永远抛弃。在人生的路途中不乏终身伴侣，在事业的奋斗中更不乏志同道合的战友，只要勇敢地扬起生活的风帆，就一定能够获得更加甜蜜、幸福的爱情。

（五）大学生恋爱中的其他困扰与调适

1. 自卑

一部分大学生总感到自己缺乏被爱的吸引力，为自己还没有恋人而自卑，从而认为自己对异性没有吸引力，认为别人瞧不起自己，不敢坦然与异性交往，更怕在异性面前失误，只好用回避与异性接触的办法保护自尊心，并极力掩盖内心深处的痛苦与失落。

上述心理困境形成的原因主要是两个方面：一是自我评价出现偏差；这样的学生往往过于关注别人对自己怎么看，却从未认真考虑过自己如何给自己一个客观的评价；二是对恋爱吸引力的误解与缺乏科学的认知，表面上看似乎人们的择偶心理倾向于外在魅力，实际上男女大学生，在选择异性对象的条件上大多认为性格、才能、心理、人品和兴趣爱好更具有吸引力。

所以，对于有这种心理困境的大学生应首先从各方面多寻找自己的长处，挖掘和排列一下自己能吸引他人的闪光点及特征，并学着变换一下思维方式，用自己的优点与别人的缺点去对比，以增强自信、悦纳自己；其次，学会辩证地思考问题，看到事物的两面性，怎样对异性有吸引力？是否非要在大学期间拥有如意恋人？这些都不意味着你今后的生活如何，“迟到的爱”也许会是真爱，早到的爱也许会提前消失；再次，大胆地去与异性同学交往，多参加有异性同学的集体活动和娱乐活动，去了解和观察自己所欣赏的异性同学，同时也了解自己期待恋爱的心理特征，缩短真实自我与理想自我的心理差距，调节好恋爱心理的内部期待与外部期待的矛盾，矫正恋爱动机和恋爱价值定向。通俗地说，就是在挑剔自己时也挑剔一下对方；在不能接纳自己时，也找找对方的毛病。多给自己一点积极的心理暗示，其要诀是：第一，天下没有完美的男人，也没有完美的女人；第二，善于讨女人欢心的男人可能使你后悔莫及，反之亦然；第三，男人和女人的自尊不能靠对方来肯定；第四，选择理想恋人的期望越高，结局越差，反之，则事半功倍。

2. 嫉妒

嫉妒之心，人皆有之。热恋中的青年男女当看到自己的恋人与其他异性有往来时，常常觉得很不是滋味，这称为嫉妒，也叫“吃醋”。作为一种具有危险性的不良心理，嫉妒是恋人之间感情升华的严重障碍，并且常常会因此而闹出矛盾，甚至导致爱情的破裂。

从心理学的角度去分析，恋爱中的嫉妒心表现在两个方面：一是对自己缺乏信心，如“我配不上他（她）”“他（她）的条件比我好得多”“我会失去她（他）”等；二是猜忌心比较重，总是处在不安的提防状态，目光游移不定，言谈冷淡刻薄，并且老觉得对方干了亏心事，自己是受害者，这些毫无根据的攻击起初带给人的是委屈和厌倦，后来就会变

成侮辱而令人难以忍受。从主观愿望上讲，嫉妒可能是出于恋爱之心，唯恐失去对方，但客观的效果往往与嫉妒者的愿望相反，恋人之间的感情不仅不会因此而加深，反而会一步一步地由亲密走向疏远、厌烦、憎恨。

为了防止嫉妒的产生，相爱双方都要注意自我修养，不但要允许对方独自与异性同学朋友正常交往，而且自己也要走出狭窄的天地，扩大自己的交往活动。双方的相对独立与他人交往有利于进一步激发和增进两个人的感情。

如果嫉妒心理已经产生，你就必须学会控制自己的感情，尊重对方的感情。要知道，你的恋人并不是你的私有财产，他（她）有权与他人交往，甚至爱上别人。你要嫉妒，只有一条路，那就是用你的爱挽回你的爱情。除此之外，再没有别的更好的办法。

3. 学会拒绝不喜欢的人

青春年少的大学生，比任何时候都渴望得到别人的欣赏和喜爱，尤其是来自异性朋友的欣赏和喜爱。如果在追求自己的异性中，有自己喜欢的，也有自己不喜欢的，那么面对不喜欢的追求者，你该怎么办呢？

如果他（她）是一位不顾你的反应，让你难堪、让你为难的人，你大可不必给他（她）留面子，你可以坚决拒绝，用强硬的语气警告他（她）。如果面对的是一位有诚意的追求者，你应该尊重对方的人格，因为爱别人与被人爱，都是一种权利，而且很可能他（她）是下了很大的决心才向你表白自己的心意，如果不考虑拒绝的方式，会伤害对方的自尊心，在对方的心灵深处留下难于愈合的创伤。以下提供几种具体的拒绝方式：

（1）明确表示，恰当解释。对那些非拒绝不可的求爱，措辞语气既要诚恳委婉，又要肯定明确，不能使用让对方存有某种希望的语气，不要拖延时间，并且讲明这不是对方的错，只是因为自己不能接受，请对方理解自己拒绝的苦衷和歉意。

（2）好言相劝，让其发泄。如有必要，与对方在适当的场合开诚布公地谈一谈，耐心地倾听对方的感受，也向对方道出自己的无奈。同时表示在相处中，从对方身上学到了很多东西，对自己很有意义，诚恳解释爱情不在友谊在的理由。有时候让对方痛痛快快地发泄一下心中的痛苦反而更好。

（3）请人协助，书信代言。先找两人共同熟悉的亲友或老师，坦诚相告并通过他们进行劝慰，使对方尽快摆脱痛苦。书信比面谈有着更大的缓冲余地，措辞也能更冷静得体。如果对方感情脆弱，可以先写封信给对方，陈述不能相处的原因，心平气和地说明情况，这样对方一般会谅解。

（4）逐渐疏远，友好拒绝。尽可能多地与同性朋友在一起，减少单独与对方相处的机会。对方的电话、来信和约会，可寻找借口推脱。如电话较频繁，可请别人代接，转告你不在。实在是非接不可，也可寥寥数语，只谈学习。逐渐减少约会次数，态度逐步冷淡，使对方明白你的意思。

大学期间，同学间的友谊是最宝贵的东西，摆脱不喜欢的追求者一定要注意方式、方法，力争做到既达到目的又不影响友谊的发展，从而对别人负责，也对自己负责。总之，在拒绝自己不喜欢的人时，态度必须明确、果断，方法必须灵活、恰当。

4. 找不到合适的恋人

生活中我们都有这样的感受，当我们上街买东西，如果目标明确，哪怕只到一家商场，只要有合适的，就会买下来。反之，如果目标不明确，常常会进了一家又一家商场，便宜了还想再便宜，结果逛来逛去什么也买不成，最后心理上会产生一种得不偿失的感觉，难道刚才花费的时间和气力就都白费了吗？于是自然而然地期望着下一次好机会的出现。

人是喜欢比较的。有人因为没有买到中意的东西而感到后悔，因此他会寄希望于理想的东西重新出现，即使等待也愿意。这种心理在恋爱中显得更为强烈。初次恋爱之所以比较容易，就是因为恋爱双方情感单纯，心理上的比较度低，不存在同以往恋人相比及懊悔与否的问题，因此只要彼此两情相悦，恋爱关系就比较容易确定。多次恋爱以后，情况就没那么简单了。随着恋爱次数的增多，头脑中出现的新旧恋人形象也逐渐增多，新旧恋人的条件比较及冲突的机会也相应增多，这在客观上对大学生择偶造成不利影响。心理学家研究发现，人对旧恋人的回忆具有某种扬善抑恶的本能，因此随着时间的推移，不愉快的东西就会慢慢淡下去，愉快的东西会逐渐鲜明起来。于是，很多人就会因为自己与以往的某个恋人分手而感到后悔、惋惜。越是后悔，对方在自己记忆中的好感越多，而且越是比较，越感到后悔，觉得失去的永远是最好的，最终自己在自己设置的心理迷宫中转来转去而不能解脱。恋爱中产生这种心理不利于大学生实事求是地选择对象。在现实生活中，不少大学生受这种心理的影响，错过了一次又一次的良机。对大学生来说，最重要的是确立恰当的择偶标准并且牢牢记住：世界上十全十美的人是不存在的，脱离实际的高标准只能是好事难成，不恰当的比较只能使你更加患得患失，加重心理上的失落感。

5. 区分爱情与友谊

许多在交往中的男女大学生，常常会想起一些问题：我是不是已经在恋爱了？我和他（她）交往有没有进一步发展的可能？我觉得我们只是朋友，但别人怎么说我们是一对恋人呢？诚然，这些问题是不容易回答的。但是有一点我们可以确定的是，爱情必须以友谊为基础，但友谊不一定能发展成爱情。要了解友谊与爱情的不同，我们可以用一个最简单的对比来说明：友谊是一种亲近的关系，而爱情则是一种亲密的关系。由亲近发展至亲密毕竟是有一段距离的。

（1）友谊的内涵。不管是同性的友谊，还是异性间的友谊，两者若要保持亲近的关系，必须具有下列几个特点：

①爱好。双方也许有共同的嗜好，共同的话题，或者是互为对方的才能所吸引。两人在一起时，彼此都会感到愉快。即便偶尔会有一点小争执，亦无损两人的友谊。

②接纳。能接受对方，欣赏对方，不会把对方改变成另一种人，也不会强迫对方去做他不愿做的事。

③信任。彼此能互相信任，不管对方说什么，或做什么，都值得信赖，而且相信他绝

对不会伤害自己。

④尊重。彼此能尊重对方的立场、看法，不轻易给对方强加自己的建议。假使有一方请求给他提意见的话，另一方也一定会很诚恳地说出自己的看法。

⑤互助。彼此能互相帮助，互相支持。一方有困难的时候，另一方一定义不容辞地帮助他，乐意为他效劳。

⑥分享。双方可以分享彼此的经验与感觉，甚至内心的秘密亦能放心地吐露，而不必担心对方会传扬出去。

⑦了解。彼此可以察觉出什么对对方是重要的，并且了解对方所做所为的意义。当对方有困扰的时候，也能感同身受。

⑧自在。两个人在一起时，彼此都觉得很自在，不必刻意去扮演另一个角色来迎合对方，也不必戴一副面具遮掩自己的本性，一切都显得坦然自在。

（2）爱情的内涵。所谓爱情，是指男女之间一种特别的感情，它不只包含友谊的内涵，而且也具有某种特质在内。

①魅力。深邃的眼神、回眸一笑、清新高雅的气质、成熟稳重的谈吐等，这些都是小说里常见的形容词。当人互相为对方魅力所吸引时，整个心会顿时为对方所占据，做事的时候想到他（她），睡觉的时候也梦到他（她）。尤其在罗曼蒂克的爱情里，魅力几乎可以说是最重要的因素。

②排他性。当两个人进入恋爱阶段时，双方都会觉得两个人在一起，比与其他人在一起要来得愉快。这时，整个世界好像只有两个人存在。一切会影响两个人爱情的干扰因素，都会被排除掉。可以说，爱情是独占的，而友谊才是可以分享的。

③亲密性。当爱情逐渐升温时，自然而然会发展为亲密的接触。

④牺牲与奉献。当一方有所需时，另一方会充分给予，甚至会牺牲自己，成全对方。所谓："爱到深处无怨尤"，只有奉献。

⑤积极投入。彼此相爱的恋人，对于另一方的兴趣、嗜好都能给予积极的支持，同时也热切渴望对方不管做什么事，都能获得成功。假如其中一方受到批评的话，另一方也会尽力为对方辩护，不愿他（她）受到伤害。

从上述友谊和爱情的内涵比较中，很显然的，我们可以看出两者的不同。因此，对于交往中的青年大学生来说，如果对爱情与友谊感到困惑，可以用上述各项指标来分析自己的情感，这可能会给你带来帮助。

总之，爱情和友谊都是永恒的话题，它们的滋味无比的甘甜，都值得我们用尽一生去追求和维护。爱情是真挚的感情，一颦一笑都使我们动情，使我们矢志不移；它具有排他性和封闭性，是两个异性之间专一的、忠贞不二的感情，不容许有任何的第三者插足。相反，友谊则超越了性的欲念，是同学、朋友之间一种平等、诚挚、相互信任的友爱之情，随着时间推移，通过长期的交往逐渐形成的。泰戈尔曾经说过："友谊意味着两个人和世界，然而爱情意味着两个人就是世界"。在友谊中一加一等于二；在爱情中一加一还是一。

（六）大学生恋爱案例分析

【案例阅读与思考】

聪明而漂亮的小芳（化名）说：我是一名大三学生，各方面都不错，前后在校园内交了3个男朋友。情到深处意浓时，他们都会向我提出要求。我拒绝了第一个，他对我说，我不接受他，说明我不爱他。于是，他跟我分了手。我答应了第二个，但是他的热情很快就降了温。我无意中看见了他的日记，他在日记中说："她也太随便了，我一开口说爱她，她就什么都肯做，这样的女孩谁还能保证她今后……"我们的结局是可想而知的了。现在我有了第三个男朋友，当他也有类似要求时，我真的为难了，我想留住这份感情，又怕过去的故事重演，我该怎么办啊？

【思考】

案例中小芳所遇到的困惑是大学生在恋爱过程中时常会遇到最为棘手的问题。很显然目前小芳面对男友提出的性要求处于两难境地。大学生应如何应对此类问题？如何正确看待恋爱关系的发展程度？如何承担相关责任？这是当代大学应该关注的问题。

【案例阅读与分析】

某男，21岁，大学三年级学生。平时性格内向，不善于与人交往，从没有和哪一个女孩子特别亲近。然而不久前做了一个梦，梦中居然和别人发生了性关系。梦醒后他愧疚不已，感到犯了乱伦的罪过，无颜面对他人。后来又做了一个梦，梦中和班中的某女同学发生了关系。潜意识中似乎在证明什么，他不相信自己道德如此败坏，竟这样下流无耻，担心该女同学因此受到伤害，以至于不敢面对她，只要她在教室，他就看不下去书，如果单独与她不期而遇，便会心神不宁。强烈的罪恶感使他不能安心学习。他担心自己要变成性犯罪分子，有时还怀疑自己是不是得了精神病，为什么会如此不正常。心理的负荷使他不敢入睡，生怕"旧梦重温"，讲又讲不出口，想也想不开，忘更是忘不掉。在万般苦闷中，他走向了心理咨询室。

【分析】

使这位大学生苦恼不已的梦叫做性梦。这位大学生之所以不能自拔的原因是荒诞怪异的梦中带有乱伦性质和不存在的可能，使他产生了强烈的内疚心理，以至于怀疑自己，害怕睡觉。人之所以会做性梦，是生理和心理综合活动的结果。梦中的情景，都与梦者平时经验和思想活动有关。由于梦是一种典型的无意识想象过程，所以性梦不免荒诞离奇。在性梦中出现的不合常规的性恋动作与性对象既不表明其人格特征，也不表明性梦者的伦理道德修养水平。因此，性梦之后完全没有必要自责。

【案例阅读与分析】

当求爱遭到拒绝时

林某，女，22岁，林业专业三年级学生。来自祖辈都是林业工人的东北地区，对于能到省城上大学，林某感到万分高兴。到校后，学习刻苦、成绩优异，大一时曾被评为三

好学生。随着年龄的增长，对异性的倾慕与日俱增，盼望早日有位白马王子出现。当她把自己的感情向本专业另一男生诉说时，遭到婉言拒绝。寒假时她忍不住写了一封信给那位男生，但那位男生顺路约请同学一同返校已离开家了，他的哥哥便把这封信原封不动地“加快”转寄到学校来了。信到校后，同寝室的同学以为他家里出了什么事，便拆开了信。此事被公开。消息一传出，原本内向、忧郁的她，心情更加沉重了，心里的矛盾也更大了。为此，她整天精神恍惚，萎靡不振，夜不能寐，觉得丢了面子，做了件丢人的事。看见同学们在一起说笑，她就以为同学们在取笑她，她便上前去和同学们解释，可自己又说不明白，搞得满城风雨。由此经常剧烈头痛，胸中憋闷，度日如年，无法集中精力学习，最终产生自杀念头。她分别写完给系领导、父母、同学的信后，便吃了大量的安眠药，由于老师、同学发现及时，送到校医院被抢救过来。

【分析】

当求爱被拒绝后，小林一方面感到自己的行为有愧于父母；另一方面感到自尊心受到创伤，在同学中抬不起头，产生了焦虑、抑郁，甚至轻生自杀。事实上她追求自己的爱情、向心中的恋人勇敢讲出自己的真心话，这是大胆追求美好生活的表现，并没有什么过失，更没有错，不应该自责。但是，爱情是相互的，每个人都有爱不爱的自由，不能得到一个人的爱情，不等于失去所有异性的爱。天涯处处有芳草，何愁他人不识君。居里夫人19 岁时曾爱上了一位英俊而富有的大学生，由于家庭的反对，那位大学生又无力抗争，使居里夫人不得不承受失恋的痛苦。居里夫人当时也很痛苦，但她马上理智地控制了自己的感情，失恋而不失志，集中全部精力投入到科学研究之中，获得了新的科学发现，也由此获得了新的爱情。

第四节　大学生学习特点与常见心理问题

一、大学生学习特点

对大学生来讲，学习是再熟悉不过的事情。不过，本章要讨论的学习与平常所说的学习有所不同，它是指学习者因经验而引起的行为、能力及心理倾向等比较持久的变化。当代心理学的发展，使人们对学习机制有了更加深入的了解，也给学生带来许多启示。

学习是指学习者因实践经验而引起的行为、能力和心理倾向较为持久的变化。从广义角度来看，学习是人和动物在生活过程中，通过获得经验而产生的行为或行为潜能的相对持久的适应性变化。从狭义的角度来看，指的是学生的学习，在各类学校环境中，在教师的指导下，有目的、有计划、有组织地进行的，是在较短的时间内系统地接受前人积累的文化经验，以发展个人的知识技能，形成符合社会期望的道德品质的过程。

在进入大学之后，无论学习内容还是学习方式，都发生了很大的变化。高中阶段的学习方式显然与大学时期的不同，大学生的学习特点主要有以下几点。

（一）大学学习的自主性

自主性是指在学习过程中，大学生主观能动作用的增强，改变了中学时代学生对教师的依从观念，大学生学习才能完成从被动学习向主动学习的逐步转化，当然只有在教师正确指导下，这一过程才能顺利地完成。

无论在学习内容、学习时间还是学习方式上，都应强调个体在学习活动中承担的角色。中、小学时期的学习，以教师组织教学为主，但大学学习是以教师为主导、学生为主体进行的。大学生除了上课外，在课余时间可根据专业需要、个人兴趣扩充所学的知识自主性。因此，大学生的学习应带有一定的创造性，即学生不仅要懂得举一反三，还要能提出自己的独到见解，能灵活应用所学的知识。

（二）大学学习的多元性

钱伟长曾说，一个人在大学四年里，能不能养成自学的习惯，学会自学的习惯，不但在很大程度上决定了他能否学好大学的课程，把知识真正学通、学活，而且影响到大学生毕业以后，能否不断地吸收新的知识，进行创造性的工作，为国家做出更大的贡献。

大学生学习的途径很多，课堂教学虽然仍是主要的学习途径，但已经不像中学那样几乎是唯一的途径。除课堂教学以外，大学生可以通过多种渠道开展多方面的学习。例如，参加专题性讨论、学术报告、知识讲座、社会调查、参观考察、查阅文献资料等，丰富多彩的教学和教辅活动满足不同学生的学习需求，为拓宽大学生知识面提供了良好的条件。

1. 大学课堂学习

大学课堂与中学课堂教学有着明显的区别。在“授之以渔”与“授之以鱼”的选择中，中学阶段课堂学习主要倾向于后者，而大学课堂学习则要凸显“授之以渔”，单纯的教与学、讲与背、堆积如山的课后作业不应是大学课堂的风景了。大学教师通过开展各种形式的讲授，充分调动学生学习的积极性和主动性，如课堂讨论、精彩的辩论赛、写论文、做实验等各种方式的活动等在大学课堂并不鲜见。检测评价也出现口试、论文、开卷、实践操作等多种多样的形式。同时，大学生还可以根据自己的学习能力和兴趣，自由安排时间，自行确定学习的内容和课程。

2. 课外学习及社会实践

在大学学习阶段，课堂学习虽仍是学生习得知识的主要渠道，但已不再是唯一渠道。到校内外图书馆查资料、协助教师科研工作、听各种学术讲座和报告、参加相关学生协会、走出校门进行社会调查及咨询服务等，也都成为大学生学习的重要途径；与教师的对话交流、校际间大学生的联谊可以开阔学生的视野；参与相关企业的社会实践，可以规划自己的职业生涯；根据自己的爱好参加校园文化活动，可以提高大学生的社会交往能力，从而帮助自己成为一个人格完善的优秀大学生。

3. 基于网络的学习

随着信息技术的发展，基于网络的学习成为大学生学习又一重要路径。所谓网络学习，就是指通过计算机网络进行的一种学习活动，它主要采用自主学习和协商学习的方式进行。相对传统学习活动而言，网络学习有三个基本特征：一是共享丰富的网络化学习资源；二是以个体自主学习和协作学习为主要形式；三是突破了传统学习的时空限制。

网络环境下的大学学习可以避免传统教学模式下时间和空间限制，为大学生提供解放性的学习情境，从而促使大学生发挥他们的聪明才智，在学习活动中相互启发，学会交流与合作。网络学习还是一种多向的信息交流活动，学生在获取不同的学习资源时可进行比较，集思广益，取长补短，深入理解和消化所学的知识，有益于对新知识的意义建构。基于网络的学习有益于实现教育的民主化，实现真正意义上的因材施教。

【案例阅读与思考】

姆潘巴现象

1963 年，坦桑尼亚的马干巴中学三年级均学生姆潘巴经常与同学们一起做冰激凌吃。在做的过程中，他们总是先把生牛奶煮沸，加入糖，等冷却后倒入冰格中，再放进冰箱冷冻。有一天，当姆潘巴做冰激凌时，冰箱冷冻室内放冰格的空位已经所剩无几。为了抢占剩下的冰箱空位，姆潘巴只得急急忙忙把牛奶煮沸，放入糖，等不及冷却，就把滚烫的牛奶倒入冰格中，并送入冰箱。

一个半小时后，姆潘巴发现了一个让他十分困惑的现象：他放入的热牛奶已经结成冰，而其他同学放的冷牛奶还是很稠的液体。照理说，水温越低，结冰的速度越快，而牛奶中含有大量的水，应该是冷牛奶比热牛奶结冰速度快才对，但事实颠倒过来了。

姆潘巴把这个疑惑从初中带到了高中。他先后请教了几个物理老师，都没有得到答案。一位老师感觉他提出的问题怪异得近乎荒唐，就用嘲讽的口吻说：你说的这些就叫做姆潘巴的物理吧！但执著的姆潘巴并没有认为自己的问题很荒唐，他抓住达累斯萨拉姆大学物理系系主任奥斯伯恩博士到他们学校访问的机会，又提出了自己的疑问。这位博士并没有对他的问题嗤之以鼻。回到实验室后，博士按照姆潘巴的陈述做了冷热牛奶实验和冷热水物理实验，结果都观察到了姆潘巴所描述的颠覆常识的怪现象。于是，他邀请姆潘巴和他一起对这个现象进行了深入研究。

1969 年，他和丹尼斯·奥斯伯恩博士共同撰写了关于此现象的一篇论文，文中以其名字命名该现象。

【思考】

从这一案例中，你认为什么样的学习是研究性学习？

（三）大学学习的专业性

大学是专业教育阶段。学生首先按所选专业进行划分，所以大学生的学习是在确定基本的专业方向以后进行的，因此其学习的职业定向性比较明确，即大学生的学习是为将来走上工作岗位，适应社会需要所进行的学习活动。专业性是大学生学习与中学生学习的明显不同之处。

入学前后的一段时间内，大学生根据自己的兴趣、爱好以及特长选择专业，各专业之间在教学安排、课程设置、教学内容以及培养目标上存在较大差异。大学生一旦选定了专业，确定了主攻方向，必须对该专业知识进行深入的了解和掌握，以满足学校培养专门人才目标的需要。当然，专业性不等于单一性，大学生的学习不应当拘泥于某一学科或专业，那样也无法达到很好的效果。因为学科之间是有联系的，是相互渗透的。因此，大学生应当在侧重学习本专业知识的同时，广泛涉猎各学科领域，才能扩大自己的知识面，才能实现“一专多能”，更好地满足社会对人才的需求。

(四) 大学学习的自组织性

1. 自组织学习的含义

德国理论物理学家哈肯（H. Haken）认为，组织分为他组织和自组织。自组织是指“如果一个体系在没有外界特定干涉的情况下，获得空间的、时间的或功能的组织结构，我们便说该体系是自组织的”。简单说来，他组织是指组织力来自事物外部的组织；自组织是指组织力来自事物内部的组织。

自组织学习是指在教师的引导下，学生的知识、技能和方法等参量之间进行相互协同和竞争，当学生的大脑进入从无序到有序的临界值时，导致只有少数序参量支配学生的认知系统，最终使学生的认知从无序变为有序，达到“教是为了不教的目的”。

自组织学习过程是一个“慢慢”的过程。在这一过程中，没有外界特定的干涉，没有教师惩罚带来的紧迫感，没有教师奖励带来的刺激，也没有父母期待的眼光给予的压力。学生进步依靠个人行为的自觉、同伴的默契、协同和各尽其责。

所以，自组织就是要放开学生的手脚，让他们自行发现学习任务是如何与日常生活联结的，并在这种联结中发现意义。这个“发现”固然需要时间，但这是值得的。走在“发现”的路上，大学生才会切切实实地成长和发展。

2. 大学生自组织学习的实施

(1) 选择目标。学生选择把知识和技能应用于真实生活情境的课题，确定研究目标，而且该研究对自己和他人要有意义。

(2) 制订计划。制订一个依赖于目标的计划。包括远景计划和行动步骤。计划要为提出问题、解决问题、获取资源和信息服务，并为进行系统分析、研究，形成有说服力的结论、成果展示服务。

(3) 按照计划评估进度。自组织学习开始后，学生要熟知目标，熟悉达到目标需要的知识技能。在学习过程中，学生要持续评估过程的有效性，反思学习过程，及时做必要的调整和改进。

(4) 形成结果。不管是否明确，自组织学习都要形成一个结果；而且这个学习结果是基于明确的目标的。这个目标要使学生感到在情境体验中学习的意义。

（5）展示成果。利用档案袋、简报、为观众演出等方式展览和简介学生自组织学习创造的成果，显示他们的理论知识水平、能力和态度。

【案例阅读与思考】

闽南农业可持续发展考察后的感想

我们这个团队由四个人组成：吴同学是全队总负责人，陈同学负责访问当地渔民，走访村委会；周同学、杨同学负责访问当地客家居民、农业信用社、菜市场。在特长方面，吴同学文笔好、组织能力强，周同学、杨同学会客家话、善于交流沟通；陈同学会闽南话、表达能力强。

我们是一个非常和谐的团队。考察结束后，我们学会了合作与分享，结下了深刻的友谊。就像吴同学说："在我看来，我们四人之间的感情已然超乎了一般的友谊，这份感情我无法找到它准确的位置，更是无法诠释，正是它过于微妙，我仅仅能找到一个区间来形容：它介于友谊之情和兄弟之情。"

吴同学认为，这次考察活动对他触动很大的两点是：

第一，个人能力不断提升。我们必须和当地的居民或其他机构人员交流，方能获得大量的信息，正是在这一问一答之中，我们与人交际的能力就上升了一个档次。

第二，团队精神最重要。在考察时，我们四个组员分工合作，优劣互补，最大限度地发挥了团队精神。正如其中一位队友说："这种场合，对于整个团队而言，没有××同学，只有××队。我们个人的荣辱都显得无关紧要，即使是个人的成功带来的喜悦，也都被团体的荣耀遮掩了。"

【思考】

通过这次考察，考察小组最大的收获是什么？

（五）大学生学习的合作性

1. 合作学习的含义

合作学习（Cooperative Learning）是由美国威廉·格拉瑟（Willian Glasser）在20世纪70年代提出，并很快得到教育界响应的教育方法，有人也称之为小组学习。其主旨是通过一系列促进学生小组共同完成学习任务的教学方法的实施，使得学生借助同学间的交互作用对其认知、情感和同伴关系产生积极影响。

无论是在自然界还是社会系统中，合作都是一种自然的行为。在合作团队中，每个人都是不可分割的一部分，这个人的知识可能是另一个人输出的，这个"输出"又会被另一个人作为"输入"而接受。就这样，人与人团结起来，产生巨大的力量。而这个力量要比单个人力量简单相加之总和强大得多。这种强大的力量源于友爱、互相尊重、宽容和信任的氛围。

2. 对话——合作学习的基本形式

成员间的"对话"是最有效的交流方式之一。从词源上来看，对话具有穿越时空局限、交流思想和意义的内涵。对话不仅可以在两人之间进行，也可以在任何数量的人之间进行。人可以与自己对话，即常说的反思；人也可以与客观事物对话，即常说的寄情。这样理解对话，就意味着对话“是一种流淌于人们之间的意义溪流，它使所有的对话者都能够参与和分享这一意义之溪，并因此能够在群体中萌生新的理解和共识”。

对话是基于同情、尊重和幽默的亲切交流。对话的开展要求深入了解自己和他者。抱着对他者的信任，加深我们互相的理解，真理就会在真诚对话中“浮出水面”。

对话是大学生合作学习的基础。小组成员在对话中，不应该对陌生的思想抱有偏见。在寻找意义的合作中，小组成员应该努力超越由于个人视野、生活背景以及脾性等带来的局限性，站在别人的视角看待世界。人们对事物的看法和观念常常依赖并受限于观察的视角，甚至局限于“先入为主”的偏见。因此，把我们受限的观念与他人的观念做比较是非常重要的。观念的比较能够让我们对事物有比较全面的了解。总之，在对话中，人人都是胜者。

3. 合作学习有助于情意的提升

合作学习使得学生能够倾听他者的声音。对话是基于同情、尊重和幽默的亲切交流。在这种交流中，大学生可以逐渐认识到自己的观点只是众多观点中的一个，他们做事的方式也只是众多方式的一种。在对话中，学生能习得同伴的智慧；在合作中，学生学会宽容和同情；在合作学习中，学生可以扩大自己看待事物的视野。

合作学习需要谦逊、耐心和尊重。在小组合作学习、解决问题中，教师要帮助小组成员认识到每个人都与众不同，每个人都会有自己的贡献。小组成员独特的兴趣、品味、家庭背景、宗教信仰等都会使探究活动丰富多彩。事实上，小组合作、齐心协力比一个人单打独斗更容易获得成功，组员相互联结比单个人苦思冥想更易产生具有创意的观点。掌握合作学习技能、擅长于对话的自组织学习者，能够有效捕捉信息，完成把学习与生活联结起来的有意义的工作，并促进人格趋向完善。

当然，对于年轻气盛的大学生来说，合作并不是一件容易的事。因为它也许会要求大家承认自己观点的证据是脆弱的，或者推理不完善，甚至要放弃自己的观点。但人人都会珍惜自己的观点，视之为自身甚至是生命的一部分。那么，该如何开展合作学习呢？沙若（Sharan S.）和他的同事描述了小组学习的六个步骤：①选择观点，确定具体主题；②计划合作方式；③实施；④分析与综合；⑤陈述最后的成果；⑥评价。这对合作学习的开展具有一定的启示作用。

（六）大学学习的探索性

大学的学习具有研究和探索的性质。大学的课堂教学已从阐述既定结论，逐步转变为介绍各学派理论的争论、最新学术动态等。学生的学习和思维慢慢从死记硬背、正确再现教学内容逐渐向汇集众家之长、确立个人见解的方向转变，其中高年级学生学习活动的探索性特点更为突出。

知识的学习与能力、素质的培养同等重要。目前正在进行的高等教育改革一再强调知

识技能的学习与智慧能力的培养。无知必然无能，因长期受应试教育的影响而忽视学生创造能力的培养、只重视书本知识学习的教学方式，必须摒弃。

1. 大学生研究性学习的原则

（1）个性化原则。每个人都是一个特殊的不同于他人的客观存在。从某种意义上说，个性化就是创造性的代名词，没有个性，就没有探索、没有创造。因此，培养大学生探索精神必须遵循个性化原则。确立教育的个性化原则，一定要走出思想认识上的误区，要从“全面发展与个性发展对立起来”的误区中解放出来，从“将全面发展理解为平均发展”的误区中解放出来，正确理解马克思关于全面发展的学说。

（2）实践性原则。实践是人类所特有的对象性活动，是人类的存在方式。马克思主义认为，实践改造自然，不仅仅是改变自然物的形态，更重要的是在自然物中关注人的需要、目的和本质力量，使其从“自在之物”转化为“为我之物”，从而创造出按照自在世界本身的运动不可能产生的事物。实践分化世界的过程，实际上就是“按照人的样子来组织世界”和创造世界的过程。大学生研究性学习离不开实践，其中最主要的形式之一就是参与科研活动。

（3）协作性原则。大学生研究性学习不仅与其智力因素有关，也受一些非智力因素的影响。现代科学的发展已经让任何人都无法在一生中涉足科学技术的各个方面。要想在现有科学技术的基础上有所创造，就必须学会与别人“信息共享”。研究性学习既是一种个人化的品质，也是一种社会化的特征。大学生探索精神的培养，就是要培养他们乐观、豁达、开朗的性格，学会与人相处、关心他人，学会在一个有竞争的集体中工作，学会在与人合作中创造。

2. 提升大学生研究能力的策略

（1）“摇头读书。大学生是具有一定研究能力的群体。大学生在阅读和研究文献时，要摆脱“点头读书”的弊端，努力形成“摇头读书”的习惯。“摇头读书”的本质是一种与作者对话的过程，是阅读意义创新建构的过程。“摇头读书”追求的是一种批判性思维，是依据一定的原则和标准对文献的真实性、有效性及其价值进行判断并做出评价的一种阅读活动。古人曾说：“尽信书，则不如无书。”“摇头读书”是一种发现不足、发现自我的过程，也是提升创新能力、形成自己创新意识的过程。

（2）变换思维角度。变换思维角度，就是从不同的视角思考同一个问题，并将思考焦点指向研究对象的不同要素和要素关系的转换上。如何变换思维角度呢？其一，从传统视角到新视角的转换。传统视角即从已有的理论或模式出发提出问题、解决问题；新视角是从不同于某个传统的视角发现问题、解决问题，答案是五彩缤纷的。其二，从普遍视角到特殊视角的变换。普遍视角是从整体出发，发现一般性问题或跨域性问题；特殊视角从局部出发，发现特殊性问题或区域性问题。其三，从内部视角到外部视角的变换。

（3）大胆怀疑。朱熹曾说：“读书无疑者须教有疑，有疑者却要无疑，到这里方是长进。”

怀疑是一种深刻的治学和研究问题的方法，也是培养大学生探索精神的行之有效的方法。姆潘巴现象给我们的主要启迪就在于：怀疑中往往蕴含着创新，创新往往从怀疑开始。胡适曾说："科学之最精神的处所，是抱怀疑态度；对于一切事物，都敢于怀疑，凡无真实凭据的，都不相信。怀疑的态度是建设的、创造的，是寻求真理的唯一路径。"但怀疑不是乱疑，它离不开阅读者的相关背景知识，应建立在相应的基础之上，表现为研究者的辩证、批判思维和否定精神，体现了研究者思维至上性与非至上性的统一。

（4）追根溯源。当学习研究领域确定后，面对这一领域中形形色色、貌似相识的各种习以为常的说法和观点，如何去发现问题？追根溯源也许能打开思维的闸门。追根溯源指面对研究对象，从思考研究对象的来龙去脉或前因后果中来探寻其本来面目的思考方式，通过这种思考，往往会发现古今、中外对同一对象的不同理解，甚至可以发现其演化过程，以还原其真实面目。

【案例分析】

小杨的大学

小杨，大四学生，目前已签约一家外企。在与低年级同学进行经验交流的时候，小杨向低年级学弟学妹们讲述了他自己的大学故事。刚入校时，小杨的高考分数在他们全省名列前茅，但因为志愿填报失误，让他与梦想的大学失之交臂。这种失望与失落让小杨在一开始适应他的大学生活时就存在着抵触情绪，学习上提不起劲。高中紧张的学习节奏让小杨面对大学宽松的学习环境很不适应，自主学习能力明显不足，学习动机也不够。小杨同寝室的几个同学都爱打游戏，小杨觉得这样自由自在的生活也挺好，就自暴自弃地沉迷在游戏中。上课不认真，班级活动也不参加，与班级其他同学也不交流。就这么浑浑噩噩地度过了他的大一学年。大二时，一次偶然的机会小杨进了一个学院志愿者服务大队担任项目组长，在提供志愿服务的过程中，小杨重新找回了自己的学习热情和激情，彻底从网游中解脱出来，主动找辅导员谈心，进一步明确自己的大学发展目标。大二学年结束，小杨的学习成绩进步到专业第三名，在班级中与同学的关系也融洽很多。大三学年，通过努力，小杨找到一家外资企业做人力资源的实习生，同时利用实习的机会参与老师的课题调研，明确了毕业论文的方向。目前，小杨通过一年多的实习经历的积累，已经和一家知名外企签约。

【思考】

①大学阶段的学习特点是什么？

②大学生该如何调整自己去适应大学阶段学习的变化？

二、大学生常见学习心理问题

学习是现代人赖以生存的必要条件，通过学习能够促进人们的全面发展，所以，学习对心理健康是有益的。然而如何对待学习、怎样学习、学习什么、学多少以及学习有关的因素则会对心理健康带来不同性质、不同程度的影响。

（一）学习动力不足

学习动力不足，是指学习没有内在驱动力量，没有明确的学习方向和兴趣，不想学习，甚至厌倦学习、逃避。学习动力是影响大学生学业成败的一个重要因素。

1. 学习动力不足的表现

（1）缺乏方法。动力不足的学生把学习看成是奉命的、被迫的苦差事，不愿积极寻求一些适合自己的学习方法，总是死记硬背，应付考试。由于缺乏正确的、灵活的学习策略和方法，动力不足的学生往往不能适应新的学习环境。

（2）独立性差。动力不足的学生在学习上缺乏明确的目标，学习行为往往表现出从众性与依附性，随波逐流，极少有独立性和创造性。

（3）厌倦情绪。动力不足的学生对学习冷漠、畏缩，常感厌倦，对学校及班级生活感到无聊。学习时无精打采，很难享受到学习成功带来的快乐。

（4）懒惰行为。动力不足的学生懒惰行为表现为不愿上课，不愿动脑筋，不愿完成作业，贪玩。学习上拖拉、散漫，怕苦怕累，而且经常为自己的懒惰行为找借口。

（5）容易分心。动力不足的学生注意力不集中，不能专心听课，不能集中思考，兴趣容易转移。他们对学习的认识肤浅，满足于一知半解。行动忽冷忽热，情绪忽高忽低。

2. 学习动力不足的原因

学习动力缺乏的原因是多方面的，归纳起来可分为外部原因和内部原因两方面。

（1）外部原因。从学校来看，课程设置不合理、专业培养与社会需求脱钩、教学内容陈旧、方法刻板、教学效果不佳、教学管理不严、教学条件跟不上等都是造成大学生学习动力缺乏的直接原因。从整个社会来看，知识分子的待遇有待提高、尚未完全建立合理的用人制度、就业不合理与不公平的现象依然存在，这些都是影响大学生学习的重要原因。从家庭教育来看，家长不恰当的愿望、过高或过低的要求也是导致大学生学习动力缺乏的间接原因。

（2）内部原因。大学生对所学专业缺乏兴趣。当学生所学专业与其兴趣爱好相差甚远时，学生容易在学习时感到疲乏和厌倦，从而削弱学习动机。其原因主要为以下三方面：其一，部分学生由于高考分数的限制，没有选择专业的条件；其二，部分学生屈从于家长的意愿，从当前社会热点出发，填报了所谓好找工作又挣钱多或相比之下比较轻松的专业，但事实上，本人对家长所选的专业并不感兴趣；其三，在高考填报志愿时，学生对所选专业缺乏了解，具有一定的盲目性，而进入大学开始学习后，才发现对本专业并不感兴趣，从而情绪低落，消极悲观，随意缺课。

除此之外，学习动机不正确、社会责任感不强、价值观念不健全、自我意识不成熟、学习态度不端正等都是造成学习动力不足很重要的原因。

（二）学习动机过强

动机是学习积极性的内在源泉，通常在做事的过程中，动机越强、动力越大，效果越好。而心理学研究认为，学习动机和学习效率并非完全是正相关的，当动机强度超过一定限度时，学习效率反而下降。学习动机过强会使学生专注于自己的抱负和外部的诱因（如奖惩），从而阻碍正常学习。

1. 学习动机过强的表现

（1）学习强度过大。由于缺乏对自身能力的客观认识，过高的估计自己，直接导致确立的目标与期望超出实际水平。如学习时间过长，使学生往往处于疲惫状态，学习效率低下，成绩不理想。

（2）奖惩动机过强。功利心较重，过分注重学习成绩所带来的外在奖励，容易在遇到挫折时造成心理失衡。奖惩动机过强的大学生大多被动地学习，因而不注重能力的培养，往往成绩不错，但思路狭窄、能力不高。

（3）成就动机过强。急于取得成就并超过他人，所树立的抱负或期望远远超过自己的能力，只能成功，害怕失败，给心理造成很大压力。

2. 学习动机过强的原因

学习动机过强的原因主要有以下几个方面：自尊心太强，过分看重荣誉；补偿心理，用学习来弥补自己其他方面均不如人的劣势；性格原因；自我认识不足，如对自己的能力认识不足，估计过高。

（三）学习适应不良

学习适应不良，是指学生不能适应大学的学习方式，包括不会听课、不会复习、不能制订合理的学习计划、不能掌握大学的学习方法等方面。这一问题在大学各年级中都存在，只不过表现的方式和程度不同，在一年级新生身上表现得最为明显。

1. 新生学习适应不良的表现

（1）学习活动中缺乏独立性。大学新生对教师有依赖心理，习惯于由教师来安排自己的学习内容，不知道如何制订学习计划、如何利用时间。

（2）学习方法不适应。学生学习方法是否正确、科学，直接关系到学习效率的高低，学习方法不当，往往事倍功半。大学新生不能制定合理的学习计划，不掌握听课技巧，不能充分利用其他的学习途径，虽花费相当多的时间精力，效果不一定好。

（3）对本专业的要求不明确和认识不够。大学新生对本专业的要求不明确和认识不够主要表现在不知道怎样围绕专业要求展开自己的学习。

（4）对大学学习缺乏应有的紧迫感和自觉性。大学新生对大学学习的重要性、复杂性、艰巨性在心理上和思想上准备不足，精力投入不够。

2. 学习适应不良的原因

（1）客观原因。大学学习有着自身的特点：课程信息量大，课堂交流很少，教师的教学特点、方式和内容相对于中学都有很大变化。另外，由于进入大学一切都从头开始，部分学生失去了往日在学校的优越感，从而带来情绪的波动和不安，也影响了正常的学习。

（2）主观原因。由于年龄、阅历等因素的制约，大学生的心理还未完全成熟，心理适应能力较差。一般来说，随着大学生自我意识的进一步觉醒，独立的成人意识越来越强

烈。然而大学生毕竟还处在青年中期，自我意识不成熟，社会阅历浅、经验少，缺乏深入而广泛的社会实践。再加上由于高中时期为应付升学考试，无论是学校还是家庭，在重视学生学习的同时，忽视了其他方面的培养教育，使得大学生在环境发生变化时，明显暴露出适应力差的弱点，如仍有依赖心理、不懂得如何调整等。

（四）学习过度焦虑

焦虑是一种伴随着某种不祥预感而产生的令人不愉快的情绪，是一种复杂的情绪状态。有些学生由于平时学习不够努力或学习方法不得当等原因导致学习目标无法达成，又担心自尊心、自信心受挫，而对考试产生过度的惧怕和焦虑心理。

1. 学习过度焦虑的原因

学习过度焦虑的主要原因有：以不正确的自我意识为基础导致自信心的自我挫败；自信心不足，自我了解不够；过强的自尊心或虚荣心，不切实际地去为自己争面子；对以前考试失败和挫折体验太深刻；成就动机过强，总想超过别人；性格弱点，如不擅交往、胆怯等；兴趣爱好单一，过分集中于学习。

2. 学习过度焦虑的表现

学习过度焦虑主要表现在情绪躁动，寝食不安，郁郁寡欢，面无表情，精神恍惚。学习压力大，精神长期高度紧张，思维迟钝，记忆力下降，注意力涣散。有严重学习焦虑的大学生在考试前表现更加明显，考试日期越近，精神就越紧张，即便已经投入很多精力和时间，准备得非常充分，仍然不放心，惧怕考试通不过或成绩不如别人。

（五）学习过度疲劳

学习疲劳是指学习者由于学习过度或学习方法不当而产生的学习效率低下，并伴有渴望停止学习的生理和心理现象。

1. 学习过度疲劳的原因

从脑生理机制上讲学习心理疲劳是指脑细胞活动持续时间过久，转入了抑制状态。因此，从大学生的学习活动来看，缺乏调节是学习过度疲劳的直接原因，如学习内容长时间过于单调，学生缺乏休息；因内容难度较大，使大脑持续处于高度紧张状态；其他因素干扰导致情绪低落，从而使大脑神经活动处于抑制状态。

心理学家研究表明，心理疲劳是由于长期的精神紧张、反复的心理刺激及恶劣情绪影响而逐渐形成的。对北京市海淀区六所大学的调查显示，每天学习时间在 9 ~ 11 小时的学生占 20. 5%，11 ~ 13 小时的占 34. 1%，13 个小时以上的占 30%。长时间高强度的学习不仅直接影响睡眠质量，还会造成上课时注意力无法集中、思维迟钝，学习效率低下。同时，大脑长期处于高度紧张状态而得不到及时改善还会对身体造成伤害，导致神经衰弱、严重失眠、忧郁等心理疾病的形成，影响大学学业的完成。

2. 学习过度疲劳的表现

学习过度疲劳主要表现为注意力不集中、思维迟钝、情绪躁动、精神萎靡、学习效率下降、学习失误增多、失眠等。

第五节　大学生网络心理障碍及防治

一、网络心理障碍的含义

网络心理障碍是指因上网过度而引发的心理疾病。上网过度常常表现为某种缺乏节制的上网行为。大学生网络心理障碍多表现为感情上自我迷失、角色上自我混淆、道德上自我失范、心理上自我脆弱、交往上自我失落。

二、常见网络心理障碍

（一）网络恐惧

网络恐惧是指人对互联网及其相关要素体验到一种非理性的逃避情绪。网络恐惧常见于大学新生，尤其是来自偏远落后地区的学生。他们在进入大学之前，很少有机会接触到电脑，尤其是互联网。可是在发达地区，很多中小学早已普及了电脑及互联网教育。因此，在大学校园中学生就分成了两类：一是对电脑及互联网有相当了解的学生，他们能够比较熟练地使用电脑上网浏览网页、聊天等；二是对电脑及互联网所知相当有限的学生，他们中的一部分人甚至可能是第一次摸到电脑。因此，这部分学生很容易出现网络恐惧的心理。

他们中的有些人是害怕自己学不好或者学不会计算机操作，进而影响到网络知识与技巧的学习，因而出现焦虑不安；有的是担心因为自己不会使用网络，是个“网盲”而受到其他同学的嘲弄，或者是产生“低人一等”的念头；有的是因为各种各样的电脑书籍及软件让他们不知从何学起，从而产生迷茫感或无能感。另外，少数对网络比较熟悉的学生，由于需要不断更新网络知识，紧跟网络潮流，掌握网络新技术，在长期的压力之下也会产生这样的恐惧感。总之，大学生的网络恐惧，其成因多种多样，但均表现为由于恐惧而对网络进行回避。其常见的表现形式包括不上网、逃避相关课程的学习（逃课）、不参与同学之间网络话题的讨论、憎恨网络等。

（二）网络沉迷

虚拟网络里的世界，信息多种多样，很容易让人沉迷于其中。大学生常见的网络沉迷类型大致有六种，包括：网络色情沉迷——迷恋网络上的色情视频、图片及聊天室；网络交际沉迷——沉迷于利用各种聊天软件或者在聊天室长时间聊天；网络游戏沉迷——沉迷于各种网络游戏；网恋沉迷——沉迷于网络所创造的虚幻的罗曼蒂克的恋情之中；网络浏览沉迷——醉心于网络信息的搜集和传播，而忽视这些信息是否是必要的；网络制作沉

迷——利用各种网页制作软件制作网页，以追求完美的网页和以编制多种程序为嗜好。长时间的网络沉迷，不仅会对个人的生理健康带来损害，而且也会导致正常的学习、生活及社会功能受到严重影响。

（三）网络孤独

许多大学生在现实世界中往往感觉生活得并不如意，他们觉得自己要么缺乏足够魅力，要么有较强的孤独感，要么生活得很压抑……因此，他们希望通过网络来改变自己的人际关系，或者改善自我。但频繁上网不但不能够解除这种孤独感，甚至有可能会加重原有的孤独感。Kraut 等对上网用户的研究表明，网络会造成网民脱离社会及对心理幸福感的降低，表现为孤独感和抑郁感增加。究其原因是沉迷于网络的网民每天将大量时间用于网络聊天、网络游戏，并且沉迷于在网络游戏里与自己的盟友交流，因此就对现实世界中的同学、朋友、亲人漠不关心。这样的情况多与性格（如内向）及对现实世界满意度较低有关。通常的表现形式是沉默寡言，脱离现实，情绪低落，社交面狭窄，人际关系较差。

（四）网络自我迷失

网络世界是匿名的，在隐藏自己的真实身份之后，许多现实社会中的规范、道德就失去了原有的意义。大学生在网络上表现自我的同时，也将自己在现实世界中的自我抛弃了。由于缺乏现实的有效约束，使得网络黑客、网络犯罪、网络暴力事件层出不穷。一个现实生活中温文尔雅的人可能会在网络上脏话连篇，沉默寡言的人在网上可能会变得风趣幽默。总之，有些大学生在网络上扮演的角色经常是与现实的实际情况截然相反的。这就使得他们不得不在现实与虚拟之间频繁地转化角色。当这种情况出现过度时，他们很容易出现心理危机。

三、网络成瘾综合症

（一）网络成瘾综合症的概念

网络成瘾综合症，是指上网行为冲动失控的异常现象。这样的失控不是由成瘾物质所引起的，而是由于对网络产生心理依赖所导致的。

（二）相关争论

网络成瘾综合症这个概念，最早是由美国心理医生 Goldberg 在 1 990 年提出来的。这一概念自从提出之后，就一直备受争议。争议的焦点在于网络成瘾综合症是否如同药物成瘾那样属于一个严格意义上的成瘾疾病。研究人员各执一词，很快就分成了两派。

以 Young 等为代表的研究人员属于赞成派。他们认为和病理性赌博一样，网络成瘾是一种心理病态。哈佛大学计算机成瘾研究中心主任 Orzack 的研究发现有 5% ~10% 的网民存在着不同形式的网络依赖情况。Young 认为网络成瘾患者存在情绪问题，比如抑郁症或者焦虑症，这些人经常利用网络世界里的虚幻来逃避现实中的不舒适感和焦虑环境。

尽管是 Goldberg 首次提出网络成瘾综合症的术语，但他本人认为这个术语一开始就被误读了。他指出网络成瘾综合症并不是真正的上瘾。他认为网络沉溺仅仅是一种补偿性行为。如果这样都可以算作精神疾病，那么一个因为害怕孤独而长时间给朋友打电话的人就可以被诊断为患有“电话成瘾综合症”了。

2008年，Byun等在系统总结了前人的研究之后，认为之所以网络成瘾的争论如此之大，是因为不同研究人员对网络成瘾综合症的界定标准是不一致的，甚至是相互矛盾的。同时，不同研究人员在样本搜集及研究方法上存在缺陷，种种原因导致大家的结论存在着差异。因此，人们对于网络成瘾综合症的认知还需要更多和更详尽的研究。

目前，无论是在美国，还是在中国，官方都没有把网络成瘾综合症纳入正式的医学诊断体系当中去。简单地说，就是网络成瘾综合症还不被看作一种严格意义上的精神或心理疾病。在国外，有些专家将其称为“网络滥用”。

（三）网络成瘾综合症的危害

尽管网络成瘾综合症这一概念在学术界还存在争议，但关于网络滥用的危害性，大家是没有异议的。大量的研究表明，长期的网络滥用会对网民的身心健康带来负面影响。美国网络行为研究中心的Greenfield博士认为，网络上的某些活动能够诱使网民出现人格分裂、时间感扭曲及快感的满足，并且有6%的网民感觉到这些现象已经对他们的现实生活产生了明显的影响。Young的研究表明，有超过60%的网络成瘾综合症患者承认自己通过网络寻求过不适当的性活动，比如眼里只关注色情文章或图片，以及在网上参与赤裸裸的性聊天。美国的研究表明，有超过半数以上的网瘾患者还存在酒精、药物、烟草或者性成瘾问题。我国的研究也表明，网络成瘾不但会对身心造成影响，而且还会带来各种社会问题。

1. 生理问题

有的大学生往往喜欢通宵上网或连续多天不间断上网，这会导致生物钟出现混乱，以及睡眠失调，从而会进一步导致生理问题的出现。长时间上网，人的兴趣点都集中在网络信息上面，会使人忽略身体所发出的各种超负荷信号，从而患上急性和慢性生理疾病，比如神经衰弱、免疫力下降、晕厥等。长时间上网，容易使人的眼部过度疲劳，从而诱发各种眼部疾病。另外，长时间坐在电脑前面，会使人的躯体长期保持一种姿势，容易出现颈椎、腰椎、肌肉劳损、肩周炎、腕关节综合症等各种问题。由于很多大学生为生活条件所限，部分人会选择在网吧上网。由于各种各样的原因，我国部分网吧的上网环境并不理想，比如环境拥挤、空气混浊、嘈杂等，这会进一步加重上网者的身体负担，使其出现身体疾病。

2. 心理问题

缺乏节制的上网行为不但会对身体造成伤害，而且还会对人的心理状态造成负面影响。最明显的影响就是，网络成瘾综合症的患者会出现强迫性上网行为，即一旦患者终止上网，便会产生上网的强烈愿望，而且这种愿望强烈到让患者无法从事其他活动。因此，这样的状态会影响到个体的生活、工作、学习等任务的完成。另外，长期无节制上网，会

使患者出现注意力不集中、不持久，记忆力减退等问题。

3. 社会和家庭问题

长期无节制上网会导致个体的各种社会功能受损，并且会引发各种社会和家庭问题的出现。许多网民因为长时间上网，使其在现实社会中的社交技能与愿望大减，并且出现意志减退、情绪紊乱等现象，这会严重影响个人的正常工作、生活和学习。沉溺于网恋、网络游戏、网络色情、网络暴力等活动不但会给患者身心带来伤害，而且已经引发了一系列的社会问题。同时，网络成瘾的患者，有时会出现虚拟与现实分不清的情况，从而给自己或他人带来伤害。另外，由于长期沉溺于网络，使得患者学习兴趣减退，成绩下滑，并且逃课、退学等情况日益增多。而这一现象，又会进一步激化患者的家庭矛盾。

（四）网络成瘾综合症的类型

网络成瘾的表现形式多样，常见的包括网络游戏成瘾、网络交友成瘾、网络色情成瘾。

1. 网络游戏成瘾

网络游戏成瘾是最早被提出来的一种网络成瘾形式。患者长时间沉迷于网络游戏而无法自拔。患者为了寻求网络游戏的刺激，可以不择手段，包括花掉学费、生活费，欺骗家人、朋友，甚至通过暴力抢劫来获取上网费用。

【案例分析】

湖北大学生四个通宵玩网游不幸猝死

2009 年 12 月 14 日中国之声《新闻纵横》7 时 29 分报道，湖北某大学二年级学生小梁痴迷网络游戏，一周前在网吧熬了四个通宵打网游，回到宿舍后猝死。网游之害在校园内外引起震动。

因为没有进行尸体检查，没人知道小梁具体在什么时间离世的，只知道在死之前，他连续打了四个通宵的《魔兽争霸》。同学小罗说，小梁五天内打了四个通宵，5 日清晨回宿舍，倒头便睡，直到 12 个小时后被发现死亡。

小梁是《魔兽争霸》里的“顶级高手”。据他的同学讲，在魔兽世界里，他会经常率领其他“菜鸟”们征战沙场，过关斩将。小梁在初三开始接触网游，高中时渐渐成瘾。高中同学小熊记得，每到中午休息，小梁都会拉着他冲到网吧，鏖战 2 个小时，然后匆匆地奔回教室上课。

也就是从那个时候开始，小梁的学习成绩一天天下降。虽然小梁的父亲对儿子没有过高要求，只求平安成人，但还是希望儿子能上大学。而 2007 年的高考，小梁惨败，只考了 350 分，连三本线都没上。这时候，父亲才意识到儿子已经被网游拖入深渊。为了增加考学筹码，2008 年高考前，小梁被父亲逼迫练习篮球，随后他以篮球特长生的身份进入武汉的一所大学就读。但让父亲想不到的是，大学不羁的生活让小梁如鱼得水，十堰距离武汉数百公里，家人半个月也难得看他一次，小梁更加迷恋于网游世界。

同学回忆，大一上半学期还能见到小梁的身影出现在教室里，大一下半学期就很少看到。同学说，期末考试小梁至少“挂”了7科。不玩游戏的日子里，小梁也会跟朋友小罗畅想自己未来的人生之路，拿双学位、留校、考公务员。

而现实就是现实，成绩越来越差，理想也越来越遥远，小梁陷入了痛苦之中，他渐渐地感到无聊，即使“魔兽”也不能填补精神上的空虚，这使得他追求寻找更加刺激的网络游戏来满足自己。他甚至用火星文给自己起了个“吊儿郎当”的网名，在QQ签名中征集新的网游，每周花几天时间在网吧熬夜奋战。

长期的熬夜让体育特长生的小梁也渐感不适。好友小熊想起，小梁经常说自己老了，体力远不如高中时，但小熊也没有在意。

据小梁的同学，同时也是一位魔兽玩家的小白介绍，小梁是网络游戏“魔兽世界”的忠实玩家，是游戏中“出勤率”最高的会员。平时，他可以连续七八个小时玩游戏不休息。最近这段时间课少了，他几乎天天在线。而像小梁这样的状况，在他们同学中不算少数。身边的一些同学经常是白天睡觉，晚上玩游戏，打得特别疯。基本上除了吃饭，剩下的时间都在打游戏，在网吧一泡就是四五天。

2. 网络交友成瘾

网络交友成瘾是指利用各种网络交流工具（如BBS、各种网络聊天工具、微博等）与人进行交流，并达到成瘾的程度。网恋是网络交友成瘾的主要表现形式之一。通过网络与陌生人交流，并且建立恋爱关系，甚至在网络中双方建立婚姻关系（网婚），这样的情况已不少见。然而，网络毕竟虚拟的成分比较大，网络中的恋爱最终演变成现实恋爱，并且最终走向成功的可能性很小。更多的则是进一步激化了一系列的社会问题，例如性滥交、性暴力、婚外恋、对爱情观的异化等。

3. 网络色情成瘾

网络上，色情网站和信息随处可见。面对各种淫秽文字、图片、声音、视频信息，大学生很容易沉溺其中无法自拔，而没有认识到其中潜在的危害。网络色情成瘾的患者，会在网络中不断查询、浏览色情信息，并且通过这样的行为来逃避现实生活的具体困境。

四、大学生网络问题相关案例

【案例分析】

大学生热衷网上结婚离婚“网游婚姻”当不得真

近日，长沙市河西某高校大三的彭同学在QQ上收到好友小陈传来的消息：“老彭，我结婚了！”彭同学很是纳闷，之前没听说小陈有女朋友啊？一问才知，小陈最近在玩《QQ飞车》，在游戏里和一个陌生女孩“闪婚”了。

最近，记者对湖南几所高校大学生的粗略调查统计显示，玩过《魔兽》《水浒Q传》《劲舞团》《QQ飞车》等大型网络游戏的大学生，九成以上在游戏里结过婚，有的还经历

过多次婚姻。

商家赶潮流推出“婚姻游戏”

据记者了解，目前几乎所有的大型网络游戏中，都有“结婚”这个设置。网游世界不但可以结婚，有的还开设了“离婚系统”。长沙理工大学的林星同学告诉记者，在《梦幻西游》里，“已婚”玩家可以协议离婚，夫妻组队找“月老”谈话，提出离婚申请，并交给“月老”100万两的离婚费用，即可“离婚”。

玩家玩结婚游戏为图快乐

不少大学生坦言，玩游戏纯粹是为了娱乐，在网游中找朋友、找老婆就是图个快乐。

湖南农业大学的王城同学谈起自己“网婚”的原因是，现实中他无法拥有满意的感情，他想在游戏里通过虚拟结婚的形式，体验一下现实中得不到的快乐，让自己空虚的感情得到一些满足。在游戏里，他风趣幽默，迷倒不少女生，追求者甚众，而现实生活中的他却木讷腼腆，不善与人交往。网络与现实的强烈反差，成了王城爱上“游戏婚姻”的主要因素。

与现实生活中一样，在游戏中结婚也有很多“现实派”。长沙南方职业学院的刘同学告诉记者，在《传奇》和《梦幻西游》等游戏里面，玩家结婚不是为了“爱情”，而是为了升级。把结婚当成游戏的一个任务，经过两个玩家共同的不懈努力，终于领到“结婚证”。“既有成就感，又增进感情”，刘同学如此评价自己的“网婚”感受。

大学生“网游婚姻”最好别当真

毕业于中南林业科技大学的闫同学玩《魔兽》游戏玩了近四年。据他介绍，“网游婚姻”并不是不可能在现实生活中上演。他在游戏团队里的队长夫妇，就是先在游戏中“结婚”，后来在现实中真正结婚了。“大家在游戏里认识了，然后加QQ、发短信、打电话。从虚拟的网络世界走入现实生活，在今天并不值得惊奇。”

不过，也有相当一部分大学生认为“网游婚姻”当不得真。湖南师大的吴丽同学告诉记者，她的一个好朋友和男生在玩游戏中“谈起恋爱并结了婚”。他们起初是一起玩游戏、网聊，后来发展到天天煲电话粥，“但那是虚假的，最终他们分手了”。湖南大学的大四学生小李表示，“网络婚姻”是“情感毒药”。小李说，他有女朋友，他们关系很融洽，但他短期不会结婚，更不会考虑网络婚礼。小李认为，结婚归根结底讲的是责任，不是在网络上玩玩就算了的，那是一种很不负责的行为。

【案例分析】

女大学生网恋近50岁农夫结婚 离婚后遭奸杀

在校女大学生张霞（化名）在网络上认识了年近50岁的农民郑某并与之相恋结婚。后两人因感情不和离婚，郑某经常纠缠张霞，并在一次争吵后举起菜刀砍死了张霞。近日，郑某数罪并罚，被判对其执行死刑，剥夺政治权利终身。

2005年，刚上大学的张霞在网络聊天时认识了在郑州打工的郑某，网名“随风”的郑某说自己是郑州人，30岁，经商，因为忙事业，还是单身，希望能和张霞交个朋友。涉世之初的张霞相信了郑某，并经常和他上网聊天，两人的感情也随之很快升温。

第一次相约见面后，郑某出手大方，信誓旦旦，张霞非常感动。在郑某的花言巧语下，张霞和郑某办理了结婚手续。这年张霞年芳20岁。

结婚后，张霞很快知道了郑某的真实情况，可面对木已成舟的婚姻和信誓旦旦、捶胸顿足的郑某，张霞又心软了，两人也是经常分分合合。

2008年，张霞大学毕业，在家乡渑池找了份稳定的工作。张霞的家人知道她和郑某的关系后竭力反对，并叫张霞立即离婚。此时张霞也反思了自己的婚姻，加上郑某游手好闲，不求上进，整天沉迷网络，张霞下决心离婚。

两人于2009年2月19日办理了离婚手续。离婚后，本身就不愿分手的郑某经常到渑池骚扰张霞，张霞不愿见面，气急败坏的郑某就打电话、发短信威胁张霞，扬言要杀害张霞全家，往张霞身上泼硫酸等。张霞无奈曾于2009年5月9日报警。

2009年7月5日，郑某再一次来到渑池县，当晚23时，张霞出门上夜班，隐藏在路边的郑某用菜刀胁迫张霞来到其事先看好的一废弃窑洞内，强行与张霞发生性关系后，丧失理智的郑某担心张霞再次报案，就用手将张霞掐晕，拿起菜刀对准张霞的脖子猛砍三刀，致张霞当场死亡。

法院审理后认为，郑某的行为已构成强奸罪、故意杀人罪，法院遂判决被告人郑某犯故意杀人罪，判处死刑，剥夺政治权利终身；犯强奸罪，判处有期徒刑五年。数罪并罚，决定执行死刑，剥夺政治权利终身。

第六节　大学生面临的心理压力与挫折

良好的人格发展需要良好的环境，更需要对自身正确的认识，放弃责任不能够解决面临的问题，而个体人格的成长也是在经历挫折、失败与成功后才能逐渐成熟起来的。

一、大学生面临的压力和挫折呈现多元性

（一）社会认知压力和挫折

社会认知是指对社会的认识与评价。社会认知挫折是指由于对社会的评价与社会期望产生矛盾所导致的挫折。从中学走进大学，大学生对社会的接触与了解日益增多，也逐步有了自己对社会的认识与评价。对于对社会怀着美好憧憬并带有理想化色彩的大学生来说，当前社会存在的种种问题与弊端会影响大家对社会的认同，并妨碍大家对社会做出正

确评价。当大学生更多地看到社会丑恶的一面的时候，就会因理想的破灭而感到失望和沮丧，因而产生挫折感。

当今世界正处于知识爆炸的信息时代。不论是什么人，稍不留神，就会落后于汹涌澎湃的信息潮流。大学生是处于成熟与不成熟、独立与不独立之间的特殊群体，特定的时代背景使他们承受着更加尖锐的挑战：他们一方面必须努力完成在校学业，同时还要关心所学知识能否适应未来需要；一方面必须掌握最基本的专业知识，同时还要具备信息时代获取新知识的基本素质；一方面必须拥有创新意识和创新能力，同时还必须塑造能够融人和谐社会的健全人格。诸如此类的高期望值，必然给他们带来心理的紧张和压力。

（二）学习压力和挫折

大学生面临的学习压力与挫折主要有：

1. 学习适应性不良

大学学习与中学有很大不同。一方面，你面对的竞争对手不一样，大家水平差不多，如果不能转变角色，对自己的要求过高，还想保持中学时期“优等生”的地位，就会产生很大压力；另一方面，学习方法、特点、内容不一样。大学老师一堂课讲授的内容多，有时会与教科书上有很大出入；大学的学习既要求掌握比较深厚的基础理论和专业知识，还要求重视各种能力的培养；大学教育特别注意自学能力的培养，要求学生自觉地、主动地学习。如不了解大学学习的特点和规律，就会给学习带来压力。如果无法适应这种落差，发展到否定自我，觉得自己没有前途，就会产生挫折心理。

【案例阅读与思考】

一位大二女生谈道：“从小到大第一次面临考试不及格，心里难过了好几天，自己已经努力了，但成绩与预期相差很远。”很多女生也表示有过类似感受。在这个问题上，男生比女生的承受力也强不了多少，表面看似平静，内心却同样痛苦。一位大一男生说：“高考没有进自己理想的学校，对我来说是有生以来最大的打击。当时家人劝解时，我虽没说什么，但心里十分难过。”

【思考】

万一挂科了，你会怎么应对？

2. 学习动机弱

进入大学后，许多大学生不能好好利用大学生活里较充足的自由时间，普遍缺乏自控能力和自主学习能力。如互联网上诱惑很多，很多学生上网只是打游戏或聊天，真正把网络当作学习平台的大学生很少，过度上网会影响学业。就像有些大学新生说：“进了大学校门，从心理上摆脱了高中时的沉重压力，思想上却逐渐松懈，新的目标还没有明确形成，所以学习的动力不如中学时强。”

3. 对所学专业不感兴趣

大学的专业学习对很多学生而言是陌生的。不少学生对专业的选择具有盲目性，许多学生的专业是家长指导填报的，并没有充分考虑学生志向。进入大学后，专业学习与个人意愿的矛盾就显露出来。如果所学专业与自己志向不一致而又没有能力转专业的话，学生就会感到苦恼、迷茫、失落。现实中，大多数学生会选择坚持读完大学，这样就必须要调整心态，培养专业兴趣，否则，很容易陷入挫折心理而不能自拔。

（三）两性情感和人际关系压力与挫折

1. 恋爱压力和挫折

谈恋爱是大学校园一个热门的话题，处于青春期的大学生，开始进入性成熟的高峰期。对谈恋爱有着强烈的向往，但是大学生谈恋爱具有浓烈的浪漫色彩和盲目性，很多人不知道“爱”为何物，只是凭青春期冲动或者随波逐流。这使得大学校园中的失恋现象也普遍存在。不同的人对失恋的反应不同，有的人很快就会从伤心、失望、消沉、痛苦中摆脱出来。但是有的人会长期陷入痛苦中难以自拔，失恋使得他们消沉，对生活失去信心，造成精神失常，有的甚至产生报复和自杀心理。情窦初开的大学生在两性交往中谈恋爱，追求与被追求、拒绝与被拒绝都容易给大学生造成思想感情上的负担。

2. 人际交往型挫折

大学新生来自四面八方，个人成长经历差异很大。大部分学生的中学生活都是走读生活，无暇顾及交往能力的训练和培养，加之紧张的学习压力，学生的团队生活很少，人际关系简单。进入大学，同宿舍的同学要朝夕相处，但生活习惯、性格特点、自身修养都有所不同，很容易产生矛盾，人际交往上存在或多或少的障碍。比如，这个同学习惯宿舍干干净净，总是要收拾一下；那个同学大大咧咧，随手乱放东西，时间略长，就会产生矛盾。许多大学新生为人际关系难处而伤心苦恼，他们常常感叹：人与人之间的情感是那么飘忽不定，难以琢磨，找不到真正的知心朋友。

【案例阅读与分析】

小米（化名），自卑，看不起自己。在大众场合不敢发言，跟别人交流时总不能恰当地表达自己，尤其是跟老师或陌生人谈话，总觉得十分局促，举手投足不知如何是好，并且脸红得很厉害。很羡慕别的同学在公共场合能够从容不迫，侃侃而谈。强烈希望改变自己，虽然做过很大的努力，但一直得不到明显改观，内心非常苦恼。从高中到大学很少与异性同学交往，别人评价来访者是个冷漠、孤傲的人。从小养成了以自我为中心的习惯，因此，在成长和交往的过程中，朋友越来越少，慢慢地脱离了群体，把自己封闭起来。后来开始反省自己，自责，觉得都是自己的错。时间一长，发现自己好像已经没有脾气了。不管跟谁发生矛盾，都以为是自己的错，然后深深自责，或者把怨气都闷在心里。总觉得难以与周围的同学建立一种和谐的关系。非常担心毕业后不能适应社会生活。近来更是觉得自己一无是处，极度自卑，没有勇气参加任何活动。来访者学习成绩在班上是第一名。

【分析】

小米所遇到的心理问题，是由其社会适应挫折所引发的人际性压力。第一，小米直接感受到的心理压力来自于不和谐的人际关系，而且经历了两种极端的方式，先是过分地以自我为中心，把自我与群体、社会隔离开来，后又过于以他人为中心，事事自责，迷失和

忽略了自我；第二，从表面看来小米是为了改变与陌生人打交道时局促不安、紧张和脸红等行为方式，而实际上，这并不是症结之所在。根本原因，是由于小米个性中人际沟通能力的缺乏，从而在现实生活中迫切感受到社会适应性压力；第三，小米从自身的成长经历，能够清楚地意识到由于人际冲突所导致的自我封闭，是个性形成的主要原因。因而，小米有意识地开放自己，但突兀的开放环境，必然在一段时间内给小米带来更为巨大的人际性压力，如果应对或自我评价不当，很有可能给小米带来某种程度上的心理问题，如苦恼和自卑等；第四，小米面临迫切的人际压力，一开始采取的是比较积极的应对方式，但由于对于个性和能力的培养过程缺乏科学认识，过于急功近利，在受挫后，极易滑向消极的应对方式，从而错误的自我评价，使心理问题不断趋于严重化。

（四）生活压力和挫折

1. 经济压力

由于近年来社会的发展和生活水平的变化，大学所需费用明显提高。特别是对于来自贫困地区的学生则影响更大。在一些贫困地区甚至出现了“高中生拖累全家，大学生拖垮全家”的现象。这对于尚未自食其力的贫困生会造成更大压力。

高昂的学费和生活费用是他们很繁重的负担，有一部分学生还会因为自己要花掉庞大的开支而对父母产生愧疚，甚至负罪感。长时间的自卑容易使一些贫困大学生的心理慢慢转向抑郁。无法挣脱生活的困境，渴望摆脱贫困、改变命运，使他们在抑郁之外又增添了焦虑。有些同学以没有钱为理由，逃避或者拒绝与群体交往。久而久之，就会造成性格上的严重缺陷。

2. 脱离现实条件的“时尚性追求”造成的挫折感

受社会风气的影响，大学生们盲目地追求高消费，赶时髦。但是他们中有不少人来自偏远农村，家庭经济条件不是很好，与那些家庭经济条件较好的同学相比，因无力追求“时尚”而容易产生自卑心理，长期积累便会导致挫折感的产生。

3. 自理自律压力

目前大学生多数是独生子女，从小受到“高考”指挥棒的无形影响，学习就是一切，长期忽视一般人都应该具备的基本生活技能，因而缺乏自理和自律能力。许多学生不会或不善于独立生活和为人处世。面对新的环境，往往缺乏相应的自我调节能力，因而也就成为这部分大学生的压力源。

（五）就业压力和挫折

大学生（尤其是大学毕业生）面临着从学校走向社会、从青年人向成年人的过渡时期，就业是他们走上社会、成为社会主流的主要途径。但是随着我国高校扩招力度的加大，大学教育由精英教育向大众教育的转化，连续多年的扩招加大了大学生竞争就业的力度，大学生就业成为整个社会的关注焦点。

大学生就业观念的变化是引起大学生巨大就业压力的重要原因之一。研究表明当今人才价值观的矛盾冲突给大学生带来了就业困惑。在新旧价值观交替的今天，大学生择业的价值尺度比较复杂，它随着社会的变化而变化。传统的人才价值标准所要求的学生是服从、顺从、守成，而市场经济的确立却使得独立性、创造性、冒险性在衡量人才价值中的权重正在增加，这很容易引起大学生人才价值取向的内心冲突。

大学生择业动机的盲目性和功利性也影响大学生顺利就业。许多毕业生就业意向理想化，对自身的认识不够，不能准确定位，选择职业时缺乏必要的心理准备。由于社会不可能充分满足每个大学生的职业理想要求，一个职位往往只能满足大学生某一方面的要求，而不能满足其他要求。就业选择的心理冲突会给大学生带来心理上的压力，久而久之，便会产生挫折感。

二、大学生压力和挫折的特点

（一）心态迥异性

大学生有着不同的个性、生活背景及人生经历，在面对挫折的心态上有很大的差异。一些人生道路一直平坦、家庭环境比较好的学生自称，在生活中遇到困难和挫折，就会感到恐惧、害怕，心里会感到很压抑。有的学生则提出不怕小挫折但怕大挫折的观点，得到很多同学的赞同。也有很多同学表示不喜欢挫折，但也绝不怕挫折。他们认为，只要能够正确地对待，坏事可能会变成好事。

【健康阅读】

一位大三女生的看法很客观："如果一个人能够勇敢地面对挫折，正确认识挫折，就能积极地为下一次应付挫折提供精神力量。"也有一些同学认识到"挫折能增强自身的意志力""能使自己放弃一些不切实际的目标和追求""挫折能让人思考，给人以经验教训""挫折能帮助人成长，适应环境"。更多的同学已意识到："在生活，工作中都会有不如意的时候，及时调整心态，勇往直前，超越挫折，才能取得进步。"

大学生面对挫折心态的明显差异性，体现了他们的年龄特征和社会阅历的局限。每个人的生活经历、人生境遇和心理状态，往往就是他们挫折感受程度的标尺。

（二）频率、强度差别性

大学一年级学生的压力和挫折强度较强；由于大学生就业前景堪忧，大四学生的挫折频率和强度明显高于大二和大三年级；大二、大三年级学生受到的挫折频率和强度基本相同。

（三）鲜明时代性

目前大学生遭受挫折的状况呈现出以下特点：其一，有挫折感的人数增多，据高校体育卫生验收资料统计表明，10 年前，大学生中遭受挫折严重的占 10%，而这些年已上升为 25%；其二，挫折感的来源扩大，10 年前，大学生遭受挫折的范围主要集中在校园生活中的学习受挫、恋爱受挫、人际关系受挫等，而现在由于大学生活动的空间和领域的不断拓展，遭受挫折的范围也由校内扩大到校外；其三，遭受挫折的后果逐渐加重，10 年

前，多数遭受挫折的学生表现为萎靡不振，而现在大学生受挫后，由于归因的差异，受挫后果会发展到严重违纪或违法，甚至出现轻生或者杀人的恶性事件。

三、大学生心理压力和挫折的原因

导致大学生产生心理压力的原因很多：一方面与他们当前所处的竞争激烈的社会环境有关，另一方面与其所处年龄阶段的身心发展特点有关。总的来看，压力与挫折产生的原因既有客观原因，也有主观因素。

（一）客观原因

1. 自然环境因素

自然因素是指个人能力无法克服的一切客观因素。例如，台风、地震、酷热、洪水、生老病死等。对于大学生来说，大学生患病、家庭遭自然灾害导致贫困等都可以导致挫折。如正当踌躇满志的大学生收到一个极有影响的单位的面试通知，设想着美好的前程之时，一场突如其来的大病却使他不能参加面试，从而丧失了应聘良机而产生失落感。

2. 社会环境因素

社会环境因素是指个体在社会生活中遭受的政治经济、道德、宗教、习俗等人为因素的限制。这使得当代大学生的价值冲突日益凸显。例如，由于经济的发展，在物质生活日益丰富的同时，拜金主义、享受主义日益蔓延。信仰与目标的缺失，使得一些大学生在利益追求时向短期利益倾斜，行为浮躁、不思进取、得过且过，对待学习，只求通过，不注意知识的积累。这与大学生内心追求成长、着眼未来的愿望相冲突。这些冲突直接影响大学生的价值选择，使之产生心理失调和挫折感。

社会给予的压力也是不小的。大学生接触社会的机会较少，缺少真正的锻炼，有时社会不能给予他们足够的信任和支持，也就造成了他们对人生和社会的认识不足，由此产生恐慌。人际交往上，大学生们容易以自我为中心，这使得他们封闭在自我的空间中，对自身以外的事情漠不关心，与社会脱轨，更使他们缺少融人社会的勇气。不断变化的就业形式，对前途的未知的恐惧等时刻在考验着当代的大学生。

3. 学校因素

学校环境对大学生的心理挫折有直接影响。首先，高校校园环境设施的陈旧、学术氛围一般、专业设置不合理、就餐环境跟不上学生的需求等，会使大学生的不满情绪增加；其次，高校教学内容与管理方式缺乏科学性，不能根据学生的个性发展、心理特征及时调整管理方式，在管理中使用过强的共性制约，易使大学生产生不满与逆反心理；再次，校园精神文明建设中校风涣散、教风不严肃、学风不正等问题会使大学生心理难以平衡，产生心灵的孤独感、寂寞感与强烈的不适应感；最后，高校教育体制改革滞后，人才培养定位不清、盲目的求全、求大，造成高校毕业生与市场需求相距甚远，与社会需求严重错位、相悖，无不冲击着心理脆弱、社会经验不丰富的大学生，使之产生巨大的心理压力和挫折。

4. 家庭教育不当

当代大学生独生子女比例很高，家庭的一些潜在或显性的条件对大学生的心理挫折都有直接或间接的影响。中小学时，父母要求孩子好好学习，为他们创造了优越的生活环境，使得他们缺乏生活上的艰苦磨炼，情感意志非常脆弱，交往能力和适应环境的能力极差。进入大学后，他们更容易产生心理挫折。总的来看，家庭的人际关系、教育方式、抚养方式以及家长的素质等一旦出现不合理不科学的现象，对大学生的心理挫折都会产生影响。

【案例阅读与思考】

忧郁的孩子

张晨（化名），四年级男生，中等个头，皮肤较黑。他来到咨询室时，皱着眉头，表情忧郁，说起话来显出与年龄不相符的过分成熟。下面是他说的一段话：

“我爸爸是北京大学的老师，他平时对我特严厉，除了平时上课，还让我上学校办的数学特长班。特长班里老师留的作业有时候特难，我想半天也做不出来，这时爸爸在一边就会变得很不耐烦，用手指着我的头骂：‘笨蛋，猪脑袋！’这还算好的，更多的时候爸爸会对我说：到楼下转圈去，转够20圈再上来，看你到时候还会不会算！’我们家住5楼，晚上还好，白天一个人这样围着大楼转圈，如果碰上熟人，尤其是同学，我觉得特别羞愧，有时候觉得简直不想活了。我心里也知道爸爸是为我好，但是我特别希望爸爸采取一种启发式的方法，态度不要这样粗暴，我想那样的话我会学得更好。”经了解，发现张晨的学习成绩其实很好，数学在班里也是前几名，但是由于父亲的期望值太高，使儿子感受到了太大的压力，以至于不仅影响了他的学习积极性，也使得孩子缺乏自信，在情绪上也表现出与年龄不相符合的忧郁。

【思考】

张晨产生与年龄不相符的忧郁的原因是什么？这会对他的大学生涯产生什么可能的影响？

（二）主观原因

1. 生理因素

生理因素是指与生俱来的身体、容貌、健康状况、生理缺陷等带来的限制。大学生身体有疾病或生理上有些缺陷本属正常现象，但有些同学却不能正确认识，会怨天尤人。例如：有的大学生患有慢性生理疾病，久治不愈，会忧心忡忡；有的脸上有疤，走路时总是不敢抬头；有的男生会为自己长得矮小、瘦弱而烦恼；有的女生因体态胖而产生极强的自卑感；有的大学生为个人不善言谈，不讨人喜欢而自责；为本人缺乏特长，不受重用而黯然神伤；为自己没有毅力恒心，半途而废而悔恨。

2. 性与恋爱问题

大学生正处于向成人过渡期。由于性意识的觉醒、性心理的发展以及大学生活创造的

诸多交往的机会，大学生恋爱得到大多数学生的认同。同时，与恋爱相关的问题，如单相思、被动卷入恋爱、失恋等也时常发生，由此引起的挫折对大学生健康和发展的影响是极其深刻的。大学校园里发生的许多严重问题往往是由爱情挫折问题引发的。

3. 社会支持

正如人们常说的“一个痛苦两人分担，痛苦就减轻了一半”。当一个人感到有可以信赖的人在关心、爱护和尊重自己时，就会减轻挫折反应的强度，增强挫折的承受力。

4. 挫折频率

如果是“屋漏偏逢连夜雨，船破又遇顶头风”，刚刚失恋，考试又未通过，没几天又心不在焉地把计算器丢了。接连遭受挫折，频率过高，挫折承受力必会大大降低。

5. 心理因素

导致挫折和压力的心理因素主要是指个性不够完善、认知方式不正确、个人抱负水平过高、心理承受能力太差、期望值过高、理想追求受阻。大学生自我评价越高、目标期望脱离实际，满足自己要求的机会便越小，遭到挫折的可能性就越大。有的大学生对一切都有较高热情，认为自己能够处理一切事情，一旦遇到打击，会因承受不起而出现抑郁、忧愁、痛苦情绪；有的学生不顾自己的客观条件，把学习目标定得很高，有了一点点疏漏，就会无休止地责怪自己，使自己生活在紧张、焦虑和不安的情绪状态中。

四、挫折和压力对心理的影响

通过前面的内容可以知道，适量的压力可以使人愉悦，对个体有激励作用甚至有利于迎接挑战和应对紧急事件。积极的压力可以帮助个体激发自我潜能，但当压力过度或是压力不足就会使个体生活质量下降，身心健康受到伤害，因而产生不良的心理反应。

（一）焦虑

适当的压力引发适当的焦虑，适度焦虑是生活的正常组成部分。在体育运动中，赛前焦虑水平中等，既不太高也不太低时，有助于达到最优成绩；学业和职业成就也是如此。焦虑可以通过两种方式演变为压力问题。第一种是重要事情发生前或期间焦虑被唤醒，并削弱或干扰个体的表现。在公众面前发言困难、考试中由于过度焦虑引发思维混乱、在一场重要的面试中大量冒汗，都是失控性情绪焦虑的典型事例。第二种是慢性焦虑，在压力源持续存在且应对无效时，个体可能长期表现出特定的生理症状：心悸、胸痛、出汗、食欲不振等。焦虑不仅仅是一种情绪状态，同时在认知、生理和行为上也会有所表现。

（二）抑郁

当个体遭遇重大生活变故或压力源长期存在时，个体极有可能出现抑郁情绪或抑郁行为。情绪上表现为低落、空虚、厌倦和悲伤等，较少有兴趣关注外界事物；行为上表现为易怒、对一些无关问题抱怨、难以集中精力、反应迟钝等；生理上表现为体重减轻、睡眠不好、消化不良等。短期出现抑郁情绪无需过多关注，但持续几周或几个月的抑郁就应引起注意，需要采取积极的策略应对，需要对生活方式进行调整——跑步和其他有氧运动对减少抑郁情绪非常有效。

（三）恐惧

恐惧作为一大不良压力情绪反应，表现为轻度激怒、敌意、强烈的攻击行为等。愤怒带来的生理唤醒很像焦虑，当没有被表达和释放时，可能对器官、组织造成巨大损伤。根据密歇根大学的研究，通过压抑来应对愤怒的人血压最高，其次是那些因愤怒而发作的人，血压最低的是对愤怒展开讨论的人。消极的愤怒能导致敌意和攻击的冲动，并且令自己烦恼不安。所以当个体遇到压力而引发恐惧情绪时，应以一种耐心、宽容和积极的态度对待压力源，选择建设性的方法应对。

（四）悲伤

个体遭遇挫折时的常见情绪反应，是与现实的、想象的或预期损失有关的消沉、悲哀的情绪体验。当个体预想的一件事情、一项成就、一种期待落空时，相应的挫折感随之而来，悲伤是最早出现的情绪反应，紧接着行为上表现为退缩、思维过程可能变得含混不清、注意力不能集中等特点。

（五）内疚

内疚是对自己已经做的错事或做得不满意的事情感到后悔和自责，而产生的强烈不安的情绪体验。常伴随着个体的反思、懊悔及自我惩罚等感受。偶尔内疚是理性的、合情合理的，但长久地、过度地内疚可能带来严重的抑郁症状。

【案例阅读与分析】

贾某，大三学生，父母陆续都下岗了，家庭经济收入骤减，为了供其读书，父母亲平时总是省吃俭用，生活十分拮据。父母把未来的希望全寄托在自己身上，期望值很高。可是，最近总是看不进书，坐在教室里东想西想，精神不能集中，对自己的行为很不满意，很烦，非常担心自己就一直这样下去。尝试着想改变自己，但不知从何做起，效果也不好。心情越来越坏，对任何事情好像都提不起兴趣。吃饭经常没有胃口，去医院检查过，医生说没什么问题。没想过毕业后找工作的事情，还有一年的时间，有点茫然。大学毕业后唯一的目标就是考研究生。父母对他要求非常严格，有时严厉到伤害其自尊。

【分析】

贾某的心理问题显然也是由压力造成的。首先，家庭变故是贾某的主要压力来源。根据西方有关家庭应激（压力）的理论，家庭薄弱性与事件威胁性是与家庭应激相关的两个主要因素，家庭应激增加了家庭成员的易受伤害性。家庭成员感受到的压力取决于他（她）对变化含义的个体意识，同时也将依赖于个体能够影响（帮助）改变应激源事件过程的程度或其能减少改变冲击的程度。在本案例中，贾某的父母双双下岗，家庭经济收入来源骤减，而且还必须供其上大学，可见家庭应激（压力）是非常大的。贾某作为一名学

生，对事件的冲击无能为力，只能消极地承受威胁；其次，持续的家庭压力，直接影响了贾某在日常生活和学习中的行为方式，甚至影响到贾某的某种生理机能。例如，吃饭时没有胃口，很有可能是该事件使其联想到了父母省吃俭用的情景；父母稍微言语过重，贾某便觉得很受伤害；在学习过程中，一旦想起父母和家庭状况，便心烦意乱，再也看不进书了；最后，贾某采取的方式是摇摆于积极和消极二者之间的。一方面，贾某确立了考研目标，希望通过自己的努力，在将来能够提高自己应对家庭危机的能力，这是积极的应对；另一方面，贾某由于害怕面对来自家庭的压力，在受到父母批评后不敢回家，也不想回家，以图回避来自家庭的压力，这又是消极的应对。

【案例阅读与思考】

中国“奶奶大学生”二度考研有望成功

据了解，2008 年 9 月，河北联合大学轻工学院商学与人文部国际经济与贸易专业迎来了中国统招录取的年龄最大的大学生仝正国，师生都称她为“奶奶大学生”。她在初中毕业 3 8 年后重返高中，3 年苦读、三度高考，60 岁终圆大学梦。2012 年 1 月，她参加硕士研究生全国统考，以 37 分之差落榜。

此次，仝正国再次考研，报考了天津师范大学教育学专业。仝正国告诉记者，这次试题比较难，但较去年相比，她有了很大进步，政治能达到 70 多分，过线还是很有希望的。

该校商学与人文部党总支书记李莉介绍说，仝正国去年 6 月份获得经济学学士学位后，以该校“学士后”身份留校学习一年。学校为其安排了宿舍，并安排大四学生对其学习、生活进行帮助。该校大四学生边巍巍是仝正国的舍友，她们一起备考，互相交流考试信息和资料。她告诉记者，仝阿姨学习非常专注，每天晚上看书到次日凌晨三四点。她说：“仝阿姨用实际行动告诉我们要坚持理想、实现价值，而年轻人更应该珍惜现在的时光。”

像许多考研学子一样，仝正国也经历了艰苦的备考过程。五门专业课内容太多、英语单词看过就忘，有时候看不进去书，但她从未放弃。她说：“到了我这个年龄，时间就显得更加珍贵。感到困难时，我就想想年轻时的理想和曾经无奈浪费掉的时光。”

刚刚结束考试的仝正国多了一份轻松，她一边等待成绩，一边像许多老人一样操持家务、照顾孙女，还有邻居家的孩子等她辅导数学。仝正国表示，如果今年没有考上，明年一定会再考，相信成绩会越来越好。与许多落榜的大学生相比，仝正国显得特别从容和自信。

【思考】

考试失败后，仝正国的挫折反应是怎样的？这对我们有什么启示？

第七节 大学生择业心理

一、大学生择业的心理准备

择业是大学生人生中的一次重要选择。对于即将毕业的大学生来说，现代社会的择业竞争会使他们产生强大的心理压力，真正体会到人生的酸甜苦辣。其实，有压力并不是坏事，尤其是对于勇于创新、锐意进取的青年大学生来说，这既是对自身惰性的进攻，又是对自身进取心理的强化。只要做好择业心理的准备，充分认识择业心理的特点，就能克服择业中的不良心理倾向，形成正确的择业心理，从而顺利地选择职业，并在未来的岗位上发挥自己的聪明才智，开创一番属于自己的事业。

（一）择业心理概述

人的一生中有两次最重要的选择，那就是择偶与择业，对这两者的选择恰当与否都是关乎一辈子的事情。择业就是选择职业，随着我国高等教育体制的改革，大学生已走上自主择业的道路，怎样择业、就业、创业，成为高校、家长和学生关注的焦点，因此职业选择就成了人生选择的重要内容。

1. 择业意义

所谓职业，就是个人在社会中所从事的作为主要生活来源的劳动形式，是现实经济运行和社会生活中客观存在的现象，它随着人类文明的进步和社会分工的发展而出现。职业虽然各不相同，但它在人们的心目中，一般都具有以下三个方面的意义。

（1）谋生需要。劳动作为人们谋生的手段，是人类社会的普遍现象。有劳才有得，不劳就无获。中国作为一个发展中国家，我们遵循的就是按劳取酬的制度，并辅以其他的分配形式。很明显，人们劳动的目的就是要获取经济利益，所以，取得职业就有了赖以生存的基础。在以前的计划经济时代，劳动的经济功能受到了人为的抑制和分离，从而大大挫伤了劳动者的积极性，多劳不多得，少劳不少得。而在今天的市场经济时代，劳动逐渐恢复了它的本来面目，即职业是人们生活的必需，劳动就是以赚钱为目的。

（2）社会义务。人们的职业劳动一方面是为了个人的生存需要，但这不是唯一的目的，在更大程度上来说，职业劳动另一方面是个人在为社会尽自己应尽的义务。因为一个人要生存，所需要的各种生活资料，不可能全由自己一个人来完成，所以需要把自己的私人劳动转变为社会劳动，然后通过劳动成果的互换，在满足自己需要的同时，也满足社会上其他人的需要。此时，我们表面上是在为自己服务，而实际上也在为社会尽义务。这是个人劳动的客观构成，也是义不容辞的社会责任。然而这种责任感和义务感，因人而异，因时而异，同时也因社会制度的不同而有所差别。

（3）个性发展。在人的一生中，职业生活占有举足轻重的地位，它对于人的个性发展意义极大。在今天，我们特别强调人的个性发挥和拓展，这是一个人一生的价值和意义所在。相比以前的统招统分，职业意向被忽视，人的个性也因此被扼杀，从事什么样的职业，不在于个人能否有发展，而是要服从国家和组织上的安排。改革开放后，为了搞活经济，促进人才流动，人们开始注重自己的职业意向，关注岗位与自己的适合度，并努力寻找适合自己专业特长和兴趣爱好的工作岗位，以更好地发挥自己的潜能。

2. 职业心理发展

从20世纪20年代以来，特别是在五六十年代，出现了不少有关职业发展的心理学理论，其中具有代表性的有以下几种：

（1）心理发展理论。该理论由金兹伯格（Ginzberg，1951）等人提出，他们认为，职业发展如同人的身心发展一样，可以分成若干个阶段，每个阶段都有不同的特点和任务，每一个阶段的任务如果能够完成，就能达到该阶段相应的目标，人也会朝着职业成熟的方向发展，因此，职业选择也就从模糊的空想走向现实。这一逐渐成熟的心理过程大体包括职业幻想阶段（通常是11岁以前），这一时期职业需求的特点是：单纯凭自己的兴趣爱好，不考虑自身的条件、能力水平和社会需要与机遇，完全处于幻想之中；尝试阶段（11~17岁），这一时期，人的心理和生理在迅速成长、发育和变化，有独立的意识，价值观念开始形成，知识和能力显著增长，初步懂得社会生产和生活的经验，在职业需求上表现出的特点是：有职业兴趣，对职业有更深层次的探索，更多地、客观地审视自身各方面的条件和能力，开始注意角色的社会地位、社会意义，以及社会对该职业的需要；现实阶段（17岁至成人），这一时期又分为试探、具体化和专门化三个阶段，这一时期职业需求的特点是：对职业的需求不再模糊不清，能够客观地把自己的职业愿望同自己的主观条件、专业方向、能力，以及社会现实的职业需要联系起来，寻找适合自己的职业角色。

（2）自我概念理论。该理论由塞普尔（Super，1957）提出，他认为个人在能力、兴趣、人格等特质上各有差异，每个人在个性特质上也各有所适。每个人均适合从事许多种职业，每种职业均要求特别的能力、兴趣、人格特质，但是有很大的弹性可容许个人从事某些不同的职业，也容许某些不同的个人从事同样的职业。因此，职业的选择适应成为一种持续不断的过程，这个过程构成一系列的生活阶段，总共分为五个方面：成长期（0 14岁）；探索期（15~24岁）；建立期（25~44岁）；保持期（45~59岁）；衰退期（60岁以上）。

（3）人格类型理论。该理论由霍兰德（Holland，1966）提出，其核心是将职业的选择看成人格特征的表现，并提出了现实型、研究型、艺术型、社会型、管理型和常规型六种人格类型，以及与之相对应的职业环境。经多年的研究，这六种职业人格结构模型，被认为是具有相当的跨时代的稳定性和跨国家民族的一致性。该理论是迄今为止影响较大的职业心理理论之一。

（4）职业层次理论。该理论由罗安提出，强调人们在职业需求方面普遍具有不断从低层向高层追求的心态。他将职业由低到高分为非技术、半技术、技术、半专业及管理、一般专业及管理、高级专业及管理等六个层次，并结合不同的职业领域，得出了职业层次分类系统，即分为服务、商业交易、商业组织、技术、户外、科学、文化、演艺等八类职业，然后再与六个层次相对应，由此产生了不同的职业人群。如文化类，由高层到低层，最高就是法官、教授；之后是编辑、教师；再下来是记者、广播员；然后是普通职员；再下面是图书管理员；最后是收发稿件的人员。

（二）当前大学生择业的心理特点分析

择业心理是大学生在择业时，对择业过程中可能出现的各种情况所做出的估计和评价，以及为解决这些问题而建立的某种思想观念和强化某些心理品质的心理活动。大学生在择业关头，心理变化较为复杂，主要表现有以下一些特点：

1. 择业热情高涨

大学生从上幼儿园起，一直到上大学，都在家长和老师的关怀下成长，没有真正地面对社会，因此对即将走向社会充满好奇，非常渴望上班。加之一直以来都没有独立的经济来源，大学生个人开支全由父母做主，按计划消费，感觉受尽了约束。因此，他们对马上能自己上班挣钱，自己做主，做自己喜欢的事充满向往，认为从此可以放开手脚了，从他们不厌其烦地修改和整理求职材料上就可看出这种热情。但由于大学生所处的年龄还不是非常成熟，对其高涨的热情要适当引导，才能使火热的激情换来圆满的结果。

2. 对未来充满憧憬

大学生血气方刚，追求理想，面临毕业，胸中都有一幅宏伟蓝图，既想成就一番事业，又希望能为国家做出贡献，并把二者协调起来，想做到尽善尽美。这是学生自己的愿望，也是国家的愿望。美好的蓝图如何去绘就，大学生需要有充分的能力作保证，并且要善于把握机遇，创造条件，克服困难，相信只要心中有远大的目标，就不怕前面的道路有多曲折，一定有能力跨过去。

3. 乐于接受竞争

现在的社会就是竞争的社会，各行各业都充满竞争。当代大学生出生在改革开放之后，从小就接受了这种教育，都愿意在公平的竞争环境中施展自己的才华，实现优胜劣汰。只要是同类专业中的优秀者，就应该敢于竞争，并且善于竞争，从而在众多的就业岗位中必能占得一席之地；如果自身的竞争能力不够，那也要接受这种竞争机制，因为这已是大势所趋，不能逆转。

4. 崇尚双向选择

目前，双向选择的就业机制为大学生求职拓展了择业空间，被广大毕业生所肯定。在调查部分学生时有这样一个问题：“如果让你去一个你不喜欢或不适合的工作单位，你如何想?”绝大多数同学认为，那将是一件十分痛苦的事情，这表明，大学生择业的自主意识增强了。毕竟，兴趣才是最好的老师，做一件自己喜欢的事，与做一件自己不喜欢的事，其结果可能就是天壤之别了。大学生乐于参与选择和被选择，就不仅要爱一行，干一

行，还要干一行，爱一行，全方位分析自己，最终实现远大的抱负。

5. 择业易冲动

大学生因为年龄的原因，容易受社会热点因素的影响，在择业过程中难免感情冲动。每个时期都有每个时期的职业热点，它随着社会的变化而变化，比如曾经的外企热、机关热、高校热等，随之引起大学生择业中的经商热、从政热、从教热。在社会因素的影响下，大学生择业的冲动性就更加突出，此时，理智成分减少，功利成分增加。以前是哪里困难哪里去，现在是哪里热门哪里去，这种盲从带来的隐患要及早认识和克服，避免一时冲动而留下后患。

6. 心理容易受打击

在择业阶段，大学生经受的考验和磨难比以往任何时候都多。他们面对的不再是熟悉的校园、亲切的师长和同学，而是一个完全陌生的社会，那里既有热情的欢迎，也有冷漠地拒绝。由于他们社会阅历浅，经历的磨难少，缺乏相应的自我调整能力，在遇到不如意的时候，心理容易不冷静，从择业初的豪情万丈到后来的一蹶不振，这在很多的毕业生身上都有所体现。

7. 保守和风险意识并存

当前，仍有一部分毕业生在择业时，缺乏创新意识，害怕冒险，想端“铁饭碗”，每年的公务员报考热就可见一斑，这明显是受传统观念的影响，过于保守。相比而言，大多数毕业生的风险意识在增强，一些个性突出、具有一定知识和技能、社会生存能力强的人，开始进入自由职业者的行列中来。自由职业作为一种新的社会现象，以其特有的弹性方式，弥补了传统职业结构的空缺，发挥着独特的功能。

8. 机会和实惠心理并重

今天的大学生更讲求实惠，据一项对毕业生的调查显示，有90%的人把经济收入放在择业的第一位来考虑。同时，能否有足够的发展机会，也成为大学生择业考虑的重点。我能得到重用和提拔吗？自身的潜能可以发挥吗？自己的价值能够实现吗？由此可见，职业不再仅仅是谋生手段，其实现自我价值的作用日益突出起来，而这种实现自我价值的要求成为支配人们择业的又一动因。

（三）大学生择业必需的心理准备

择业活动是一个复杂的过程，对初次择业的大学生来说，要想择业成功，就必须了解自身的心理素质状况，即自身的气质、兴趣、性格、能力等个性心理特征，对自己有一个实事求是的评价，并根据择业的现实需要，积极调整自己的心态，做好择业的心理准备。

1. 正确认识现实的就业形势

大学生面对现实，首要的任务是对市场经济条件下的就业机制进行理性的认识，客观地分析当前的就业形势。目前，全国毕业生人数每年都在增长，尤其是1999年高校扩招之后，从2003年开始毕业人数迅速增加，这种增长趋势直到2010年才有所放缓。随着知识经济时代的到来，发展科学技术成为提高劳动生产率的主要手段，产业结构也发生了根本的变化，大量的劳动力通过人才市场实现转移。在这种转移的过程中，双向选择已被广大的劳动者和用人单位所认同。用人单位根据自身的行业特点来选才，而劳动者也根据自身的兴趣和爱好来择业，这是一种相互认定和相互结合的过程，并且是不以个人的意志为转移的客观现实。尤其是随着我国高等教育的普及，每年有数百万的大学生要进入到人才市场，相对于所能提供的就业岗位，可说是僧多粥少，从而只有具有较高的知识层次的人，才有可能比较顺利地实现就业，这也是越来越多的人要考研的根本原因。但是面临毕业，大学生正确认识现实的就业形势，这是要做的第一手心理准备。近几年高校毕业生人数。

2. 适时调整自己的理想

十几年的寒窗苦读，每个毕业生的心中都有一份美好的职业理想，渴望学好本领，报效祖国，成就自身的事业。这种对未来的美好憧憬，只有在就业后才能顺利实现。而在择业过程中，大学生就会发现，社会现实不是自己所想的那样美好，很多的条件制约着理想的实现，使理想之花难以绽放。理想与现实的差距实在是太大，往往是一腔热情遭遇一盆冷水。对此大学生要有充分的思想准备，需要不断调整自己的职业理想，使其在一个动态的过程中得以与自身能力达到平衡。正确的职业理想应当在发展中不断补充，不断完善，是社会需要与自我价值实现的结合。有了这样的心理准备，就能及时主动地调整自己的职业理想，从而顺应社会。

3. 做好面向基层艰苦奋斗的准备

当前，我国正进行全方位的产业结构调整，企事业单位和机关都在实行减员增效，原先这些单位是接纳毕业生的大户，现在的人才需求量却是大大降低。与此相反，一些国防科技企业、国家重点建设单位、边远地区、艰苦行业又急需人才。为了解决基层人才紧缺的矛盾，国家号召毕业生到基层去，做艰苦的创业者，为人民服务。古人说：“千里之行，始于足下”。任何大事业都要从基层做起，因为基层是社会的基础，在那里，大学生可以体验到主人翁的责任感，激发出改造落后面貌的热情。温州人有一句名言：“走遍千山万水，道尽千言万语，历尽千辛万苦，服务千家万户。”这就说出了创业的艰难，唯有走遍千山万水，才能寻找到信息和机会；唯有道尽千言万语，才能打开销售市场；唯有历尽千辛万苦，才能获得宝贵的经验；唯有服务千家万户，才能赢得信任和欢迎。扎根基层，是成就辉煌事业的起点。

4. 做好跨专业就业的准备

学以致用，是大学生就业的一个原则，但在实际就业的过程中，大学生往往会碰到本专业无市场的状况，即面对琳琅满目的招聘信息，就是找不到需要自己所学专业的单位。面对这种情况，同样要事先有所准备：第一，有些专业设置的分类过细，而社会对这种细化的专业需求是有限的，因此要找到专业对口单位有一定的难度；第二，学生在校期间所学的知识，侧重于理论，与现实需要往往会产生距离，而且，这些理论有很多是过去的研究成果，随着知识的更新和科技的进步，这些理论可能也就过时了；第三，由于大量边缘

学科、交叉学科的兴起，大学生需要有更广博的知识面，仅有所学的专业知识已远远不够了。在这种情况下，大学生就不能固守自己的专业阵地不放，要放开思路，跨专业就业。对此，这一方面要有心理准备，另一方面还需要大学生在校期间，努力拓宽自己的知识面，使自己成为一个复合型的人才。

5. 做好勇于竞争的心理准备

竞争是市场经济的法则。面对日益完善的竞争机制，大学生要做好勇于竞争的思想准备。竞争上岗，就意味着谁有竞争力，谁就能在市场竞争中立稳脚跟，取得主动。每一个毕业生要想在竞争中立于不败之地，就要不断提高自身的能力，因为最终胜利是要靠实力说话的。实力是求职成功的资本，是大学期间自身努力的结果，它包括学习成绩，工作能力，社交能力，处事能力等。大学生既要勇于竞争，还要善于竞争，掌握竞争的方法和策略，成功地推销自己，打败竞争对手，从而在竞争的大潮中脱颖而出，最终获得用人单位的青睐。

6. 保持充分的耐性

大学生求职择业不可能是一帆风顺的，必然会有一个曲折和反复的过程，一次择业就成功的概率是小之又小，对此要有充分的心理准备。有的择业无门，有的久拖不决，有的步履维艰，有的好不容易落实了单位，可忽然又中途变卦，同时这些不确定的因素无法把握，如果大学生没有足够的耐心，就会心神不定，烦躁不安。因此，大学生在择业时，要有一定的承受力和忍耐力，不能自乱阵脚。当然，每个人的承受力和忍耐力因个体不同而有所差异，但要做一个成功者，在面对各种不利因素时，能够临危不乱、镇定自若是起码的心理素质。只有从容不迫，才能为自己赢得时间，而慌乱只会手足无措，最终失去机会。

二、影响大学毕业生就业心理的因素

（一）社会因素

1. 国家高等教育制度改革

随着社会主义市场经济改革的加深，高等教育的改革也不断深入，教育投资主体多元化且个人投资比重有所增加，缴费上学使得高等教育的投资主体逐渐由国家转向国家、集体或个人共担，在投资—收益的市场原则下，大学毕业生的就业心态多数表现为功利主义，在职业选择时更多地考虑自身利益，去寻找经济收入多、社会地位高、工作环境好的工作。

2. 就业市场的亟待完善

首先，就业市场信息不畅。由于市场信息不顺畅，使得有关信息传播、反馈均存在一定程度的短路和断路现象，有形的和无形的人才市场在时间和空间上未能与大学毕业生的就业市场化相适应，致使毕业生手持就业材料却茫然不知所措，而用人单位又疲于奔波却难觅中意的毕业生。

其次，就业市场中介机构不健全。各高校设置的毕业生分配办公室或毕业生就业指导中心、毕业生就业仲裁机构是目前毕业生就业市场的两个中介组织，这三个层次的中介组织虽大都已建立，但其沟通供需双方市场信息、维护供需双方合法权益和促成合法交易有效形成、调解双方争议等功能还远未得到落实。

再次，就业市场调控不规范。表现在：一些招聘会成了形象工程，形象意义大于实际意义；有的招聘会看起来人如潮涌，规模很大，很热闹，而最后的签约率却不高；有些参加招聘会的企业目的是为展示企业、扩大宣传，而不是为了招聘员工，有的单位招聘人员利用大学毕业生求职心切的心理，虚假招聘，骗取钱财，收取不合理费用；还有部分招聘单位的姿态居高临下，招聘条件苛刻，使大学毕业生求职就业付出与收入不成正比；有的甚至利用就业竞争激烈之机，把大学毕业生看成“廉价劳力”或者招收“不收报酬”的实习生，却又迟迟不给是否录用的明确答复。

这些都是导致大学毕业生对招聘会失去信心，对自己就业前景感到茫然失措的原因。

3. 大学生就业压力增大

首先，就业条件要求更高。随着中国加入 WTO，就业市场对高校的专业设置提出更高的要求，同时对毕业生综合素质的要求也提升到一个全新的平台，不仅要求毕业生专业对口，同时又要求毕业生成为个性成熟的“社会人”。竞争激烈的就业市场，加上大学毕业生就业高期望值与自身客观素质的反差以及与社会对人才的高新要求之间的矛盾，加剧了高校学生的就业心理压力。

其次，就业竞争更加激烈。高校招生规模扩大，导致就业人数增加和市场竞争加剧；国有企业建立现代企业制度，施行减员增效、机关精简亮起红灯、用人单位人才高消费等因素，使得就业形势更加严峻，从而加剧了毕业生的就业心理压力。另外，社会上还存在着一些不公平、不合理的甚至是腐败、丑恶的现象，使得充满理想抱负和追求的大学毕业生感到失落、无助、困惑、茫然甚至不满等。

最后，就业岗位相对偏少。由于我国目前生产力水平还比较落后，社会为大学毕业生提供的工作岗位也不可能使所有人满意，从而使大学生面临更大的就业压力，出现焦虑不安的心理。

4. 社会保障体系的不够健全

在社会保障制度不健全的社会里，一个人不仅要为了生活而忙碌，而且就业压力对人会造成身心的压力与负担，也会带来一些非经济的负效应。一些社会养老基金、医疗保险、住房公积金、最低生活保障费、失业保险等在一些民营企业、三资企业、集体企业和农村还没有得到全面实施，这也是高校毕业生在就业时所担心的，这些情况约束了高校毕业生对单位的选择，也使得同学之间会因为工作单位的保险福利待遇不同而相互攀比，形成求稳、攀比和从众心理。

5. 社会上存在用人偏见

近年来，受人才高消费观念和社会不正之风的影响，一些用人单位对大学毕业生存在一定的偏见，主要表现在两个方面：

一方面用人单位人才高消费。不少单位越来越重视个人的学历和出身，动辄非名牌大学生免谈，甚至还有非硕士、博士不要的单位，患上了严重的“高学历崇拜证”。认为一

般院校的毕业生在素质和能力等方面不如重点高校的毕业生，在当今盲目追求高学历和名牌效应的条件下，一些用人单位宁愿要重点高校的“劣等生”，也不要一般本科院校的“优秀生”。在很多人才招聘会上不难发现：名校、英语、计算机、共产党员、学生干部、实践经历……这些所谓“硬指标”成为用人单位招聘人才的“衡量标准”。这样，单位将众多的大学毕业生直接挡在了门外，大大挫伤了这些毕业生的学习和就业积极性。

另一方面，部分用人单位歧视女性。认为女性在心理上承受能力较差，情感脆弱；在性格上，部分女性勇气不足，独立性差，易骄傲，性格偏内向；在生理上，女大学生毕业后，从结婚到生育孩子再到照顾家庭，要花费很多的精力，在一定程度上会影响工作。这导致女大学毕业生承受着巨大的心理压力，过度焦虑、急躁、恐惧、自卑、怯懦、患得患失等不良心理困扰着女大学毕业生，有的已出现比较严重的躯体不适甚至精神疾病症状。学业、生活、就业的挫折则会进一步强化各种不良心理。

（二）学校因素

1. 专业与课程设置不合理

有些高校只注重自身利益和短期效应，不搞深入的社会调研，盲目扩充专业，盲目扩大招生规模，忽视了自身的实际情况，导致学科和专业结构不合理。再加上长期封闭的办学模式，高校原有专业划分过于狭窄，针对培养和提高大学生就业能力和心理素质的课程设置不尽合理，有些学校几乎没有开设关于培养学生就业能力和提高学生就业心理素质的相关课程，学科内容和教学手段过于陈旧。

大学现行的课程体系存在着“四重四轻”的特点，即：重理论，轻实践；重专业，轻基础；重知识，轻能力；重分化，轻综合。文理之间缺少互动，学生的知识结构、知识基础过于偏窄，实践经验、动手能力普遍缺乏。这些都严重影响了大学生的能力和水平的提高，导致毕业生在就业市场上竞争力不强，给大学毕业生就业带来了困难，在求职中缺乏自信，造成部分大学毕业生自卑和胆怯的心理。

2. 大学毕业生就业指导工作不到位

一些高校就业指导中心只重视管理功能，却忽略了其根本指导意义的教育和服务功能。高校毕业生就业指导工作做得不够细，不能为高校毕业生提供满足需要的就业指导；就业指导的内容局限于提供政策法规、就业信息和组织招聘活动，甚至就业政策法规的指导也是草草了事，使得大学毕业生不太了解当前的就业政策和法规；指导人员缺乏专业化、职业化，素质参差不齐，指导内容缺乏系统性和科学性、就业指导形式单一乏味，主要是讲座和就业指导课；就业指导不能结合专业实际，几乎不含职业生涯规划的内容，缺乏对学生进行就业观、求职道德、成功道路的教育。这客观上给毕业生求职时带来不便，导致部分毕业生面对激烈的竞争环境无法准确地自我定位、显得茫然失措。

3. 大学毕业生就业心理健康教育不够深入

2005 年 1 月，教育部、卫生部、共青团中央联合出台了《关于进一步加强和改进大学生心理健康教育的意见》，该文件的出台为加强和改进大学生心理健康教育提供了理论支持及决策依据。

目前一些高校对解决大学毕业生心理健康问题的重要性和紧迫性已逐步取得共识，也做了一些工作，但针对大学毕业生就业心理的专门研究和辅导仍然相对欠缺，没有真正形成一套完整有效的就业心理指导体系。许多高校虽然也有心理咨询老师，但心理辅导大多停留在泛泛而谈的层面，提供服务多是被动等待而且服务面狭窄，往往以思想教育代替心理辅导，专门针对就业过程中的心理研究和跟进辅导不够深入。部分高校还是在大学毕业生就业心理问题出现并导致严重后果时，某些领导才意识到大学毕业生就业心理健康教育的重要性，不是未雨绸缪，而是亡羊补牢。总之，一些高校对大学毕业生的就业心理健康教育还显得比较被动，在大学生中开展就业心理指导及相关活动如职业生涯规划辅导还不够广泛和深入。

4. 大学毕业生就业思想政治教育弱化

目前，有些高校就业指导中思想政治教育存在弱化倾向，方法简单、缺乏对各阶段学生的针对性，缺乏吸引力，影响学生接受教育的积极性，最终导致高校就业指导中思想政治教育在学习生活中的地位下降，甚至丧失了阵地。这主要表现在以下几个方面：

首先，从形式看，当前高校就业指导中思想政治教育的方法主要是集体教育，无论是课堂教学、讲座、报告和班级活动，都主要为集体教育。虽有一定的个体教育，但远远不能满足个体的具体需要，也不能有针对性地对大学毕业生就业进行具体的思想教育。

其次，从方法来看，当前高校就业指导中的思想政治教育方式主要为单向灌输式，较少考虑受众的接受程度，没有形成教育双方的思想互动。

再次，从进行教育的主体来看，大学毕业生就业指导中的思想政治教育在实施过程中，几乎是家庭和学校各自为政，没有很好地沟通和协调。

最后，从载体来看，当前大学生职业指导中思想政治教育的载体主要是就业指导课。就业指导课大多只针对毕业生，从而使思想政治教育过程具有不完整性。

这些存在的问题都在一定程度上影响了就业指导中思想政治教育的效果，最终会导致部分大学毕业生在职业选择上的功利主义、实用主义和享乐主义的就业心理，没有远大的理想，没有艰苦奋斗、吃苦耐劳的心理准备。

（三）自身因素

1. 大学生对自己和职业缺乏了解和认识

据中国教育在线网上调查，大学生中有36.5%对自己的兴趣不清楚或根本不知道，29.3%的大学生对自己的个性不十分清楚，54.5%的大学生对自己的能力特长不十分清楚。了解自己是非常困难的事情，几乎没有人能完全做到客观和准确地了解自己，但这是大学毕业生走向职业生活必须做的工作。

同时，大学毕业生对职业认识也很模糊和不确定。据调查，43%的大学生从大三开始关注就业情况，对自己大学学习的专业有一个初步了解；但大学生又对当前就业政策、职业的发展趋势、职业的类型、职业的内涵和职业素质要求缺乏主动认识的意识，56%的毕

业生“不大了解”与自身密切相关的就业政策和就业法规。因此，大学毕业生职业指导的一个基本任务就是要让学生主动去了解职业、认识自己。只有了解了职业的需要，了解了自己的特长、兴趣和性格与工作和职业的关系，才能做出正确的判断，为职业选择和职业素质的培养奠定基础；才能在就业竞争中做到知彼知己，百战百胜。

2. 大学生的能力素质与市场需要不相适应

随着知识经济时代的到来，社会对人才的素质和能力提出了更高的要求。现代职业一方面要求高等学校毕业生必须建立更加合理的知识结构、具有更高的敬业精神、职业道德和思想道德觉悟；另一方面要求高等学校毕业生具有综合全面的能力，包括掌握现代信息、技术的能力、终身学习的能力、创新能力、团队协作能力、表达能力、适应能力、动手能力、交际能力、管理能力、决策能力、知识的综合运用能力等。

近年来高校的持续扩招，使得大学生质量有所下降。一些学生的素质能力和用人单位的要求存在较大差距，不能完全适应市场的需求；有些毕业生缺乏敬业爱岗的精神，不能以踏实的作风从基层做起，总抱怨单位工作环境艰苦；有些毕业生缺乏就业竞争意识；有些毕业生专业基础差，知识面窄，综合素质低；有些毕业生学习成绩不错，但实际操作能力差；有些毕业生不注意求职技巧，往往在求职时不善于抓住机会；有些毕业生不注重自我形象及推荐材料的包装；有些毕业生不善于通过各种方式和渠道收集各方面信息，眼界局限于本地，不够开阔等。这表明一些大学生就业能力与市场需要不相适应。

3. 大学生对就业缺乏足够的心理准备

调查显示，部分大学毕业生对待就业缺乏足够的思想准备和心理准备，心理承受能力较差，不能在就业压力面前及时调整自己的就业心态，不能正确对待就业过程中出现的问题，一遇到困难和挫折，就产生了各种不健康的心理。在业务能力上表现为专业能力较为欠缺；在面临就业时就表现为职业成熟度不高，将求职理想化，缺乏自我认识能力、求职技巧、获取职业消息的能力与决策能力；在就业人格特点上表现为缺乏自信心或过于自负、就业挫折承受力不强、进取精神不够、缺乏艰苦奋斗的精神等问题。

4. 大学生生理成熟与心理不成熟间的矛盾

大学毕业生正处于人生心理变化的突出时期。他们心理发展不稳定、不平衡、不健全，往往会产生各种各样的矛盾心理。主要表现在自我与本我矛盾、理想与现实矛盾、奉献与索取矛盾、社会需求与自身实力矛盾、独立与依赖矛盾、开放与封闭矛盾、情感与理智矛盾等。而这些矛盾他们以前从未碰到过，容易产生心理不平衡，不能正确、全面、客观地评价自己，给自己定位过高，甚至陷入难以自拔的境地。同时对就业环境缺乏冷静而又认真的了解和分析，不能客观地看到社会经济结构的变化所带来的社会对人才需求的相应变化。此外，大学毕业生的生理与心理发展不同步。大学毕业生生理已发育成熟，而相当多的大学毕业生心理还不成熟，加之生活背景、生活阅历不同，个体生活体验不同，所以形成的个性心理特征有较大的差异，在就业过程中就表现出心态的复杂性与矛盾性。

三、大学生择业心理的调适

（一）个性心理与择业

大学生要进行自我的心理调适，控制自己的心境，自觉地调整内在的不平衡心理，就要对自我有个充分的认识，还要了解人与人之间的个性差异。在心理学中，将个性分为个性倾向和个性特征两方面，职业个性的构成同样包括这两个方面，其中，个性倾向包括需要、动机、兴趣、价值观等，个性特征包括气质、性格、能力和智力等。如果不能从整体上认识自己，那么进行的自我心理调适将是片面的，或者会顾此失彼。因此，充分地认识自我，是进行调适的前提。

1. 兴趣与择业

兴趣是建立在需要的基础上，带有积极情绪色彩的认知和活动倾向，是个人对其环境中的人、事、物所产生的喜爱程度，是个人力求认识某事物，并经常参与该种活动的心理倾向，而且这种倾向常有稳定、主动、持久等特征。人的兴趣可以是多方面的，可以是精神的、物质的、社会的兴趣等。如果一个人对某种工作产生兴趣，他在工作中就会具有高度的自觉性和积极性，就会在工作中做出成就。反之，则会影响其积极性的发挥，有可能一事无成。爱因斯坦曾经说过：“兴趣是最好的老师”。兴趣是努力的原动力，是成功之母。一般来说，兴趣是在后天生活实践中形成，但兴趣有相对的稳定性，它与一个人的个性有内在的联系。因此，大学生在择业过程中应充分考虑自己的兴趣和爱好所在。

所谓职业兴趣就是一个人对某种专业或职业活动的喜爱程度，职业兴趣在职业选择中，起着重要的作用，职业兴趣往往会发展成为活动的内在动机，对职业生涯产生持续的作用。人们对于职业的选择，往往从感到有趣开始，逐渐产生乐趣，进而发展成为志趣，并为之尽心尽力。但兴趣对择业并不总是起正向的作用，有时它还会有反面的影响，比如有的同学对什么都感兴趣，但没有形成自我特色，这在择业时就缺乏竞争力；有的同学兴趣面太窄，以至于不能满足社会需要；还有的同学因兴趣和专业不一致，也会造成择业的困难。所以，面临择业的大学生，要对自己的兴趣有一个客观的分析，争取找到一个适合自己兴趣的职业。如何获知自己的职业兴趣所在，大家可参照创造力倾向测试进行自我测评。

2. 气质与择业

气质是指一个人稳定的心理活动的动力特征，是个性特征中的重要因素之一，它不仅影响一个人性格的表现，而且在某种程度上会影响性格和能力的形成。气质类型说始于古希腊的体液说，现代心理学把人的气质分为四种类型，即胆汁质、多血质、黏液质和抑郁质，而每一种气质都有它的积极和消极的方面。前苏联心理学家达维多娃曾用一个故事形象的描述了不同气质类型的人在同一情景中的不同行为表现。四个不同气质类型的人上剧院看戏，但是都同时迟到了。一种人和检票员争吵，企图闯入剧院。他辩解道，剧院的钟快了，他此时进去看戏不会影响别人，并且企图推开检票员闯入剧场；一种人立刻明白，检票员不会放他进入剧场的，但是通过楼厅进场容易，就跑到楼上去了；一种人看到检票

员不让他进入剧场，就想：第一场不太精彩，我到小卖部等一会，幕间休息时再进去；还有一种人会说：我运气不好，偶尔看一场戏，还这样倒霉，接着就回家去了。

在职业活动中，不同的人会表现出与个体相应的气质特征。气质对所从事的工作性质和效率有一定的影响，因此，不同气质的人适合从事的工作类型也有所差别。了解气质与职业的联系，有助于职业选择的成功。

职业气质是说选择一些共同的职业的人，往往具有共同的气质特征。每个人的气质都有所长，也有所短，一般来说，胆汁质的人精力旺盛，热情直率，激动暴躁，情绪体验强烈，神经活动具有很强的兴奋性，他们能以极大的热情去投入工作，克服工作中的困难，但若对工作失去信心，情绪会很快低落下去。此类人适宜竞争激烈、冒险性、风险意识强的职业，如探险、勘探、体育运动等。多血质的人活泼、好动、反应迅速，易适应环境，喜欢交往，这类人工作能力强，情绪丰富易兴奋，但注意力不稳定，兴趣易转移，对职业有较广的选择范围和机会，适合从事要求反应灵活的工作，如导游、外交、公安、军官等。黏液质的人安静、沉稳、情绪不易外露，灵活性不够，比较刻板，有较强的自我克制能力，能埋头苦干，态度稳重，不易分心，不易习惯于新工作，善于忍耐，这种人适合于从事要求稳定、细致、持久性的活动，如会计、法官、外科医生等，不适于从事具有冒险性的工作。抑郁质的人敏感，行动缓慢，情感体验深刻，观察力敏锐，易感觉到别人不易觉察的细小事物，易疲倦、孤僻，工作耐受性差，做事谨慎小心，易产生惊惶失措的情绪，他们适合于要求精细、敏锐的工作，如哲学、理论研究、应用科学、机关秘书等。

3. 性格与择业

性格是人在对现实的稳定态度和习惯化的行为方式中表现出的个性心理特征，如聪明与愚笨、诚实与虚伪、自尊与自卑，都是人的个性性格特征。人的性格集中反映了一个人的心理面貌，在个体的整个个性特征中处于核心地位，因为稳定的态度和习惯化了的行为方式，体现了个体的本质属性，从而人的个性差异首先表现在性格上，并通过对现实的稳定态度和习惯化了的行为方式表现出来。人们对现实的态度，表现在对国家、集体、他人和自己等多方面，如果一个人不关心国家，不关心他人，无视社会行为规范，不遵守公共道德，那么他在求职时不可能受到社会的欢迎，在未来的职业生活中也不可能有所作为。性格中对工作和学习的态度，也会影响职业的选择，如工作态度积极、认真负责的人，更易寻找到适合自己的工作岗位，更能展现自己的才华。性格中的意志品质与职业选择同样有密切的关系，意志不坚强的人，常常不能顺利地选择职业，容易放弃，即使选择了职业，今后也难以胜任工作，因为其意志薄弱，往往在挫折和困难面前就会退缩，也因此失去很多成功的机会。

职业性格是一个人对职业的稳定态度和在职业活动中习惯化了的行为方式所表现出来的个性心理特征。不同的职业需要不同性格的从业者，而某一类职业工作者往往能体现出这一类共同的职业性格。近年来，国外用人单位在用人时出现了一个新的观念，他们认为，性格比能力重要，其原因在于，如果一个人的能力不足，可以通过后天培养加以提高，一年不行，就用两年或三年；如果一个人的性格与职业不匹配，要改变起来就困难得多。简单说，如果是一个典型的性格内向的人，见人就脸红，说话就紧张，要是选择从事营销工作，是不会有好业绩的。如果是一个情绪易激动的人，控制力差，就不适合当司机。有一句话，叫“性格决定命运”，是有一定道理的。

4. 能力与择业

在心理学中，能力是个性结构特征中的效能系统，关系到心理活动和行为的效率。能力是指直接影响人的活动效率，并使活动的任务得以顺利完成的那些最必需的个性心理特征，是一种个体完成活动的主观条件，是人们在社会实践中所表现出的身心力量。一般来说，能力包括一般能力和特殊能力。一般能力，是指顺利完成各种活动所必需的基本能力，也就是一般意义上的智力；特殊能力，是指顺利完成某种特殊活动所必备的专门能力，与某些职业活动紧密相关。在人的成长过程中，一般能力和特殊能力有机结合，一般能力是特殊能力的基础，为特殊能力的发展与发挥创造有利条件。无论何种能力，都是在先天素质的基础上，在生活条件和教育的影响下，在个体的生活实践中形成和发展起来的。

职业能力倾向，是指一个人所具有的有利于其在某一个职业取得成功的潜力素质的总和，也就是为有效地进行某类特定职业活动所必须具备的、潜在的特殊能力素质，是经过适当的训练，或被安置于适当的环境下完成某项职业活动的潜在可能性或潜力。人的职业能力通常可分为一般学习能力、言语能力、技术能力、空间判断能力、形态知觉能力、眼手运动协调能力、手指灵活能力、手的灵巧能力等方面。如教师、播音员、记者的职业要求有较强的言语能力；统计、会计等要求有较强的技术能力；而画家、建筑师、医生等要求较高的形态知觉能力；外科医生、雕刻家等要求有较灵活手指活动能力。能力存在着性别差异，如在文学、新闻、教育、艺术等领域，女性的比例就比较大；而在经济学界、哲学界、自然科学界男性的比重就较大。因此，择业时要充分认识自己的能力和特长所在，扬长避短，找到适合发挥自己才能的地方，这才是择业的目的。

（二）培养健康的择业心理

健康稳定的心理，将使人应有的水平得到正常或超常的发挥，相反，则会阻碍人的发展。当代大学生的择业心理正处于传统与现代、理想与现实的矛盾交织之中，处理不当就难以保证心理健康。因此，培养健康的择业心理，对其一生都至关重要。

首先，健康的择业心理有利于大学生合理确定择业目标。求职择业是大学生用自身所学服务社会、奉献国家的前提，目标是否合理，对于目标的实现起着基础性的作用，直接影响到人生坐标的构建。目标合理，有助于择业成功，从而使自己的理想与现实有机地结合起来，在择业时找准自己的位置，及时协调个人志愿与社会需求的关系，使主观愿望尽可能与客观实际相吻合，做出恰到好处的选择。其次，它有利于大学生择业目标的实施。择业是一个选择过程，它具有双向性，一个人若能保持健康的心理，及时进行情绪调整，合理支配自己的行动，会尽可能地避免失败，使自己的行为既有自觉性又有果断性，并以顽强的意志克服困难，顺利实现择业目标。最后，它有利于大学生尽快适应从学校到社会

的心理转变。求职择业是大学生一生中的一个重要转折点，健康的心理，可以保证学生自觉主动地完成这一转变，有准备、有预见地应付转变过程中出现的种种问题，防止心理异常的出现，尽快适应社会，尽快适应职业。

培养健康的择业心理，要做到以下几点：

（1）树立正确的择业观。择业观是大学生对于择业的目标和意义持有比较稳定的、根本的看法和态度。树立正确择业观的核心是坚持立足于社会的择业取向，即择业取向以社会需要为重，以社会利益为前提，大学生需将职业理想建立在充分了解自己和社会的基础上，正确认识社会需要和个人价值的关系，把个人理想和价值的实现与国家利益紧密结合，以国家需要、社会需要和人民需要为重，认识到职业不仅是谋生的手段，更是服务社会的工具。

（2）保持良好的择业心境。择业的竞争在某种程度上也是心理素质的竞争，大学生在择业时面对来自各方面的压力，很容易出现不良的心理，严重的会出现心理障碍。这时，保持良好的择业心境就非常重要，它能使同学们理智看待竞争，冷静分析形势，坦然对待各种困难，乐观消解障碍。所以，培养健康的择业心理，必须提高自身的心理素质，才可能保持良好的择业心境。

（3）确立恰当的择业角色。良好的心境有助于大学生在择业时摆正自己的位置，确立恰当的择业角色。这主要取决于两个方面：一是大学生对自己的认识是否客观；二是大学生对职业的选择是否实际。只有正确处理好这两个方面，才能找准自己和社会的结合点。大学生在择业时，要充分意识到自己的优势在哪，自己的劣势在哪，从社会角度、他人角度、全面角度来认识自己在择业中的角色，不能自高自大，也不要自暴自弃。只有这样，才能更好地适应社会，发挥自己的才能。

（4）调整择业的期望值。大学生只有不断地调整自己的择业期望值，才能确立合适的择业角色。一般来说，大学生在择业时，要想每个人都找到自己满意的工作是不现实的，要是不能清醒地认识这一点，极有可能走入择业的误区。有些同学的择业期望值过高，一心要找一份让人羡慕的工作，其结果是常常碰壁，使自己陷入困境。因此，大学生必须根据自己的实际情况，学会在择业中不断调整自己的期望值，从我做起，从小事做起，把远大的理想落实到现实的努力之中，一步一个脚印地做好本职工作，为以后做准备。

（5）增强择业的自信心。自信心是一个人前进的动力，是成功的第一要诀，它体现了求职者的精神面貌，同时也直接影响到招聘单位对求职者的第一印象，进而决定大学生择业能否成功。试想，一个求职者精神萎靡、畏首畏尾、迟疑不决、缺乏自信，又如何能打动招聘单位，赢得成功？当然，自信要以坚实的基础、良好的素质、雄厚的实力作保证，不是盲目的自负和自傲。所以，大学生要不断地按照社会需要来充实和提高自己，以增强择业自信心，顺利实现就业。

（6）培养独立性。大学生在择业时，社会并不把他们当作学生或未成熟的青年来看待，社会要求大学生对自己的行为完全负责，因此，大学生培养自己的独立意识十分重要。首先，培养自己独立生活的能力，从日常小事开始，训练自己独立处理问题，发展各种基本生活技能，学会自立；其次，要注重培养应付工作的能力，最大限度地发挥自己的创造性，而不是等待别人的安排和指导，学会顺应环境、改变环境；第三，在思想上和心理上走向独立，思想上要意识到作为大学生，要走自己的路，要有自己的独立见解，不断完善自己的思想体系，而心理上的独立，最重要的就是要对自己有信心，无论成功与否，身在顺境或逆境都能坦然面对，相信自己，做到自尊、自爱、自信、自强。

（三）择业心理的调适

1. 充分认识心理调适的作用

从心理学的角度讲，人的心理变化总是随着个人自身发展的特点而产生变化，这是一个不断改进的过程，从一开始的不平衡，到调整后的平衡，又由新的不平衡到新的平衡。正是这种螺旋式的发展变化，使人们凝聚了一种变革和进取的力量，构成了一个又一个认识和完善个人与社会关系的契机。人们在矛盾中取得突破，求得发展和完善，从而主动调适自己以符合社会的要求。面临毕业的大学生，他们的心理发展迅速，但并未真正的成熟，既存在积极的一面，又存在消极的一面，从自我意识、智力水平、情感、情绪、意志品质、人生观等方面来分析，他们已基本具备成人的心理素质，在对待心理上出现的问题，已完全有能力进行自我调适和控制。大学生如果不会进行自我调适而置身于充满矛盾和复杂的社会环境中，出现的持续心理失衡不仅影响当前的择业，也会影响一个人一生的前途，危及身心健康。因此，大学生要充分认识心理调适的积极作用，提高自我调适的自觉性，增强自我调适的能力，及时调整自己的心理状态，保证心理健康。

心理调适，又称调适，是指改变或扩大原有的知识结构，以适应新情境的历程。心理调适的作用就在于帮助大学生在遇到心理困惑和冲突时，改变原有思考问题和解决问题的方式，使之能够适应新环境，解决新问题。心理调适的根本目的在于帮助大学生学会客观地分析自我，有效地排除心理困扰，控制和调节自己的情绪，保持良好的心情。大学生的心理调适主要是指自我心理调适，另外，还可以通过社会帮助的方法来取得调适的效果。所谓自我心理调适，就是自己根据自身发展及环境的需要对自己的心理进行控制和调节，从而消除心理问题，维护心理平衡，最大限度地发挥个人的潜力。大学生学习自我心理调适，能够帮助自己在择业遇到困难、挫折和心理冲突时，进行情绪的自我调节和控制，化解困境，改善心境，寻找最佳途径以实现择业的理想和目标。

面临毕业，大学生考虑最多的是自己有多少择业成功的机会，自己如何落实工作单位。这些属于社会环境因素，它不以毕业生的主观意志和努力而转移，是相对固定和现实的。所以，广大毕业生要先学会调整自己的心态，然后再去分析社会环境因素，为自己寻找一条心理出路。我们在日常生活中，为了实现自己心中的目标，往往不去认真分析自己可能掌握的那一部分因素，却企图主宰自己难以驾驭的那一部分因素，结果造成心理的失衡，引发更大的困扰。所以，学会进行充分的心理调适，是大学生择业前的必要一环。

2. 心理调适的方法

（1）自我评价法。引导大学生进行择业心理的调适，要帮助他们学会正确地认识和评价自我，这是自我调适的基础，只有科学地认识和评价自我，才能找到自我调适的立足点。

首先是自我反省。面对纷繁复杂的择业环境，必须冷静地、理智地认识自我，评价自我，明确自己今后的职业发展方向是什么，自己的兴趣爱好是什么，自己的性格特征是什么，自己最适合干什么，自己的优势和劣势是什么等。恰当的自我意识是谦虚和自信的统一，通过不断地自我反省，就能发现不足，扬长避短，使自己在择业过程中始终处于主动地位。

其次是社会比较。人不可能脱离社会而存在，作为社会中的一分子，大学生在评价自我时，还要与他人作比较，一是通过与自己身份和社会地位相类似的人作比较，而不是孤立地认识自己；二是通过社会上其他人对自己的态度来认识自己，找准自己的位置；三是通过自己的社会活动结果来分析和评价自己，看看自己的成果能否被社会所承认。通过社会比较，可以获知社会对自己的评价与自我评价的信息是否一致，如果基本一致，则表明自我认知比较客观，容易被社会接纳；如果不一致，或者差距太大，那就说明对自我的认知不够客观，缺乏自知之明，需要及时纠正。

最后是进行心理测验。心理测验是心理测量的一种工具和手段，是根据一定的法则对人的行为用数字或曲线加以确定的方法。心理测验的方法很多，主要包括四个方面，即智力测验、人格测验、神经测验和能力测验。许多的心理学著作中对此都有详细的介绍，广大毕业生可以根据自己的需要来选择使用。特别需要强调的是，心理测验是一项专业性很强的工作，不是人人都可以做的，最好能在专家的指导下，选择心理学专家编制的标准化的测验量表进行测验。

（2）自我调适法。自我调适的方法有很多，以下粗略介绍几种。

①转移法。不良情绪一旦产生，是不容易控制和消除的，这时，可以采取迂回的办法，把自己的情感和精力转移到其他方面，从而消解不良情绪带来的影响。例如，学习一些新的知识和技能，参加一些有兴趣的活动，利用空闲时间出去旅游，尽量摆脱不良情绪困扰，放松心情，保护自己。

②宣泄法。心中的郁闷埋藏得越深越久，对自身的伤害也就越大，心理学的研究表明，适度宣泄是消除不良情绪的最简单和最有效的方法，切忌把不良情绪深藏于心，自我消化，比较妥善的解决方法是找个知心人进行倾诉，一吐为快，以求得心理安慰，抚平创伤。医学实验证实，人在悲伤的时候，大哭一场，对身心健康大有裨益。当然，宣泄一定要分清场合，注意身份，不能有失体统。

③安慰法。指的是自我安慰，即在自己不顺心和不如意的时候，能够自己替自己辩解，退一步海阔天空，不钻牛角尖。择业中遇到困难和挫折在所难免，人生的道路不会永远是坦途，只要自己已经尽力，就不应对自己苛求，凡事不可能尽善尽美，承认并接受现实，让自己保持内心的安宁。

④松弛练习法。该方法通过心理和身体的放松练习，帮助人们减轻或消除不良的身心

反应，针对焦虑、恐惧、失眠、头晕等症状，在专业人员的指导下，一步步地尝试放松身体练习，进而消除忧虑，解开心理困惑。

⑤升华法。升华是指将不为社会所认同的情绪反应方式或欲望需求，通过创造性和建设性的行为，把它导向崇高的方向，被社会所认可。升华同样是对不良情绪的一种转移，这种转移是更高境界的表现。古人“悲歌可以当泣，远望可以当归”，是情绪的转移，也是情绪的升华。大学生运用升华法，可以将压力变为动力，缓解不良情绪。

⑥理性情绪法。心理学的研究认为，人的情绪有理性和非理性之分，这两种情绪都会引导人对事物的认知程度和感受方向，也会左右人的情绪变化。研究表明，人的不良情绪的产生根源于人的非理性观念，因此，要改变人的不良情绪，就要设法将人的非理性观念转变为理性观念。大学生择业中的很多不良情绪，就来自于自身的非理性观念，如果将这些非理性观念加以克服，鼓励自己完成由非理性向理性的过渡，就能战胜困难，跨越障碍。

（3）他人帮助法。在促进和维护大学生的心理健康中，除了要增强自身的免疫力，提高自我抵御、调适、解决心理障碍的能力外，还要积极向社会寻求帮助，同时社会也要在各个方面给予热情的关怀和积极的引导。

对于大学生择业心理的合理调适，从社会来说，就是要求社会提供良好的择业环境，提供更多的择业机会，尽可能完善就业市场，配套切实可行的就业政策，建立公平、公正的竞争机制，从客观上为大学生营造轻松愉快的择业氛围，使大学生主观上能够心态平和。从用人单位来说，也要努力为毕业生建立客观和公开的人才选拔聘用制度，杜绝不正之风的干扰，这就要求招聘人员提高职业道德和职业水平，重视人才招聘对毕业生心理问题的影响，树立人才招聘市场的良好形象。

学校要大力加强就业指导、就业咨询以及心理咨询工作。一些毕业生在择业过程中产生的心理问题和心理障碍，很重要的原因就是对国家就业政策的不了解，对求职择业的环境不熟悉，造成心理失衡。因此，学校在就业指导方面，要广泛深入地宣传国家的就业政策，介绍国家的经济建设和社会发展状况以及供求形势，使毕业生对择业的环境有全面的了解。另外，培训就业指导人员，对毕业生的求职择业进行直接的指导，引导毕业生正确处理择业问题，对择业过程中容易产生的心理问题和心理疾病，加强咨询，排除学生的心理障碍，从而保证其心理健康。

毕业生的家长和亲友也要主动关心大学生择业期间的心理状况，积极配合学校的工作，加强与毕业生的联系和沟通，帮助毕业生处理好择业中的具体问题，提出一些有益的建议，缓解而不要增加毕业生的心理压力，帮助他们以积极健康的心态度过求职择业的迷茫阶段，走上一条事业成功的阳光大道。

（四）大学生就业案例分析

案例1：

小王是某高职院校的毕业生，一次到某用人单位去面试，可没有几分钟就被淘汰下来了。原来，小王了解到与其一起来应聘的有很多重点本科院校的“高手”，觉得自己无论

从什么方面比都不如他们，一时间信心全无，甚至打起退堂鼓，结果面试时给考官留下了很不好的印象，自然很快就被淘汰下来了。

点评：

自信心不足，自愧不如，这是求职中的大忌。在这种消极心态的影响下，许多大学生像小王一样已经不战而败。事实上，择业中的自卑往往表现为对自己的能力和品质做出过低的评价，因此丧失可能得到的机会。由于大学生对别人给予自己的评价非常敏感，因而自尊心很容易受到伤害，尤其是对有竞争性的活动，怕受到挫折嘲笑而往往采取“退避三舍”的态度，但求职并非一般性的竞争活动，机会是有限的，畏缩退让，精神不振，只会让本该属于自己的工作白白丢掉。因此，大学生在求职前要进行积极地自我暗示，抱着“你行我也行”的信念，努力克服自卑心态；在与用人单位交谈时，要充分自信，展示自己最擅长的一面，突出自己的一技之长，从而体验“我能胜任”的愉悦感。

案例2：

小李、小张是同班同学，他们所学的专业是市场营销。一次应聘时都通过了笔试，并同时收到了面试通知。

面试时，他们被分在两个会议室。主考官问了他们一些关于市场营销的问题，两人的回答都很顺利，主考官表示十分满意。就在面试要结束时，主考官向小李和小张提出了同样的问题：“对不起，我们公司的电脑出了故障，参加面试的名单里没有你，非常抱歉！”不过，是在不同的会议室里说这句话的。

胜利在望的小李听了主考官的话后，马上就变得没有了风度。他生气了，质问考官为什么会出现这样的事，他这么优秀的一个人，怎么会因为电脑问题而使自己的名单丢失，这是公司成心在耍他。这时，主考官对他说：“你别生气。其实，我们的电脑并没有出错，你是以第一名的成绩进入了我们的面试名单，刚才的插曲不过是我们给你出的最后一道题，你感到惶恐和不安是正常的，但是，你的心理承受能力实在是太差了，市场营销部是全公司最有可能经历风险的部门，作为这个部门的工作人员，需要有良好的心理素质。

小李愣住了：没想到这也是一道考题！他前功尽弃！

而在另一间会议室里，小张在听完了同样的问题之后，面带微笑，十分镇定地说：“我对贵公司发生的这个错误十分遗憾，但是我今天既然来了，就说明我和公司有缘分。我想请您给我一次机会，由于这个计算机的失误，对于我来说，有可能失去一个难得的机遇；对于公司来说，这或许意外地错失了一个优秀的员工。”主考官露出了满意的神情：“你真是一个不错的小伙子！我愿意给你这个机会。”

点评：

良好的心理素质，对成才和就业有着重要的影响。在今天激烈竞争的时代，用人单位非常重视求职者的心理素质。如果心理十分脆弱，就算他专业成绩再好，也会错失良机。所以，大学生平时应当努力提高自己的心理素质，在面对各种突发事件时能从容应对，做好择业前的充分心理准备。

第三章

高校大学生心理应激源与易感因素分析

第一节　应激源及高校大学生的心理应激源基础理论探究

在日常生活当中，一些让人感到紧张或不愉快的事情发生经常会对我们的学习、生活以及工作等产生非常重要的影响。高校大学生所面临的心理应激源不但具有外源性，同时还有内源性。对心理应激源的性质进行全面、深入的了解，积极掌握压力应对技能，这对大学生的心理危机预防具有非常重要的实践意义。

一、应激与应激源的基本内涵

（一）应激的基本内涵

关于应激（stress）的研究从古希腊时代就已经开始了，希伯科利特最先认识到人体有一种自愈力（vis medicatrix nature）。近代的法国生理学家博纳德、得到生理学家普弗卢格、比利时的生理学家弗雷德格，这些学者从不同角度出发推进了应急领域的研究，并提出了集体的积极适应与内部稳定状态之间的密切关系。

到 20 世纪三四十年代，美国的生理学家坎农与加大那学者塞利关于应经的生理病理反应进行了开拓性的研究，坎农最早将这一研究应用于社会领域。他指出，应激是在外部因素的作用与影响下所产生的一种体内的不平衡状态，若危险没有减弱，机体就会一直储蓄唤醒状态，这会对机体的健康产生严重的损害。而塞利则认为，应激主要是指人或动物

有机体对环境刺激所作出的一种生物学的反应现象。这都是由机体的诸多不同的需求而引起的，具有非特异性。塞利在此基础上上提出了“一般适应综合征”学说，从而极大地促进了应激在生物学反应方面的研究，同时他还第一次完整、系统地提出了应急的概念，因而塞利被认为是“应激综合症之父”。

在这之后，美国的心理学家拉泽鲁斯也对应经进行了深入的研究，他指出，应激主要就是指环境或内部的需要超出个体、社会系统或集体组织系统的适应能力。在他的研究中重点突出了认知因素在应激反应中的作用，同时还注重对应激的进程进行研究。可以说，拉泽鲁斯是现代压力认知与应对研究领域的重要先驱。同时也是这一领域中最具代表性的人物之一。

近些年来，许多学者就应激问题进行了广泛的关注与研究，但概括来说，应激主要有三个方面的含义：一是能够使人感到紧张的刺激物；二是通过刺激唤醒的内部心理状态以及人体出现的情感性、解释性以及防御性的反应；三是个体对自己是否处于应激状态的感知。

（二）应激源的分类

霍尔姆斯与瑞赫最早开始对应激源进行研究。早在1967年，他们就制订了《社会再适应评定量表》，以此测定生活事件对身心健康的影响。在一定程度上可以认为，应激源与应激的关系非常密切，其中，上述论述中应激的一方面的含义就是“使人感到紧张的刺激物”，而“应激源”则主要指能够引发应对反应的刺激或环境需求。客观来说，并非所有的客观感觉都属于应激源，所谓应激源只有当精神结构对外部实现关注时，其才会在内心世界得到反应。由此可见，适度心理应激源的存在可以说有助于促进人的健康与功能活动，同时还是个人成长与发展的必要条件。一个人的生活缺乏刺激，甚至是过于枯燥与乏味，对这类人来说，过度的应激也是不适当的。若应激源的强度超过了个体的承受能力，则会使人陷入心理危机。

1. 按来源分类

布朗斯坦将应激源分为四大类：第一类为躯体性应激源，其主要是指经由人的躯体直接发生刺激作用的刺激物；第二类是心理性应激源，其主要是指发生于个体头脑中的各种紧张性信息；第三类为社会性应激源，其主要是指造成个体生活方式发生变化，并要求人们对其作出调整或适应的情境与事件；第四类为文化性应激源，其主要是指要求人们适应、应付生活的文化方面，其最常见的是“文化性迁移”。

2. 按大小分类

学者菲利普提出了应激巨砾与应激细砾的概念①。其中，应激巨砾主要是指类似离婚、死亡、破产等人生不堪重负的巨大灾难，而应激细砾就是指自行车被偷、超市排队与人吵架、上班迟到等之类的事情。按照应激巨砾与细砾模式，可通过三种形式来对应激的发生

① ［美国］菲利普．健康心理学［M］．北京：中国轻工业出版社，2000.

进行解释。第一种形式主要是指那些灾难性的时间对一些人所引起的刺激反应；第二种形式主要是指一些人能够在短时间内由于小烦恼的积累从而引起应激反应；第三种形式主要是指一些人像压死骆驼的最后一根稻草中的骆驼，这类的烦恼也会引起应激反应。

3. 按性质分类

根据应激源的性质又可将其划分为正性应激源，如升学、结婚、升迁等；中性应激源，如搬家、生活规律变动等）；负性应激源，如失恋、失业、疾病、灾难性事件等。但应激源的性质可以说取决于紧张性事件本身的性质。这是因为，同样的事情对一些人来说是正性的，能够引起积极的反应；而对另外一部分人来说就有可能是负性的，也会引起消极反应。有鉴于此，要正确区分应激源的性质，就必须具体问题具体对待，同时个体还要从对应激事件认知与反映的角度来进行划分。

塞利提在上述基础上提出了正应激与烦恼的概念。其中，他将正应激定义为一种愉快的、满意的体验，不仅有助于加深我们的意识、增加我们的心理警觉，同时还经常会引发高级认知与行为表现，促进了个体的成长与职业发展；而烦恼则主要是指一种有破坏性的或不愉快体验的应激。

从客观角度而言，唤醒动机与绩效之间的关系并非那么简单。耶基斯一多德森定律首次对其中的规律进行了总结。该定律指出，当到达某个点之前，效率将会随着唤醒水平的提高而提高，这也就是说，当唤醒水平处于最优值时（并非最高点），可以说其效率是最高的。一旦过了这个唤醒水平的最优值，效率就开下降①。

除此之外，一些学者还想应激源范围内在应激源与外在应激源。其中，内在应激源主要是指身心或心理的一些情况；而外在应激源则主要包括不良身体状况或使人产生心理压力的环境等。应激源还有许多其他的分类，比如艾尔肯将应激情景分为三类：一是可预期并可避免的；二是不可预期且不可避免的；三是可预期但不可避免的。也有一些学者将应激源范围急性应激源与慢性应激源。有的学者还将应激源分为冲突、挫折、压力三种类型；或者是学者事件性应激源或长期应激源两大类。

二、应激与应激源的理论

一般来说，应激的产生主要有应激源、中介变量以及心理—生理反应这三部分内容。当前，关于应激研究有两种观点较为流行：其一，生理应激说；其二，心理应激说。其中，生理应激说主要就是指个体面临应激时其体内所产生的一系列的生理反应与化学反应，比如，肾上腺激素与脑垂体激素分泌增多、血压升高、呼吸加快以及肌体免疫功能下降等。而心理应激则主要是指应激中个体的心理与行为的变化、作用等。在心理应激说当中，个体的应激反应不但取决于应激的数量与强度，同时还取决于个体的认知评价。

在应激与应激源研究领域，目前主要四种理论。

---

① ［美国］菲利普．健康心理学［M］．北京：中国轻工业出版社，2000.

（一）刺激理论模型

刺激理论模型属于生物物理学的观点，其主要来源于物理学中的虎克弹性定律。其将应激定义为可引起个体紧张反应的外部环境刺激，如失恋、战争、失业、贫困、战争等。刺激理论模型关注的核心是哪种环境能够使人产生紧张反应。在研究中，应激通常被看作为自变量，并进一步寻求刺激与紧张反应之间的因果关系模型，如图 3－1 所示。

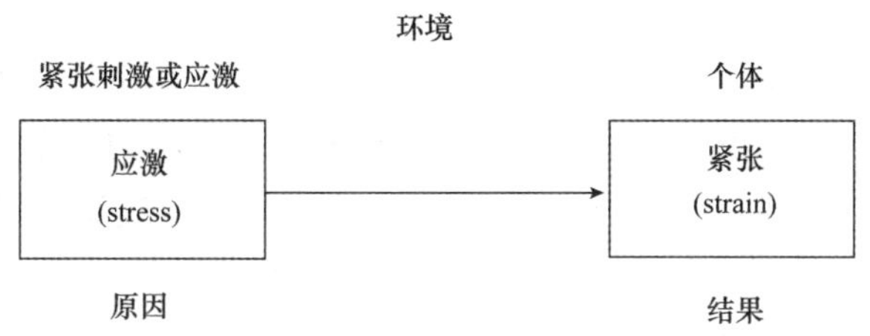

图 3－1　因果关系模型

上述这一模型的提出，不仅推动了应急预案的量化研究，同时还使人们对社会心理刺激与疾病关系的认识更进一步，并大大加速了身心医学的发展。但有一点还值得注意，在该理论正还隐含着这样一种假设，即紧张反应与刺激强度是呈比例增长的，还用数量来表示应激强度与紧张水平，可以说其很难得到严格的验证，其最大的弊端在于忽视了人类心理行为产生的复杂性与主观能动性。

（二）反应理论模型

反应理论模型主要来源于生理学与医学，其主要代表人物是塞利。他指出，应激是人或动物有机体对环境刺激的一种生物学反应现象，其可由加在机体上的多种不同需求引起，同时还是非特异性的。其中，非特异性主要是指环境刺激或需求有可能多种多样，但机体的生物学反应却保持固定不变。反应理论模型将个体的紧张反应成为应激而将能够引起这种反应的刺激因素成为“应激源”。

在“一般适应综合征”（GAS）中，其主要有惊觉期、抵抗期以及衰竭期三个阶段。其中，惊觉期属于一种适应性的防御；抵抗期中有机体动员保护机制从而抵消持续应激产生的应急状态，从而导致激素分泌；衰竭期则主要是指机体适应性存储能量消失殆尽，机体自身的免疫性下降，从而导致适应性疾病的产生。下面为应激的 GAS 反应模型，如图 3－2 所示。

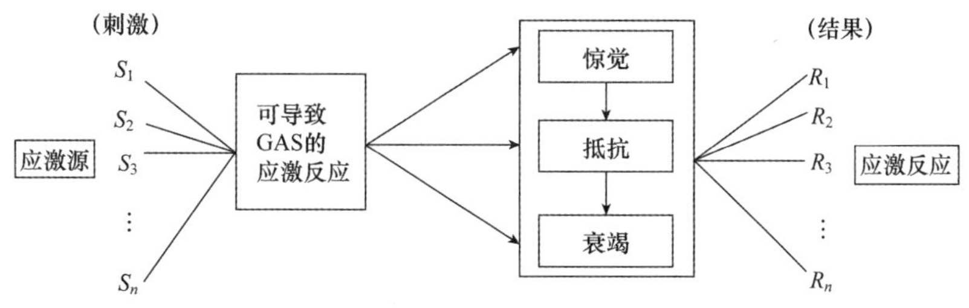

图 3－2　应激的 GAS 反应模型

反应理论模型促使人们从机体生物学角度对应激进行了研究，其进步性主要表现在以下这几个方面。

一是生理变量能够作为应激反应的客观指标，如呼吸模式、肌肉紧张度、神经内分泌、皮肤电、代谢情况、心血管状况、免疫功能、胃肠状况等。与心理变量或身体状况相比，生理变量在测量与评估中具有信度与效度。其不容易被污染，同时还能够为应激源对个体的影响提供客观有力的证据。

二是心理生理系统总是充当应激与健康关系的中介，这使得情绪变化成为了应激反应中最明显的心理表现。可以说，情绪不仅是一种心理活动，同时还是一种生理活动。由此可见，对于应激反应中生理系统变化的探讨，其不仅是揭示应激与健康关系的一个突破口，同时还是各种社会心理因素对人体作用机制的关键所在。

总的来说，反应理论模型将胜利变量作为了应激反应的客观衡量指标，同时还通过探讨应激反应中生理系统的变化，并以此来揭示应激与免疫的关系，从而促使人们从生理角度对应激进行积极研究，这可以说是该模型进步的一面。但该模型将个体当作是对不良环境作被动反应的生命体，而没有注意到在紧张情绪中人的心理与行为的反作用，这使其对应激还缺乏全面、系统的了解。

（三）CPT 理论模型

应激的 CPT 理论模型（cognitive - phenomenological transactional，CPT），也就是指认知—现象学—交互作用的一种心理学模型，该模型涉及应激及其应对中个体的心理及行为过程。这一理论模型的典型代表人物为拉泽鲁斯与福克曼等人，该理论模型如图 3 - 3 所示。

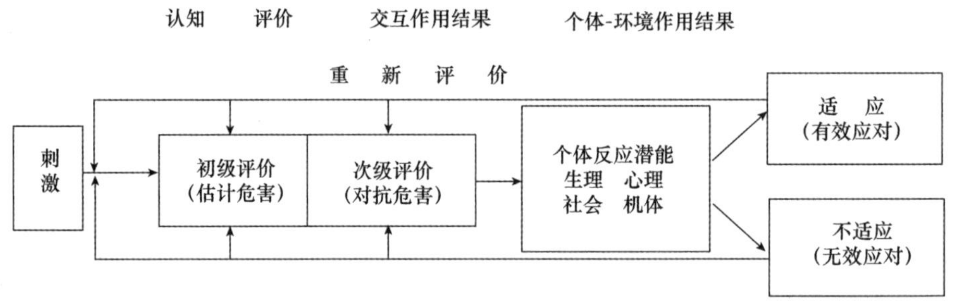

图 3 - 3　应激的 CPT 理论模型

该模型不仅对应激中间过程的研究比较重视，同时还对应激中个体心理与行为的作用更为重视，并将这看作是能够克服前两种理论将个体当作是消极反应物的不足。在 CPT 理论模型的基础之上，不同的研究者又提出了一些格局特色的应激理论，其主要包含如下三方面的重要观点。

（1）现象学的观点。现象学观点认为，应重点突出与应急有关的地点、时间、环境以及人物的具体性，同时还必须指出，应激反应与应急事件的特点与性之间存在的密切关联。

（2）认知的观点。认知的观点指出，思维、经验与其他个体所体验到的事件的意义，可以说这些都是决定应激反应的主要中介与直接动因。个体评价自我与环境的方式在很大程度上决定着应激是否能够产生以及以什么形式出现。其中，个体对自我与环境关系的评价主要有初级评价与次级评价两种形式。其中，所谓初级评价，就是指个体对事件的危险性进行评价，其包括挑战、维新、损害、丧失或利益等；而次级评价则主要是指个体对自身应对资源与应对能力所进行的评价。若个体认为自己完全有能力解决困境，那么应激强度就会很低或根本不存在应激体验。

（3）交互作用的观点。交互作用的观点认为，应激主要是在个体与环境的特定关系中产生的，假如个体认为自身无力对付环境需求，其就会产生一定的应激体验。交互作用的观点强调个体与环境之间的交互作用，还注重个体在应激情境中的主观能动性，更加注重信息反馈与行为调整在其中所起的重要作用。

由此可见，CPT 理论主要不是从个体与环境之间相互关系的校对应激进行定义的，因而必须充分考虑个体的认知评价、特定情境以及个体差异的影响，可以说这是一种典型的心理学模型。其主要具有以下几方面的典型特点：

其一，该理论模型指出，个体既会受到应激情境的作用，同时其自身还是一个具有能动性的高级生命体，并能够通过有效的应对解决自身当前面临的困境，从而消除或降低应激水平。

其二，该理论模型该对中介过程的研究非常重视，对应激应对中个体的心理与行为的作用尤为重视，其对全面理解应激具有非常大的意义。

其三，该理论模型不仅重视个体心理与行为对应激反映的作用，同时还促进了关于应激应对方面的研究。

其四，该理论模型提供了一种能够在现实生活中使用的应急应对方法。运用该理论模型来对个体的应激刺激进行评价。从而找到感知威胁的来源，同时还设计了应对策略，并帮助个体对环境应激进行自我控制，同时还应对策略是否有效性及其程度进行及时评估，使其适应环境的需要。

（四）系统理论模型

当前，在有关应激方面的研究中，系统理论是一个处于发展中的理论。其主要通过系统的观点来认识自我调节系统，进而实现对内部平衡状态的控制。可以说，系统理论模型主要以应激为参照，而外部应激源则主要是指当信息输入系统所产生的障碍。当这种从理想或是适度紧张的参照系中所产生的一种极度紧张的矛盾时，系统自身就会采取一种自我调节的行为来减少或消除应激源的应对行为，从而恢复理想状态。

卡佛与希尔将应激系统模型应用于健康心理学当中，而斯沃兹与西门在医学行为科学领域则提出了生物心理社会模型，如图 3－4 所示。

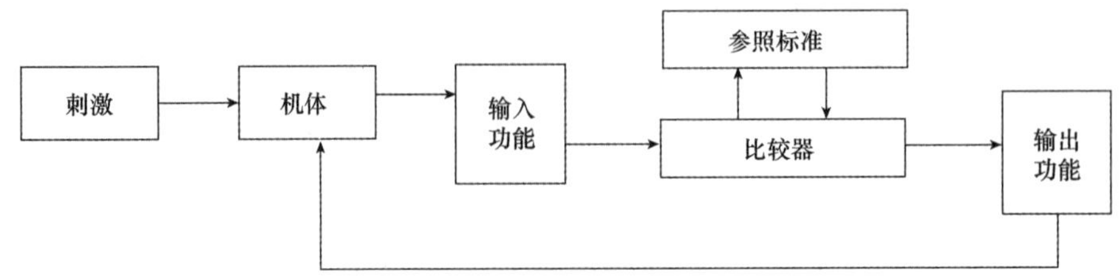

图3-4　系统理论模型

总体而言，系统理论对自我调节作用较为关注，将应激反应的各种不同系统纳入研究中，这对健康心理学与临床心理学都具有非常重要的意义，但其具体的操作与验证仍存在一定的困难。

三、高校大学生心理应激源研究

霍尔姆斯和瑞特编制了包含43条生活实践项目的《社会再适应估价量表》（social readjustment rating scale，SRRS），可以说这开辟了心理应激量化的研究。在1978年，萨拉森等人也编制了内含48条目的《生活经历调查表》（life experience survey，LES），这从而为应激源的研究提供了非常有用的测量工具。

近些年来，我国的学者在研究国外量表的基础上海编制了符合我国实际的《生活事件量表》与《青少年生活事件量表》。作为一个特殊群体，大学生在发展的过程中同时也面临着许多特定的应激源，而近年来国内外许多学者都对大学生心理应激源进行了大量的测量与广泛的研究。

（一）国外对大学生心理应激源方面的相关研究

墨菲与阿彻指出，在之前的15年中间，西方大学校园应激的类型并没有呈现出显著的变化，这是因为这一时期西方高等教育体制并没有明显的变化，因而，大学生所面临的应激类型也基本相同，其主要包括来自社会、学习、情绪方面或来自学习与个人方面的压力。其中，个人应激源主要包括亲子关系、人际关系、亲密关系、经济问题、居住条件以及身材容貌等。而学习应激源则主要包括教师、竞争、考试、时间、课堂环境以及就业等。

托贝斯等人通过研究发现，慢性的、长期的应激通常要比单个事件更容易令人产生压力。他们指出，大学生慢性生活压力不仅包含了同辈关系、学习成绩、恋爱关系、家庭关系、外貌、生活方式以及健康六类主要事件。

特雷西与帕特里下通过对美国传统大学生、非传统大学生应激源的比较研究显示，根据事件发生的频率从高到底排序，其中，在前3/4的事件上，两组大学生回答基本一致。但通过对这些事件进行重新分类后便会发现，这两类大学生在对待同辈关系压力、个人自治与责任、学业压力、家庭与社会支持、性与恋爱、个人自治与责任等五方面都存在显著差异。

肯姆等人对中国大学生的应激源也进行了研究，他们指出，中国大学生的主要应激源

可以说基本为日常烦恼，其主要涉及学习问题、经济问题、情绪问题、与同学与教师间的人际关系问题、性困扰以及自我认同感、自尊等方面的问题。

从维李等人通过研究指出，美国大学生的应激源应主要分为两大类，一是学业成绩；二是社会活动。那些在美国读大学的国外留学生，其除了会遭受到美国大学生所普遍面临的这两大应激源外，同时还面临着社会地位的改变、文化的碰撞、经济地位的改变，来自家庭的压力以及对学习成绩的期待等方面的压力。而那些来自东亚地区的留学生则通常会比那些来自其他地区的表现出更高的焦虑水平。

从维李等人通过对东亚留学生应激总目的总结研究发现，其主要包含家庭压力、语言能力困扰、考试焦虑、文化碰撞、社会支持。学业成绩以及身材外貌等八个方面。

爱丽莎等人关于美国研究生的压力进行了重点研究后发现，大多数学生在进入研究所的过程中，其会经历很多生活方面的变动，其中的一些因素则会使他们的心理平衡受到影响，这些因素主要有自尊的降低、不安全感以及工作量的增加。

（二）国内对大学生心理应激源方面的相关研究

1. 心理应经验研究回顾

樊富珉等人通过在清华大学的调查显示表示，其中有71.3%的大学生在学习与生活中经常会承受很大或较大的心理压力，且至少有28.6%的学生在心理上会产生不良反应；大学生在校生活期间，受个人前途与就业困扰的学生占80.7%；受困于人际关系问题的有53.8%；受恋爱问题影响的占39.8%，受经济问题影响的占34.2%，可以说这四类问题是影响大学生身心健康成长的最主要的四个问题①。

学者刘玉新通过研究发现，大学生当前主要面临的压力有以下七种：经济压力、前程压力、重大与突发性压力、学习压力、异性关系压力、社交与人际关系压力、自主与独立压力②。从整体上进行分析，大学生当前面临的压力主要有这几方面的显著特点。其一，大二、大四的压力明显大于大一与大三，一年级大学生的压力最低；其二，男大学生的压力则明显大于女大学生。

学者李虹等人采用自制的《大学生压力量表》，对大学生的压力类型及其特点进行了测试分析，他们认为，大学生压力的类型主要有学习烦恼、个人烦扰以及消极生活事件；而大学校园压力的主要特点则包括：日常生活烦忧所产生的压力为其主要压力，而突发性消极事件并不属于大学生的主要压力源③。

陈文莉等人通过自制的《生活事件调查表》从而对721名工科大学生进行研究，其结果表明：大学男生在恋爱与家庭经济困难方面的压力远高于女生，而女生在人际关系与考试失败方面的压力则明显高于男生。其中，大学一年级在学习方面与环境适应方面表现出

---

① 樊富珉，李伟．大学生心理压力及应对方式——在清华大学的调查［J］．青年研究，2000（6）

② 刘玉新．大学生的压力和应对方式：特点、相关因素及其与心理健康的关系［D］．北京师范大学博士学位论文，2001.

③ 李虹，梅锦荣．大学校园压力的类型和特点［J］．心理科学，2002（04）：398－401＋508.

高压力；而大学而、三年级在身体健康方面的压力则较为突出，而四年级学生在专业发展与恋爱方面的压力则比较突出①。

学者王欣通过对中美两国大学生采用《学生生活应激问卷》的研究结果显示，

在不同的社会文化背景下的中美大学生对生活应激的反应有非常大的差异性，其中，中国大学生应激源与应激反应明显低于美国大学生，其主要处于轻—中度应激范围。

学者李鲁平的研究显示，从整体而言，大学生的最大压力首先为学习压力，首先，大一的学生与大三的学生面临的学习压力比较大；其次，择业压力，大学生对该压力感知较大的学生数量通常会随着年级的增高而明显呈上升趋势；再次，经济压力，这在城乡、性别中较为显著；最后，人际关系压力。一般来说，人际关系压力会随着大学生年级的增长而人数减少，但差异并不是很突出。

宋京晶通过研究发现，大学生的压力源集中表现在自我发展与学业成就方面，随着其年级的不断升高，其对自我发展会明显提高，而对学业成就的关注则明显降低。

与此同时，大学生对物质欲望的满足有了更高的追求，对自信与家庭问题的关注逐渐呈下降趋势，对自己的发展目标途径有了多角度的考虑。另外，一般来说，女生在应激源的性别差异上主要表现为家庭问题、自信问题以及人际关系方面明显高于男生，然而，其在自我实现方面的关心程度方面则明显较低，而男生突出表现为关注个人的自我实现。

学者常永才通过研究将影响少数民族大学生心理适应的应激源分为八类，一是学习成绩不好；二是经济困难；三是受人误解或偏见；四是与人交往受挫；五是对所学专业不满意；六是难以忍受社会上的不良风气；七是未就业前景担忧；八是恋爱不如意。调查结果还显示，不同类型的民族学生在各类生活时间的感受上依然存在着一定的差异②。

2. 心理应激源的研究工具与方式

学者刘玉新通过《大学生压力源问卷》（表 3 - 1）③ 来对大学生的心理应激源进行测查，该问卷主要在 500 名不同性别、不同系别、不同年级的大学生之间进行测试。问卷主要有 68 条目 7 因子。其中，7 因子主要为：家庭与经济压力（如没有足够的学习和生活费用）、重大与突发性压力（如发生意外事故）、前程压力（如感到前途渺茫）、社交与人际关系压力（如与同寝室或同班同学关系紧张）、学习压力（如考试成绩不理想）、异性关系压力（如遭到喜欢异性的拒绝）、自主与独立压力（如我与父母在一些重大事情上意见分歧）。

---

① 陈文莉，刘广珠．大学生生活事件调查［J］．健康心理学杂志，1999（01）：29 - 31.

② 宋京晶．大学生问题应对方式及心理教育效果的研究．北京师范大学硕士学位论文，2003

③ 刘玉新．大学生的压力和应对方式：特点、相关因素及其心理健康的关系．北京师范大学博士学位论文，2001

表3-1　大学生压力源问卷

序号	应激源	序号	应激源
1.	考试成绩不理想	35.	父母不理解我的愿望或选择
2.	学习负担	36.	我与父母在一些重大问题上有分歧
3.	不知如何提高自己的素质	37.	我很难与父母沟通
4.	上课听不懂	38.	父母干涉我的重大决定
5.	作业不能够独立完成	39.	我没有足够的学习与生活费用
6.	学校指定教材难	40.	囊中羞涩让我感到自卑
7.	同学之间在学习上相互竞争	41.	钱的问题影响我与同学交往
8.	想学好但学不进去	42.	学业和打工赚钱矛盾
9.	考试没通过	43.	想赚钱却找不到活
10.	面临试读、休学、退学等	44.	我做的事情太多，时间不够
11.	未获得奖学金或三好生等荣誉	45.	我不满意自己的外貌
12.	担心自己找不到好工作	46.	我对社会的剧烈变化感到迷茫
13.	不能按自己的意愿继续深造	47.	我对自己的脾气、能力与行为不满
14.	不知道毕业后该干什么	48.	我弄不明白自己真正需要什么
15.	担心自己可能失业	49.	自己患小伤病
16.	担心未来婚姻不幸福	50.	自己重病或重伤
17.	感到前途渺茫	51.	我对自己的学习生活不满
18.	考研与工作冲突	52.	没有男（女）朋友
19.	几乎没有朋友	53.	我恋爱失败
20.	我很难接近别人	54.	我暗恋别人
21.	我与同寝室的同学关系不和	55.	我与恋人闹矛盾
22.	与辅导员或任课老师关系紧张	56.	我与恋人相处久了，想分手又不忍心
23.	没有一个推心置腹的朋友	57.	谈恋爱使我与其他朋友交往越来越少
24.	竞选班干部或社团干部失败	58.	想谈恋爱但家里不允许
25.	我与好朋友关系恶化	59.	我不知道如何与异性交往
26.	我被别人误会、错怪或议论	60.	我喜欢他（她），但对方不喜欢我
27.	我怕在众人面前讲话	61.	恋爱与学习矛盾
28.	在班级或社团工作中不如意	62.	自己或女友怀孕或流产
29.	家庭经济困难	63.	违纪受处分
30.	父母多病	64.	受到惊吓或发生意外事故
31.	父母感情不和	65.	生活规律有重大变动
32.	家人生活无人照料	66.	我想家
33.	父母为我上学欠了一笔债	67.	个人经济拮据
34.	父母的期待让我沉重	68.	丢失财物

3. 心理应激源的结果与分析

（1）大学生心理应激源及排序。通过研究发现，对大学生构成重要影响的前十位应激事件按轻重程度主要表现为：一是不知道毕业后该干什么；二是担心自己找不到好工作；三是家长的期待让学生感到内心沉重；四是想学好但学不进去；五是感到前途渺茫；六是家里为供自己读书欠了好多债；七是不能按自己的意愿继续深造；八是不知如何提高自己的素质；九是家庭经济困难；十是担心自己失业。

在上述的前十位事件中，其中前程问题是最重要的问题之一。可以说，前程压力是大学生当前阶段所面临的最大的心理应激源。由于大学扩招，高等教育的大众化发展以及社会竞争的加剧，这使得大学毕业生已经失去了前些年大学生的那种“天之骄子”的优越感。可以说大学生从一进入学校开始就为就业做准备，而前程问题则始终是高悬在头顶上的一把利剑。

排在第二位的是学习压力，学业成绩优异，这意味着更多的就业、升学与发展机会。而考试失败则不得不面对重修、补考甚至被勒令退学的危险，这给大学生造成的压力可以说不容忽视。

排在第三位的是家庭与经济压力，当前，子女的教育费用可以说是许多中国家庭第一位的消费支出，许多家庭也因此背上了沉重的债务，这使得大学生也体验到了生活的艰辛与经济的压力。

排在后四位的则分别为自主与独立压力、重大与突发事件压力、社交与人际关系压力、异性关系压力。

通过上述的分析可知，大学生感知较大的压力事件可以说跟多地与个人成长与发展相挂钩。比如，前程压力、学业压力、经济压力。而自主与独立压力、重大与突发事件压力、社交与人际关系压力等对大学生造成的影响则比较小，而异性关系压力在7因子中则排在最后一位。由此可见，对大多数大学生来说，异性情感并非主要压力源，然而，对一些学生而言，因为爱的能力缺乏、人格不成熟、恋爱冲突等所引发的心理危机则依然不容忽视。

（2）大学生应激源的群体差异表现。

其一，年纪差异。研究显示，不同年级的大学生在家庭经济压力、重大突发事件、社交及人际关系压力、异性关系等方面并无显著差异；但在学习压力与前程压力方面差异较大。一般来说，对压力感知强度由高到低为大三、大二、大一、大四。其中，大三年级的学生的压力感知强度最大。这是因为，一方面，在经过了两年多的大学学习之后，大三学生对前途的选择显得极为紧迫，究竟是继续深造还是就业，大三学生在自我职业定向的两难处境中，感受到了较多的压力。另一方面，大学的学业压力是不断累进的，在经历了大一的适应期，大二的调整期之后，大三便正是进入了专业课的学习阶段，因而学习压力也开始随之怎报价，同时还伴随着与社会职业选择的接轨，因而心理冲突便会加剧。再进入大四之后，一切基本已经定型，无论自己是否能够接受自己当前的处境，都必须兴平气和地面对现实。

其二，性别差异。男女大学生无论是在学习压力、经济压力，自主与独立压力，还是在社交与人际关系压力以及异性关系方面，都呈现出显著地性别差异，而男生通常会比女生有更多的压力体验。这是因为，我们的社会以及文化一般对男性都会有着女性高很多的社会期待，这使得男性的自我期望也较高，感受到的压力则更高。

通常而言，在重大突发事件以及前程压力方面，男女的差异并不明显。可以说，前程

问题无论男女，是所有大学生必须共同面对的压力，其都必须面对激烈的角逐与残酷的挑选。而重大与突发事件则向每个人都提出了难题，性别影响并不明显。

通过调查表明，在学习压力方面，大一学生略高于大四学生，排第三位。这是因为，第一，现代资讯比较发达，大学生在进入大学校门之前，就已对大学生活的方方面面有一定的了解，可以说这在一定程度上规避了其可能面临的应激源；第二，信息的畅通与交通的便利，加之社会支持的不断强化，这使得在很大程度上都缓解了新生刚入学时的不适。基于此，在校外的这些应激源的刺激下，大学新生面对新生活更加坦然自若。不可忽视的说，内心应激源同样也是大学生心理危机的主要诱发因素之一，而大学新生内心的矛盾与冲突也较为剧烈，因而很容易诱发心理危机，需要引起各方的关注。

其三，学科差异。通过研究结果显示，在学习压力之外，不同系别、不同专业的学生在其他方面也存在着显著的差异。一般来说，文科生面临的压力最小，并与工科、理科以及管理差异显著；接下来就是工科学生；管理类的学生除了家庭与经济压力之外对其他类型的压力为体验最为强烈；理科生几乎可以说在各方面压力都比较大。这是因为，理科学生的人际敏感性、自我感受性等都高于其他学科的学生，他们的职业定向也更具研究性与专业性，因此其心理压力也比较大。

其四，家庭状况差异。很多研究都共同表明，家庭在个体发展中可以说起着非常重要的作用。一般而言，家庭状况的差异主要表现在这几个方面：第一，独生子女与非独生子女在压力的各维度上并不存在显著差异；第二，在经济压力维度下，家庭背景不同的学生差异显著，来自城市以及家庭社会经济水平比较高的学生感受最小，而来自农村或家庭社会经济地位低的学生所感受到的压力则比较大；第三，在前程压力、学习压力以及异性关系方面，家庭经济条件较好的学生往往要比经济困难的学生感受到的压力要大一些，而经济水平中等的则居中。这在很大程度上是因为，家庭社会经济状况在某种意义上直接或间接地对大学生的诸多人生选择产生了影响，那些高收入水平家庭的学生较多地体验到了生活节奏的快捷、竞争的残酷以及家长比较高的期望值，这在另一方面则使得他们承受着更重的心理压力。

第二节　人格特征与心理危机的基础理论研究

所谓人格，就是指稳定的行为方式与发生在个体身上的人际过程，同时还是应激源与心理危机中最重要的中介力量。在一定程度上可以认为，人格特征左右了个体对应激事件的反应程度，不同人格的人对应激的反应往往也是不相同的。由此可见，在人格特征与心理危机的关系方面所进行的研究，这对危机的预防和干预都有着非常重要的意义。

一、人格特质的含义

很多时候，我们经常会思考自己是一个什么样的人，是内向的还是外向；是属于严肃的还是活泼的；属于依赖性较强的哪一类还是独立性较强的。可以说，这里所枚举的内向—外向、严肃—活泼、独立—依赖，都属于所谓的人格特质。除此之外，人格特质还包括其他的诸多方面。早期的特质理论家高尔顿·奥尔伯特就曾列举了四千多个形容词以此来对对人格进行精确的描述。人格特质轮指出，特质是人格构成的最基本单位，人格是由一组特质所组成的，而特质对个体的行为产生了决定作用。由于每个个体的每种特质在量上都是因人而异的，其因此也就成为人与人之间人格上的差异。

奥尔伯特将人格分为了共同特质与个人特质，其中，共同特质就是指在某一社会文化形态下，大多数人与大多数群体所具有的特质；而个人特质则主要是指个人所具有的某些特质，其代表了个人的人格倾向。根据个人所拥有特质所起作用的大小，又可将其分为次要特质（只有在某种特殊情况下才表现出来的特质）、中心特质（构成个体独特性的重要特质）、首要特质（最典型、最具概括性的特质）。

雷蒙德·卡特尔在继承并发展奥尔伯特的共同特质与个人特质的基础上，又进一步提出了表面特质与根源特质的概念。其中，所谓表面特质，其主要就是指外部所表现出的能够直接观察到的行为或特征；而根源特质则主要是指潜藏在人格的最底层，决定着表面特质，这是人们相互关联的特征或行为的基础，一般并不直接表现出来。在 1949 年，卡特尔通过因素分析法筛选出 16 种人格根源特质，其中包括乐群性、聪慧性、稳定性、恃强性、兴奋性、有恒性、敢为性、敏感性、怀疑性、幻想性、世故性、忧虑性、求新性、独立性、自律性、紧张性（表 3 - 2）。

表 3 - 2　卡特尔的 16 个人格特质

因　素	特　征
乐群性	外向与热心—冷漠与刻薄
聪慧性	聪明与抽象思考能力强—愚钝与抽象思考能力弱
稳定性	沉静与情绪稳定—不稳定与易激惹
恃强性	武断与好斗—温顺与随和
兴奋性	热情与活泼—冷静与严肃
有恒性	自觉与道德—玩世不恭与漠视规则
敢为性	胆大与冒险—退缩与犹豫
敏感性	富于幻想与敏感—讲求实际与自恃其力
怀疑性	怀疑与警觉—信赖与接纳
幻想性	想象与心不在焉—现实与脚踏实地

续表

因　素	特　征
世故性	老练与精明—坦率与朴实
忧虑性	不安与焦虑—自信与满足
求新性	思想自由与求新—保守与传统
独立性	自立与足智多谋—依赖群体与遵从
自律性	受约束与强迫—任性和松懈
紧张性	紧迫感与紧张—无拘束与沉着镇定

然而，卡塔尔的研究成果并非人格结构探寻道路的终结。可以说，几十年来，人格结构一直是人格研究领域中比较关注的主题。在20世纪末80年代初，学术界关于人格描述模式可以说形成了比较一致的共识，同时还发现了人格的五大因素，即神经质性、外向性、求新性、随和性以及尽责性（表3－3）。

表3－3　五大人格因素（Big Five）

因　素	特　征
神经质性（neuroticism）	烦恼—平静 不安全感—安全感 自怜自我满意
外向性（extraversion）	好交际—不好交际 爱娱乐—严肃 感情丰富—含蓄
求新性（openness）	富于想像—务实 寻求变化—遵守惯例 自主—顺从
随和性（agreeableness）	热心—无情 信赖—怀疑 乐于助人—不合作
尽责性（conscientiousness）	有序—无序 谨慎细心—粗心大意 自律—意志薄弱

“神经质性”主要描述了情绪的稳定性与调节情况。个体经常容易感到敌对、焦虑、烦恼、压抑、忧伤、不安，且情绪波动较大，这类人都处于神经质的高分一端，而得分较低的人则多表现为平静、自我调试良好，不易出现极端与不良的情绪反应。

“外向性”维度的高分则主要表现为精力充沛、爱好交际、乐观、热情、友好、果断、自信；而低分者则通常表现为顺从、传统、循规蹈矩、因循守旧等。

“随和性”主要是指体贴、直率、合作、信赖、富有同情心、乐于助人；而得分较差的则通常表现为敌意、怀疑、自负、争斗、不团结。

“尽责性”主要有公正、能力、谨慎、可靠、坚持、有计划性、有责任心、有条理性、自律意识较强；而另一端则经常表现为粗心、马虎、见异思迁、意志薄弱。

卡特尔的16种人格特质与大五模式是两种比较著名的理论，尤其是大五人格。尽管当前学术界对其评价还存在一定争议，但不可否认的是，卡特尔的这两大理论目前已在实际中得到了普遍的认可与广泛应用，其人格特质理论中的学术地位不可撼动。

二、人格的危机易感特质

完整的人格系统是由多个人格维度所共同构成的，这使得我们拥有与其他人、与总体不一样的独特的人格特征。一般而言，不同人格特征的人在对待外来刺激的反应方面都会有着不同的反应，而存在不同反应的根源则需要从人格特质中挖掘。虽然大多数人都不会处于各种特质维度的极端，但不可否认的是，我们人格中都不同程度地存在着各种不同特质的成分。以下对心理危机有较强易感性的人格成分进行重点介绍。

（一）羞怯与心理危机

所谓羞怯或社交羞怯，这是大学生中较为常见的心理行为表现，由于大学生人际交往能力欠缺，因而比较容易形成羞怯的个性。一般而言，羞怯者在从事社交活动时通常会感到不安、紧张或焦虑。在于陌生人进行交往，在不熟悉或被很多人关注时，羞怯者就会感到更加局促、手足无措。

羞怯的原因主要在于这类人非常注重自我，对外界的评价也过分关注，从而使得其降低了自我表达的能力，从而使他们对自己的表现极为不满。再加上羞怯者通常对外界的反馈往往比较消极，这使得羞怯者由于害怕再次出丑而决绝人际交往，并形成恶性循环。

羞怯与心理危机之间存在着一定的关联性，其主要表现在以下几个方面。

其一，羞怯者由于非常害怕与他人或陌生人交往，因而在每一次的社交活动中，对他们来说都是非常尴尬的、可怕的体验，这从而使得他们经常处于一种高度焦虑的状态之中。

其二，一般来说，羞怯者都存在比较严重的自卑心理，他们害怕别人看不起自己，也很在乎别人对自己的评价，甚至还会将别人的评价加上消极色彩，从而使自己徒增烦恼。

其三，一般来说，羞怯的人并不一定都属于内向性格。一些羞怯者在内心通常非常渴望自己能够在社交场上挥洒自如，能够获得更多有意。然而，事实上，他们却总是屡屡遇到挫折。而当自己遇到困难时，他们却很少或不愿寻求，也有可能根本找不到什么人来帮助自己。

（二）焦虑与心理危机

焦虑属于一种情绪体验，其主要是指个体对当前或预计到的有潜在威胁的情境感到担忧，通常伴有焦急、忧虑、紧张以及恐惧等情绪状态。当人面临威胁或预料到某种不好的结果时，都会产生这种体验。在这个紧张刺激不断增多、竞争不断增强的社会里，可以说每个人都有可能处于一种焦虑状态。

通常来说，适度的焦虑对于保持生命活力是非常必要的。然而，过渡焦虑却通常会带来不良影响，因而，那些经常被焦虑困扰的大学生通常会表现出烦躁不安、心神不定、紧张惶恐、思维受阻、记忆力下降、行动不灵活以及身体不适等症状，与此同时，还经常伴有失眠、头疼、食欲不振、肠胃不适等生理反应。

一般而言，具有特质性焦虑的人通常对焦虑的体验更为强烈与持久，他们非常容易杯弓蛇影、草木皆兵，以至惶惶不可终日。如果预先知觉到某种情境或期待某种事情发生时，他们则变得更为焦虑。香港大学通过对香港的10所大专院校约8 000名一年级新生进行调查研究发现，在新生中间，超过40%的学生出现了中度乃至极度严重的焦虑症状，而全世界焦虑症状平均水平位7%～25%；21%的新生属于中度或极度严重忧郁，这比世界平均水平高出了15%。

（三）抑郁与心理危机

抑郁作为一种感到无力应付外界压力进而产生的、一种消极的情绪体验，其通常伴有痛苦、厌恶、自卑、羞愧等感受。对于正常人而言，在特定情况下出现适度的抑郁感是非常正常的，抑郁持续的时间也较短。假如一个人长期处于一种抑郁状态，那么这就会使得抑郁逐渐成为稳定的人格特质，严重的还会发展成为抑郁症，这就使得他们具有了较强的危机易感倾向。

通常而言，具有抑郁质的人经常孤僻、情绪低落、闷闷不乐、精力不足、缺乏活力、反应迟钝、效率降低、兴趣丧失、行动迟缓、心神不宁、食欲下降、细腻而脆弱，可以说外界一丁点的风吹草动都会引起他们的内心世界惊涛骇浪，反应强烈。这类人群一般对强烈的刺激很难忍受，喜欢独处，也不善与人交往，在困难面前经常会显得怯懦、自卑、优柔寡断。

客观而言，大学生抑郁心理的形成是由多方面的原因所引起的。比如，学习、人际关系受挫，生活目标丧失，都有可能会使他们陷入长期的抑郁情绪而无法自拔。

（四）归因风格与心理危机

所谓归因，就是指人们对事件或行为的结果原因的解释。一般而言，由于每个人都有属于自己熟悉的归因方式，这使得每个人都又不同于他人的归因风格，其主要通过内部归因—外部归因、稳定归因—不稳定归因、一般归因—特殊归因，三个维度对人的归因方式进行考察（表3－4）。个体的归因方式同时还会反过来激发其动机，从而影响个体的期望。行为与情感反应。具体如下所述。

表 3-4　一个失败学生的归因举例

	内部的		外部的	
	稳定的	不稳定的	稳定的	不稳定的
一般的	缺乏智慧懒惰	疲劳感冒了，头脑不清	ETS 考试不公平 人们在 GRE 考试上通常是不走运的	今天是第十三个 星期五这次 ETS 考试出了实验题，所有人都觉得太难了
特殊的	算术能力不好，数学总令我头痛	我厌倦了数学题 我感冒了，把算术算错了	ETS 数学考试不公平 人们在数学考试上通常都是不走运的	数学考试正好是 13 号 每个人的数学卷子都是模糊不清

其一，内部归因—外部归因。这一归因模式与内控论—外控论有些相似。其中，内控论者认为自己能够驾驭自己的生活，而事件的后果则主要取决于个体自身的努力。假如没有成功，他们通常会把原因归结为自身还不够努力，也往往能够采取积极的应对方式进而找出问题的症结所在，进而努力去克服。但外控论者则恰恰相反，他们认为，事件的结果主要取决于机会、命运或其他外界的不可控力量，个人自身的努力通常无济于事，也不会对结果产生任何影响，因而这类人在遇到困难时，通常会采取逃避等消极的应对方式。

其二，稳定归因—不稳定归因。一般来说，具备稳定归因的这类人通常会将问题归结为一些比较问题的原因。比如，“考试没考好是因为感冒”“天太冷了就不去上课”“我没有学习的天赋”等等；而具备不稳定归因方式的这类人通常会将问题归结为可变的、偶然的因素。比如，“考试前自己没有好好备考”“课堂没听懂是因为自己没有提前预习”等。一般来说，不稳定因素能够通过努力来改变，而稳定因素一般是不可控的。

其三，一般归因—特殊归因。通常情况下，一般归因会将问题归结为普遍的、一贯的因素，而特殊归因倾向于就事论事。

总体而言，内部归因—外部归因维度与心理危机关联度最大，将问题归结于内部有助于个体积极采取方式化解困难，若归结于外部，个体就会放弃自身努力，破罐子破摔，任由事态发展。然而，不合理的稳定归因、内部归因或一般归因则会使得大学生产生自卑感、无助感与挫折感，从而提升了抑郁、焦虑的情绪。由此可见，无论哪种归因方式，其实都各有利弊，因而大学生应尽力避免心理危机困扰，学会结合实际情况进行科学、合理地归因。

（五）情绪化与心理危机

每个人都有积极情绪与消极情绪的时候。然而，总有一些人，其所体验到的情绪强度比较大，这些高强度的情绪通常会被他们通过各种各样的方式表达出来，这种人就属于情绪化的人。

一般来说，情绪化的一般比常人有着更为强烈的积极情绪或消极情绪体验，他们的情

绪反应波动较大，反应时高时低，这也就是我们通常所说的“大喜大悲”。

这主要是因为，他们通常会夸大事件的影响。尽管他们也会有强烈的积极体验，但负性体验也很强烈，往往一点小挫折就会将他们压垮。在别人严重的小烦恼在他们身上便成了泰山般的压力，这类人通常遇事很容易采取过激行为。不可否认的是，情绪化的人的情绪表达能力很强，也会及时将自己内心的不良情绪宣泄出来，这不仅有助于维护心理健康，同时还对人际沟通也大有裨益。

（六）回避与心理危机

在应激情境之中，一些人在面对困境时会想各种办法，采取行动才应对困境，这属于个体的主动选择；而一些人在面对困难是则选择“不作为”，不采取任何应对方式，听任事态发展。应对方式多种多样，每个人都必须在应急情景中有自己所习惯的应对方式，这种习惯性的应对方式不仅是由个体的人格特质所决定的，同时还是个体人格特质中的重要组成部分，这也是个体有别于他人的显著特征之一。

按性质进行划分，常见的应对方式主要可被分为积极应对与消极应对两大类。其中“回避”的应对方式主要有压抑、否认、退缩、逃避等消极应对方式。在应激情境下，尽管消极的应对方式能够在一段时间内降低焦虑等应激反应，却不利于问题的最终解决。

在现实生活中，各种各样的压力总会让我们不堪重负，可以说暂时采取回避等方式能够让我们减轻压力，舒缓身心，从而以更饱满的精神投入到新的学习与工作当中去。但是，若回避变成了我们的一种习惯性的应对方式，那么对个体的成长与发展将会非常不利。

（七）褊狭与心理危机

褊狭属于一种不恰当的认知方式。那些具有褊狭人格的人一般都比较心胸狭窄、目光短浅、爱钻牛角尖、认死理，从而出现只见树木不见森林的情况，其认知结构通常也比较简单，对事物的判断也过于简单化，非白即黑，非此即彼。当面临一些较为复杂的应激情境时，具有褊狭心理的人通常不能理性分析，思维也经常陷入管状思维而难以自拔，进而采取过激行为。

（八）依赖与心理危机

所谓依赖，就是指缺乏信心，并放弃了对自己大脑的支配权，缺乏主见与自信，并觉得自己能力不足，依附性强，将自己置身于从属地位。一般来说，依赖心理严重的人通常会祈求他人的帮助，处事也比较优柔寡断，而遇事则希望父母或师长能够代替自己做决定。

一般来说，依赖型人格对归属或亲近都有着过分的渴求，而这种渴求通常是盲目的、强迫的、非理性的。从而导致其没有自我，缺乏主见，并且独立性差，决策能力弱。对一个依赖性人格的人来说，假如没有得到及时纠正，则很有可能会发展成为依赖型人格障碍，对正常的生活与工作都会感到很吃力。并且时常缺乏安全感、感到焦虑、恐惧与担心。长此以往，还会出现恐怖、焦虑等情绪障碍或身心疾患。

总体而言，人格本身及其所决定的认知与应对方式，这使个体对外界的刺激反应产生了一定的影响。那些具有易感人格特质的人通常会没有缘由地将一般生活事件转化为应激源，从而使自己经常暴露在应激情境之中。也有可能因为无法采取合理的认知与应对方式，从而使自己无法避免或摆脱应激源的侵扰，从而提高了心理危机爆发的概率。

第三节　高校大学生的群体危机易感性与危机高发群体研究

一、高校大学生的群体危机易感性研究

（一）大学生群体普遍存在的危机易感因素

由于大学生个性表现不稳定，思想上不成熟，这使得大学生的身心发展处于不平衡的状态。可以说，在某种个人生活环境与社会环境作用下，大学生的一些心理特点非常同意向消极方向转化，从而成为诱发其心理危机的易感因素，进而出现消极的行为倾向。

1. 高校大学生的认知发展不成熟

认知发展是个体心理发展非常关键的一个方面，青年时期有恰好是个体认知发展的非常重要的转折期，因而，这一时期的认知方式还存在着一定的不成熟特征。

（1）高校大学生的自我意识发展不平衡。其一，大学生对自我高度关注。在大学时期，大学生的思维与想象能力迅速发展、身体发育逐渐成熟、感受力获得提高，人际关系范围也得到不断扩大，这使得他们开始将关注的重点转向自我与内心世界的探索。一方面，大学生急切渴望能够形成自己独特的个性与理解方式，从各方面自觉塑造自己的形象，设计自我模式；另一方面，他们又经常以自我为中心，从而认为周围的人也对他们的思想、感觉以及行为都密切关注。这些进而使得大学生对外界的评价过于敏感。

其二，大学生自我意识的矛盾性。这要体现在自我意识的不断分化与整合方面。种种，一方面主要为理想我与显示我的矛盾、主观我与客观我的矛盾、自负与自卑的冲突、独立与依附的冲突、渴望交往与心理闭锁的冲突。正是这种矛盾的近乎对立的自我意识的分化，使得大学生对自我产生了不确定性，并由此产生了对自我否定或肯定的情绪体验。这些加剧了大学生内心冲突，是他们感到强烈的痛苦与不安。

（2）形式逻辑思维占主导。根据皮亚杰的认知发展理论可知，这一时期的青年大学生尽管已经掌握了一定的辩证思维方式，但形势逻辑思维仍然占据优势地位。其中，形式逻辑思维所反映的是事物相对静止与不同事物之间的确定界限。在事物的个别性。差异性以及运动性方面较少关注。形式逻辑经常从纯粹的假设出发，通过推理来得出结论，而缺乏感知、表象。经验的支持。这使得大学生不能客观、理性的认识事务，从而表现出一定的

主观性、片面性以及绝对性的评价。

2. 情绪发展不成熟

情绪作为个体对客观事物的主观体验，同时还是人脑对客观事物与人主观需要的之间关系的反应。大学生由于正处于不成熟向成熟阶段的过渡时期，从而呈现出显著的矛盾性。一方面，大学生的情绪逐渐表现出成熟与理性，情绪表达较为含蓄、内隐。对自我情绪有一定的控制力。另一方面，大学生的情绪还有不成熟性的因素，其主要表现为易冲动、情绪波动性大、持续时间长等特点，可以说正是大学生在情绪发展不足，从而使其成为潜在的危险因素。

3. 自我控制能力弱

自我控制在心理学上主要是指心理控制观或控制源，其主要指人们在日常生活中对事件结果或行为所持有的一般性看法。关于自我控制在内控与外控的个体差异在前文中已经论述，这里不再一一赘述。

简单来说，个体的心理成长是一个不断自我控制，拒绝诱惑的过程。大学生在面对众多来自外界的诱惑时，会表现出较低的自我控制力。比如，迷恋网络游戏，逃学逃课，退学等，这些都是自我控制力较弱的典型表现。

4. 不良心态

无聊、不良意志品质、懒散、退缩、褊狭、虚荣、环境适应不良是存在于部分大学生身上的不良心态。

（二）“90 后”大学生的心理发展特点

在 20 世纪 90 年代，我国正处于改革开放的关键发展阶段。在这一时期，人民的生活大幅度提高，独生子女政策逐渐纵深推进，整个社会结构变化伴随着人们收入差距拉大而逐渐呈现出阶层变化，独生子女家庭的数量也开始大幅增加。

一般来说，“90 后”大学生中普遍独生子女偏多，他们在物质生活上更加富裕，社区关系也趋于淡化，生活圈子相对狭小。一方面，“90 后”大学生由于学习压力过大，学习任务繁重，这对大学生正常的游戏与交流形成了妨碍。另一方面，学校、家庭等为这些大学生设置了过于优越的外在物质环境，从而使他们处于一种变相的社会隔绝的环境中，进而造成了他们在认识社会与身处社会时存在巨大的不适应、怀疑、对抗等现象层出不穷，因而心理问题较多。

与此同时，社会对大学生的心理健康问题也越来越关注，科学、健康的心理调适方法逐渐被越来越多的普通人所了解和采纳，可以说，这在很大程度上抵消了大学生各种极端心理的负面影响。

客观来说，“90 后学生”一方面接受的是“学习雷锋好榜样”式的集体主义教育，但在另一方面，却会实际考虑做一件事会对自己有什么切身的好处，其受西方个人主义价值观的影响。

“90 后”大学生通过努力拼搏、单打独斗杀出一条血路终于考上理想的大学。但当进入大学后，他们却发现大学生活根本不是自己所想象的那个样子。正如捷克小说家米兰·昆德拉所指出的：“受到乌托邦声音的迷惑，他们拼命挤进天堂的大门，但当大门在身后砰然关上时，他们却发现自己是在地狱里。”这样一来，心理冲突与矛盾便因此产生了。

“90 后”大学生因而缺乏了一份上进心，而多了一份自由。网络的存在弥合了现实生活的某种缺憾，使得许多大学生能够沉浸在“白日梦”的、虚拟的世界中，在制造的自我狂醉的种种激情与迷幻中找到自我存在的价值。而在现实生活中，大学生们却常常无所事事。从而既向往社会，却又惧怕现实的现象。

一般来说，“90”后大学生心理发展特点主要有这几个方面，具体如下所示。

1. 自我中心

青少年构想了假想观念与个人深化。所谓假想观念，就是指青少年总是认为每个人都会像他们自己那样关注自己的行为与看法，这一信念导致了过渡的自我意识。青少年很容易对他人想法给予过分关注，在真实与假想情境中预期他人的行为反应。而个人神话则主要是指青少年总认为他们自己是无懈可击的、独特的、无所不能的。

与前一代甚至更早的一代相比，“90”后出生的大学生，他们身上没有传统文化的印记，没有经历刻骨铭心的“知识青年上山下乡”的政治抒情年代，没有受召过革命激情的冲刷，没有经历过感伤、寻根以及文化反思的洗礼，因而“90 后”的大学生身上没有历史的负累，他们的成长相对比较顺利。“90 后”大学生生活在一个咨询高度发达的现代社会，因而他们可以义无反顾的大步向前，登上高速运转的飞船，以更加真实的自我走向“阳光灿烂”的未来世界。但由于他们自身社会经验的相对欠缺，这使得他们的自我同一性、社会身份、自我认同将变得更加滞后。

2. “社会钟”建立的迟滞

在心理学中，“社会钟”就是指“到什么年龄就该干什么事”的普遍看法。比如，在那个年龄段该读书、工作、恋爱、买房、结婚生子等。心理学家指出，社会的稳定要求人们必须遵从一种社会钟模式，从一代人到另一待人，社会变化必然会对个人的生活道路产生一定的影响。

当个体的成长时间表明显落后于其他大多数人的时候，便会产生一种迷茫、失落、无助乃至于焦虑感、浮躁感。古人所说的“三十而立”，在当代大学生或是已参加工作的“80 后”眼里，也更加的难以实现。这是因为，当代大学生更关注个性自由，关注个体的自我发展。在对个体评价、对社会主流文化的影响下，他们更加注重多元价值所带来的自主性与成人感。他们既向社会与家庭期许的方向开始进行人生设计与规划，同时还不放弃对自我的承诺。

3. 自我认知的两极性

“90 后”大学生对自我极为关注，有着更加积极的自我认知。一方面，他们懂得自我欣赏、自我悦纳、自我认同，在自我封闭、自我妨碍方面则较少。他们的自我意识更加明确，自尊心也较强，自我效能感更高。

但在另一方面，当学生在遇到挫折与失败时，他们此前所建构的自我认知便会转向另一个极端，自我怀疑、自我否定、自卑、自闭等。他们越是对生活、对成功怀着热切的渴望，面对失眠便会有着天然的不可预知的“黑暗”一样的恐惧。尤其对那些在学业上一帆风顺的大学生而言，他们在遭遇挫折时，则更容易显示出负向的自我认知。

二、高校大学生危机高发群体研究

不同的人群具有不同的心理类型与行为模式。在高校校园中，存在着独生子女、贫困生、新生、有心理问题的学生、学业困难学生、毕业生等。不在同的大学生群体中，这些群体中的每个个体都可以成为人格完善，社会适应良好的人。然而，也正是由于群体自身的特殊性，若缺乏相应的引导、教育以及干预，也可能使他们成为心理危机的高发群体。

（一）独生子女群体

与非独生子女相比，独生子女身上具有明显的时代特征，也形成了这一群体普遍存在的人格特征与心理行为特点。具体表现如下：

1. 依赖心理

由于独生子女家境优越，在其成长的过程中也得到了来自长辈的过度宠爱，这使得他们很容易产生依赖心理。再进入大学之后，独生子女群体往往很难适应角色的转化，生活能力差、饮食不习惯、集体生活不适应等。种种的不如意使得他们出现了苦闷、孤独、烦恼、失眠、忧虑以及神经衰弱等症状。有些学生变得郁郁寡欢，而有的甚至生出退学的念头。

2. 自我中心

科学合理的自我意识体现在大学生能够争取认识自我，能够客观地对自己进行评价，既不妄自菲薄，也不狂妄自大，自我调节与自控能力较强。但在现实中，特殊的家庭地位与环境，这使得独生子女很容易形成自我评价过高，自我意识较强的“优势心理”。他们很容易以自我为中心，我行我素，遇事只考虑自己的利益得失，而缺乏同理心，也不懂得尊重、理解和宽容他人。不仅不愿意接受与自己不同的意见与看法，同时还会产生较强的逆反心理。

3. 情绪控制能力弱

由于家长对独生子女过分溺爱、呵护，这使得他们的意志发展水平不够，遇到事情往往不知该如何妥善处理，稍有不顺便大发雷霆，易感情用事，易冲动、情绪控制能力弱，稳定性也较差。当遭受挫折与困难时，则应激反应更为强烈，表现出紧张、恐惧、焦虑等不良心境，严重影响其身心健康发展。

4. 心理承受能力差

一般来说，独生子女由于成长环境较为顺利，同时又备受父母长辈的宠爱，也较少经历逆境与挫折，从而使其缺乏锤炼、心里不成熟、意志薄弱、感情脆弱、心理承受力差、受挫感较强。当面临失利、失败时，他们往往不能对自己进行客观的评价与分析，从而产生自暴自弃、萎靡不振的心理，并进而产生强烈的心理冲突，严重的还会导致心理行为失常。

（二）贫困生群体

一般来说，大学贫困生问题并非简单的经济解困问题。由于经济窘迫，这使得大学生在心理上、思想上会产生各种各样的问题，这应引起高度重视。一般而言，贫困生的不良心理状态主要表现在以下几个方面：

1. 自卑

一般来说，我国贫困大学生的主要构成有四种：一是城市低收入家庭学生；二是贫困边区的学生；三是多子女家庭与非核心家庭学生；四是遭遇疾病或重大家庭变故的学生。这些贫困生的共同特点是经济状况不良、家庭社会经济地下。

当贫困大学生进入繁华的城市，一方面，生存环境发生了很大的改变，这种强烈的反差与心理落差可以说超过了他们的想象，与那些多才多艺、家境良好的学生生活在同一屋檐下，这使得他们逐渐感受到了不容忽视的巨大的心理落差与自卑感。

另一方面，由于知识储备以及学习基础上的差异，经济困难还会诱发生存危机与学习压力，这往往使得贫困生比一般普通学生多了一层生活的中亚，从而使其陷入深沉的自卑当中，一般来说，大学贫困生的自卑情结通常是潜藏在心中的，而并不能完全从日常学习生活中体现出来，然而却是客观存在的。这个群体中的部分学生属于心理危机易感人群。

2. 自尊心强

贫困生有着非常强烈的自尊心。尽管经济拮据，一些人却不愿意接受帮助，也不愿被别人当作“异类”去看待。贫困大学生越感到低人一等就越怕别人另眼相看，而他们处于自我保护为自己构筑的自尊的外壳也是极其脆弱、不堪一击的。他们非常敏感，常常会因为一些很小的刺激而产生强烈的情绪、情感反应。

3. 孤僻

大学贫困生由于自卑心理严重，自我保护意识强，这使得贫困生经常将自己封闭起来，不跟外界接触，独来独往、沉默寡言，也很少向人敞开心扉。把别人的问候当作不怀好意，对外界也充满了敌意。贫困生也经常处于一种相对剥夺感之中，也非常容易产生愤世嫉俗的倾向，感觉社会缺乏公平感，在遭遇生活事件时，也极易产生心理偏差。

（三）新生群体

在大学新生群体中，普遍存在的人格特征与心理行为特点。具体表现如下。

1. 失落

一般来说，失落是大学新生中常见的心理体验。其主要表现在以下三个方面。

其一，无目标的失落。许多学生将上大学看作是自己的最终目标，当目标实现后就松了口气，加之大学阶段自由支配的时间较多，这使得一些学生的思想会放松，由于失去了目标与动力，而显得茫然、失落。

其二，对大学生活感到失望。这类学生总是对大学生活充满憧憬与梦想，在传媒、教

师以及家长的引导下，他们会单方面认为大学生活应该是闲适浪漫的生活。校园幽静美丽、教授博学多才、设备现代。然而，当进入大学之后，才发现这一切并非自己想象的那么浪漫、丰富多彩。

其三，自卑感。当大学新生进入大学后会发现，自己身边的同学强手如林，群英荟萃，而自己也不过如此。当遇到一些学习方面、生活上以及人际关系方面的挫折与困难时，自身便会产生一种强烈的自卑感与失落感，便会产生严重的心理失衡。

2. 困惑

大学新生的困惑主要表现在四个方面：一是学习上的困惑；二是人际交往方面的困惑；三是对自身行为模式不确定而造成的角色转变的困惑；四是性、恋爱困惑。

3. 依赖

高中阶段，很多学生都会一门心思专攻学习与考试，生活由父母全权安排，而不注重生活自理能力的提高，因而缺乏独立生活的经验。当进入大学，走出家庭，逐渐摆托了父母的监护与教师的过多约束，才开始独立进行据侧，独立选择生活方式。然而，由于自理能力欠缺、社会经验的缺乏。这使得在很多时候，大学新生虽有独立生活的愿望，但本身自信心却又不足，从而表现出一定的依赖性。因而那些自理能力差的新生经常会感到手足无策，陷入苦恼的境地。

（四）有心理问题的学生群体

客观而言，有心理问题的学生属于心理危机的高发群体。一般来说，大部分大学生的心理问题属于发展性的，其与大学生的个性塑造、学业发展、社会适应以及品质素养等有关，这类问题通常会伴随着大学生的成长而自我治愈，可以说这是由个体成长的动力所驱动的。还有小部分属于障碍性的，如人格障碍、神经官能症等，这些需要专业心理治疗。还有一类属于异常心理与正常心理之间的边缘问题或过渡性问题，这些问题主要可通过心理咨询得到解决。有心理问题的大学生共分为五类。具体如下所述。

1. 行为问题

所谓行为问题，就是指由于自我调节困难、缺乏相应的指导帮助，并在一定的诱因下所引发的一些不良行为。其主要包括出格行为、不良生活习惯与品行障碍等。行为问题中属于不良生活习惯的主要有飙车、吸烟等危险行为等；而出格行为则主要由无事生非、打架斗殴、在学校惹事、逃课、离校出走等问题。

2. 品行障碍

所谓品行障碍，就是指学生在品德上反复出现、持续存在，并对外界构成不良影响的行为障碍。品行障碍常见的主要由偷窃、攻击行为。

3. 性心理问题

所谓性心理问题，其主要涉及性幻想、同性恋倾向、过度手淫、恋物倾向、异装倾向以及窥阴倾向等。性心理问题的产生有着比较复杂的原因，可能是受不健康的文化传媒的影响，也可能与个体缺乏科学健康的性心理、性生理知识有关，有的还与个体价值观有关。

4. 神经症倾向

神经症强项主要是指不存在器质性病变的一组轻度心理障碍。其主要包括强迫症、焦虑症、抑郁症以及恐怖症等。

5. 人格障碍

所谓人格障碍，其主要就是指人格发展的偏离或畸形，是在没有认知或智力障碍的情况下所形成的情感、意志或行为活动的障碍。人格障碍主要包括偏执型人格、社会人格、分裂型人格、循环性人格、强迫性人格等。简单来说，人格障碍的形成比较复杂，不仅受遗传因素的印象，同时还与社会文化以及教育环境有着密切的关系。

（五）学业困难学生

一般而言，高校的学业困难学生可分为六类。具体如下所述。

其一，学习动机不足或缺乏的学生。

其二，来自西部、贫困地区和老少边区的大学生。

其三，对所学专业兴趣不足者。

其四，由于学习方法不当导致的学业失败的学生。

其五，沉迷于网络游戏等问题行为学生。

其六，学习能力不足者。

通常来说，学业困难学生有这几方面的心理特点。具体如下所示。

1. 自我怀疑与否定

学业困难学生通常由于长期受到学习不良导致学习成绩差与受周围环境评价的消极心理暗示，这使得其心理动力系统非常容易出现严重的角色偏离，最终导致他们既不能充分接纳自己，也非常容易对自我产生怀疑与否定，自卑心理严重，也很容易陷入存在性危机而无法自拔。

2. 心理冲突加剧

一般来说，学业困难学生普遍存在着强烈的心理矛盾与冲突。一方面，学业困难者经常由于家庭的渴望、社会的压力与学校的要求，从而产生很强的上进心里，同时还渴望出类拔萃；但在另一方面，他们由于意志力不强等各种主客观原因的存在，从而使他们感到无力摆脱目前的现状，消极怠倦，终日得过且过。学业困难者的这种不稳定的心理状态使他们很难承受外界刺激，也比较容易陷入心理危机。

3. 强烈的疏离感

一般来说，学业困难学生通常总会有意无意中遭受同学的排斥冷遇，从而使其游离于班集体之外，无论是入党、还是评优、受表彰等，都会因为不良学业成绩而受阻。这使得这些处于边缘位置的学业困难者有一种强烈的自我保护意识，从而在内心形成“反控制”心理，同时对外界还抱有一种谨慎与警觉的态度，尤其是当不良的学业成绩遭遇外界生活事件的碰撞时，又缺乏良好的社会支持，这很有可能会引发心理危机。

（六）毕业生群体

通常来说，毕业生是大学生群体中压力最大的一个群体。在面对就业、生活模式。以及职业生涯规划等重大问题上，都面临重重压力。毕业生群体的心理特点主要表现在以下几个方面。

1. 焦虑

焦虑心理，这是毕业生在就业过程中极为常见的一种心理反应。面对严峻的就业形势、纷繁复杂的社会环境、激烈的行业就业竞争、以发展为重还是以待遇为重的冲突、社会需要还是个人专业的矛盾，以及是否能够适应并胜任工作，这些担忧都会使大学毕业生产生一种深深的焦虑。

一般来说，适度的焦虑会促使大学生产生一定的动力，从而激发自身的潜能。然而，过度焦虑则有可能会使他们失眠、注意力分散、身心疲倦、判断力下降、心浮气躁，从而严重影响了潜能与才华的发挥，也阻碍了正常择业的顺利进行，甚至是使其陷入了严重的心理危机之中。

2. 迷茫

大学毕业生在择业过程中会产生一种迷茫心理。这是因为，大学毕业生难以对自身进行科学合理的定位。在经历了漫长的求学生涯后，他们非常渴望能偶在社会找到自己的一席之地，然而，他们并不清楚自己究竟想要什么，想干什么，又需要什么，对自己的兴趣特长、专业范围以及实践能力等都缺乏正确判断。然而，他们又不能对现状置若罔闻，停滞观望，因而，他们中的大多数人事实上都处于一种随波逐流、乱闯乱入的状态，因而免不了陷入一种四处碰壁的迷茫情绪中。

3. 自负

自负主要表现为自我评价过高。一些学生就读名校或是热门专业，或认识自己各方面都比较优异，因而产生了一种自负心理，自我预期过高。从而出现好高骛远、眼高手低；有的学生有许多机会却不知如何选择；而有的学生却总是频繁违约，这山望着那山高。据调查显示，尽管相当一部分大学生都认识到了当前就业形势的严峻性，然而，当到了实际找工作时，却由于不愿下基层，因而对工资水平、对职位都要求过高，从而导致人才供需错位。可以说，这些都是阻碍大学毕业生就业的主要原因。

4. 盲目攀比

一些大学毕业生由于缺乏正确的定位，在这也选择中并没有可比性，而一些毕业生则由于争强好胜、虚荣心较强，攀比心严重，这使得他们唯恐自己不如别人，而一旦感到自己的单位与别人相比差一些，心理立马就很不平衡，从而产生憎恨、抱怨、愤怒等复杂的情感。从而频频违约。

从上述分析便可以看出，当代大学生普遍诚信意识比较淡薄；而在另一方面则是由于攀比心理作祟。许多大学生总是在这种不断的权衡与盲目攀比中而一次次丧失了机会，从而错失就业良机。

一些大学生尽管在求职过程中会将“发展空间”作为择业的第一选择，然而到最后薪资却成为了最现实的问题。尤其是看到周围同学比自己的薪水多，于是子啊攀比心理作祟下，便认为毁约是顺理成章的事。

5. 自卑

毕业生在求职中也很容易产生自卑心理。一般来说，自卑心理通常会在性格内向、成绩一般、专业冷门、学校一般的学生当中出现。当面对激烈的就业竞争，这些毕业生往往对自己的知识水平与专业能力过低估计，从而不能从容地面对用人单位的考核。一旦求职受挫，这些学生便会意志消沉、悲观失望，从而对自己失去信心，甚至对未来的求职产生恐惧心理。

一般而言，自卑不仅会使毕业生难以大方地展示自己，同时还会抑制其自身聪明才智的正常发挥。而过度的自卑则会使大学毕业生产生心理扭曲、精神不振等现象。

除此之外，那些优秀学生也会存在“心理综合症”，其主要表现在这几个方面：一是不允许自己失败，过分追求完美；二是对自己的缺点、弱点与消极面过分关注，在自我认知与评价方面过分苛刻；三是对别人苛求，对失败与挫折的承受力低；四是对他人的评价过分关注。

第四章

高校大学生心理危机干预工作体系和学校环境保障

高校大学生的心理危机干预是一项复杂的系统性工程，涉及方方面面的内容。因此，高校首先应当建立好心理危机干预工作体系。

第一节　高校大学生心理危机干预工作体系建立

一、建立大学生心理危机干预工作系统

大学生心理危机干预工作系统主要由学校心理危机干预领导小组、大学生心理健康教育与咨询中心、各学院心理危机干预小组构成。

（一）建立学校心理危机干预领导小组

学校心理危机干预领导小组的成员主要由主管学生工作的校党委副书记任组长，党委办公室、校长办公室、教务处、保卫部、宣传部、总务处、学生处、研究生院（部）、校医院、大学生心理健康教育与咨询中心等部门的负责人构成。学校心理危机干预领导小组的主要职责是定期开会研究工作，制订相关工作计划，并组织实施、检查；负责协调处置心理危机事件及其后续工作。

（二）建立大学生心理健康教育与咨询中心

大学生心理健康教育与咨询中心是在学生处或学院负责人的带领下，具体负责学校心理健康教育与咨询服务工作的专门机构。其人员由主任、专职咨询人员、兼职咨询人员等

共同组成。其基本职责是：制订不同年级心理健康教育的计划；逐步配齐心理咨询室的硬件设施；培训心理咨询人员，要求咨询人员具有系统的心理学知识及咨询技巧，具有敬业精神；协助和指导辅导老师、学科教师和班主任开展各项辅导工作。

（三）建立各学院心理危机干预小组

学院心理危机干预小组的组长一般由各学院主管学生工作的党委副书记担任，以下所属成员主要为辅导员（班主任）、学院教务人员、行政人员。他们的主要职责就是具体落实和实施心理健康教育、心理危机排查与干预工作。

总的来说，大学生心理危机干预工作系统具有危机的预防和干预两大职能。其一方面要对大学生的一般心理状况进行调查和了解，并在此基础上建立心理档案，密切关注学生心理发展的动态，筛选并重点监控高危人群，预约来访，以减少大学生心理危机的产生；另一方面要有效应对突发危机状况，并采取快速有效的行动，尽量减小危机的危害程度。

二、建立大学生心理危机干预的运行机制

构建大学生心理危机干预工作体系，不能仅仅认为有大学生心理危机干预系统就可以了，还需要建立较为广泛的工作网和通畅的运行机制。运行机制是使大学生心理危机干预系统的作用得到充分发挥的关键，完善和健全这一机制能够确保个体得到更好的救助。

大学生心理健康教育与咨询中心是运行机制的枢纽，与校内学生处、校医院、校保卫处等机构保持着一定的联系；与校外医疗服务机构、公安部门形成相应的工作网（图4－1）。该运行机制要确保在危急情况下各个网络结点之间的有效畅通，使个体及时得到预警、帮助和干预。如今，很多高校都建立了学生个体、宿舍、班级、学院、学校的五级心理危机干预工作体系，主要用以确保危机预防教育渠道和危机干预快速反应通道的畅通。

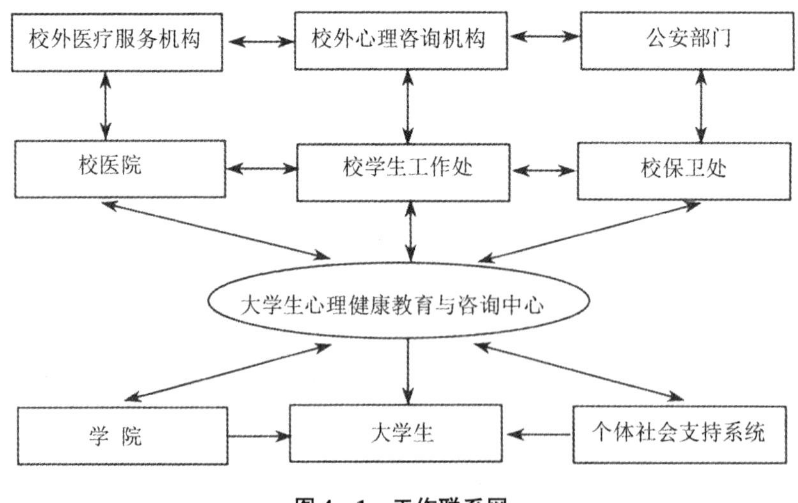

图4－1　工作联系网

三、建立顺畅的大学生心理危机信息反馈系统

为了使大学生可以更好地摆脱心理痛苦，度过心理危机，重新获得心理上的平衡，就有必要建立一个畅通、高效的大学生心理危机信息反馈系统。通过系统能够及时地对大学生的心理信息进行搜集，对大学生的心理现况进行分析，及时发现可能出现或者是正在遭遇心理危机的大学生，进而采取有效的心理危机干预措施。

要建立大学生的心理危机信息反馈系统，就必须要做好以下几个方面的工作。

（一）建立大学生心理危机信息层级沟通机制

在现代社会中，高校大学生心理危机现象十分常见。在这种环境下，各大高校应当建立"班级—学院（或者院系）—学生心理健康教育与咨询中心"三级的大学生心理危机信息沟通机制。在这一沟通机制中，可在每个大学生的班级中设立"心理委员"，学院或者院系配置一名"心理辅导老师"，然后将他们与大学生心理健康教育与咨询中心紧密联系，这样就能实现心理危机信息的快速传递，及时发现问题，并予以诊断和处理。

（二）制定大学生心理咨询跟踪服务制度

相关心理危机咨询者对于前来咨询的大学生进行心理危机类型以及程度的评估后，应当根据具体情况心理咨询跟踪服务制度，特别是对存在严重心理问题的大学生，需要建立长期的咨询或者是转介治疗，更要采取长期跟踪服务。

四、构建大学生心理危机预警机制

构建大学生心理危机预警机制也是大学生心理危机干预工作体系建立中的一个重要组成部分。大学生心理危机预警机制的建立及有效运行，能够遏制潜在的或即将发生的心理危机。显然，心理危机预警对象主要是存在心理危机倾向的大学生。

（一）建立大学生心理档案

高校构建大学生心理危机预警机制，首先应当做好的一件事就是建立大学生心理档案。因为，心理危机干预工作者一般与学生没有经常接触的机会，班级干部、辅导员等对学生的心理问题也不易及时觉察，而通过建立心理档案，定期对大学生进行专业化心理测验，能及早发现学生的心理问题，为危机干预提供重要的预警信息。

1. 大学生心理档案的内容

丰富完善的大学生心理档案主要包含以下几方面的内容。

（1）学生基本情况。这方面的内容具体包括大学生的姓名、性别、出生年月、民族、政治面貌、年级、专业、宿舍及联系方式、身体健康状况、兴趣爱好、人际交往状况、对自己目前情况的满意度、入学以来学习情况、既往病史、入校前就读学校类型、中学学习情况等。

（2）家庭情况。这方面的内容具体包括家庭结构、家庭教养方式、家庭氛围、父母的受教育程度、亲子关系及质量、家庭的社会经济地位、家族病史与自杀史等。

（3）个人生活事件。个人生活事件主要指的是大学生生活经历中对其产生重大影响的生活事件。例如，亲人亡故、父母离异、考试失败、失恋、交通事故、被人误解、经济困难等。

（4）专业求助记录。这是指大学生在之前是否接受过心理辅导与咨询、咨询时间、问题及症状、观察印象、交谈情况、处理意见、辅导效果评价、反馈信息等。

（5）心理测量结果及综合评定。这主要包括使用的量表、心理测量时间、施测量表、心理测量得分和结果记录、测量结果综合评定及辅导建议等。

上述五个方面的内容可谓是大学生心理档案中必须包括的内容，如果要完善该档案，创建者还应当注意获取大学生的智力状况、学习心理、职业能力倾向、择业期望等信息。

2. 建立大学生心理档案的原则

在建立大学生心理档案的过程中，创建者一定要遵循以下几个原则。

其一，科学性原则，即要选取科学的测量工具，要客观公正地收集信息，要运用现代技术存储、分析和管理信息。

其二，保密性原则，即严格保密信息，信息除学生本人具有知情权外，仅限于专业人员研究和评估之用。

其三，动态性原则，即档案中的信息要随时更新，要用发展的眼光看待学生的心理问题。

（二）构建大学生心理危机三级预警网络

构建大学生心理危机预警机制，除建立大学生心理档案，筛选高危人群外，还应构建学生骨干、辅导员、专业人员三级预警网络（图 4-2）。构建这一网络，不仅能够完善大学生心理危机预警信息的处理和汇报制度，还能够有效激发教职员工、广大学生参与学校危机干预工作的积极性。如此，对有心理危机的大学生，便能做到及早发现、及早预防、及时疏导。

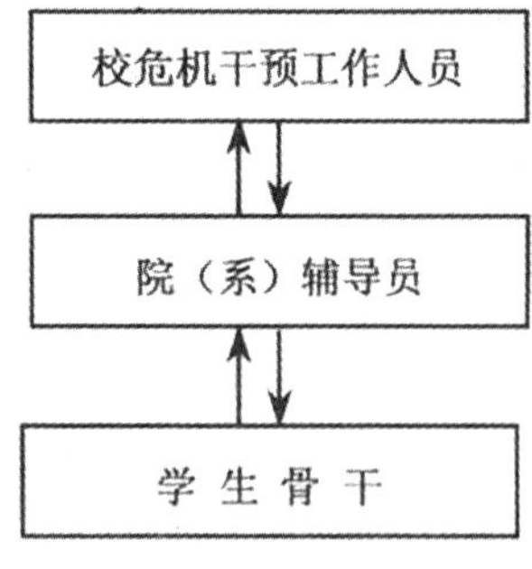

图 4-2　三级预警网络

1. 一级网络

一级网络主要由广大学生构成。其中，班级学生干部、学生党员要做好带头作用，要发挥其骨干作用。对于接受干预的危机当事人，学生干部要做好跟踪援助工作，发现异常情况及时汇报，避免事态的进一步恶化，同时还要帮助当事人逐渐恢复心理平衡，渡过

危机。

对于一级网络中的大学生，高校应当注重向他们普及危机预防和干预的基本常识，加强他们思想和感情上的联系和沟通。

当前阶段下，很多高校已经设立了班级心理委员、心理保健员、心理信息员，专门负责班级学生心理危机的发现、汇报、控制和跟踪工作，以及宣传危机预防知识。

2. 二级网络

二级网络主要由学院辅导员及学生管理人员构成。辅导员与学生管理人员应接受高校定期举行的心理健康及危机干预培训，要熟悉危机症状，及时发现学生的异常问题，与校危机干预中心进行协调，尽可能实施干预，并负责与学生家长建立联系。

3. 三级网络

三级网络主要由学校专业危机干预人员构成。他们的职责主要是根据专业心理测量结果，筛查出高危人群，并将相关信息存档备案，同事向各学院辅导员发出预警信息，促使其协助大学生心理健康教育与咨询中心进行跟踪和监控。

（三）建立心理危机识别制度

只有了解心理危机的表现，才能对危机做出较为准确的识别，才能确定个体是否需要帮助。因此，在构建预警机制的过程中，高校还应建立一定的心理危机识别制度。一般，心理危机干预工作者可根据以下情况识别心理危机干预的对象。

(1) 对存在下列因素之一的学生，应当作为心理危机干预的高危个体，予以特别关注。

其一，在心理健康测评中筛查出来的有心理障碍或心理疾病或自杀倾向的学生。

其二，学习压力特别大且出现心理或行为异常的学生。

其三，遭遇突然打击和受意外刺激（如家庭发生重大变故、身体发现严重疾病、遭遇性危机、感情受挫及受辱、受惊吓等）后出现心理或行为异常的学生。

其四，患有严重心理或精神疾病的学生，如患有抑郁症、恐怖症、强迫症、癔症、焦虑症、精神分裂症、情感性精神病等疾病的学生。

其五，性格有明显缺陷，如孤僻、内向、与别人缺乏正常的情感交流；有强烈的罪恶感、缺陷感或不安全感的学生。

其六，出现严重适应不良导致心理或行为异常的学生，如新生适应不良者、就业困难的毕业生等。

其七，有严重网络成瘾行为而影响其学习及社会功能的学生。

其八，与严重自杀或他伤事件（人）有密切关联而受到影响，产生恐慌、担心、焦虑不安的学生。

其九，存在明显的攻击性行为或暴力倾向，或其它可能对自身、他人、社会造成危害的学生。

其十，其他学生心理健康教育指导中心认为有必要进行心理危机干预的学生。

（2）对发出下列警示讯号的大学生，应当作为心理危机的重点干预对象，及时进行危机评估与干预。

其一，谈论过自杀并考虑过自杀方法，包括在信件、图画或乱涂乱画的只言片语中流露死亡念头的学生。

其二，不明原因突然把自己的财物或存折交亲友或同学保管，突然给同学、朋友或家人送礼物、请客、赔礼道歉、述说告别的话等行为明显改变的学生。

其三，情绪突然明显异常的学生，如特别烦躁，高度焦虑、恐惧，易感情冲动，或情绪异常低落，或情绪突然从低落变为平静，或饮食睡眠受到严重影响等。

五、构建大学生心理危机应急处理机制

在整个心理危机干预工作系统中，心理危机应急干预工作是核心部分。为了降低危机当事人对自己、对他人和对社会的伤害，高校必须构建心理危机应急处理机制，以面对大学生重大的恶性心理危机。通常，应急干预措施包括心理危机阻控、心理危机咨询和心理危机监护。

（一）心理危机阻控

心理危机阻控一般由学校的心理危机干预小组进行，小组的成员主要包括学生处、大学生心理健康教育与咨询中心、宣传部、保卫处、校医院、教务处、各系部等部门的人。干预小组必须制定详细的阻控预案。一旦有学生因心理危机引发自伤自毁、伤害他人等突发事件时，心理危机干预小组应在第一时间赶赴现场，及时采取正确的阻控措施，以免事件向更糟的方向发展。

（二）心理危机咨询

为了帮助危机当事人尽快摆脱危机状态，学校应专门设置咨询室，开展心理危机咨询工作。咨询的人员必须了解并掌握心理学、精神病学的相关知识，会使用各种咨询技术和技巧。在咨询过程中，咨询人员首先要准确判断当事人的危机程度，然后根据心理危机的严重程度制定符合实际的咨询和帮扶方案，帮助大学生解除或降低危机状态。

（三）心理危机监护

心理危机监护，是指根据应急干预对象的个人特点以及危机程度制定监护措施，防止意外事件的发生。对于不同情况的危机当事人，应采取不同的监护措施。例如，对有自杀意念但能正常学习的学生，应由班主任、心理委员为主组成的监护组负责及时了解该学生的心理与行为状况；对心理或精神疾病治疗期的学生，应由家长陪伴监护到医院治疗，班主任、辅导员积极配合；对精神障碍发作、发生严重自残、实施自杀或伤害他人行为的学生，应通知学生家长及时送往医院治疗。在与学生家长作安全责任移交之前，应由学院主管领导、辅导员、学生干部组成监护组实施 24 小时特别监护，或直接转介专业医院。

六、组建高效的心理危机干预队伍

大学生心理危机干预工作是一项具有高度专业性的系统工作，并不是任何人任何机构都能够胜任，也不是仅凭热情就能够保证工作的质量的。所以，进行大学生心理危机的干预工作，必须要建立一支高效的大学生心理危机干预队伍。这就有必要对参与干预的工作人员进行相关的知识以及技能培训。具体来说，需要从做好以下两项工作。

（一）加强心理危机干预工作者的教育与培训

心理危机干预工作者既包括专业的心理危机干预人员，也包括教师（学生的辅导员、班主任等）、学生骨干等。加强心理危机干预工作者的教育与培训，应当面对的是这些人员。对不同的干预工作者所进行的教育与培训应当有所区别。

其一，对心理危机干预专业人员应当进行专业的培训与训练，进一步提高其心理危机的识别、干预能力。

其二，对教职员工进行教育与培训，应当重点普及危机预防干预知识，促使其关爱学生生命，提高心理危机的识别、干预能力。

其三，对学生进行教育与培训，重点是开展多种形式的心理健康教育和生命教育，普及心理危机预防干预知识，促使学生自觉维护心理健康，珍爱生命，积极参与学校的心理危机预防干预工作。

（二）提高专职心理危机干预工作者的个人素质

专职心理危机干预工作者是心理危机干预队伍的主心骨，因此，对他们的要求也就相对较高。高校无论是挑选专业心理危机干预工作者，还是培养专业心理危机干预工作者，都应当十分注重他们的个人素质。

具体来说，高校中的专业心理危机干预工作者所应具备的个人素质主要包括以下一些。

1. 道德素质

这是非常关键的一个个人素质，主要指心理危机干预工作者在干预工作中应当诚实，以当事人利益至上，为当事人保密，满足当事人知情选择权。

2. 丰富的经验

专业的心理危机干预工作者应具有丰富的生活经验。这一素质能够让他们在危机面前，更成熟、乐观、坚韧和坚强。

3. 镇静的心态

心理危机干预工作者在面对那些失去了理智控制的当事人时，应具有镇静的心态，应该能够努力使情况处于自己的控制之下，从而更好地帮助危机当事人。

4. 充沛的精力

心理危机干预工作是一项需要花费很大精力的工作。心理危机干预工作者一定要具备充沛的精力，以始终如一地、真诚、热情地帮助危机当事人。

5. 灵活性与敏捷性

专业的心理危机干预者应当能够面对危机中不断涌现、不断变化的问题做出迅速的反应和处理。

6. 换位思考能力

换位思考能力也是专业的心理危机干预者所必须具备的一个素质。由于危机当事人可能来自不同的文化、社会经济背景，会表现出不同的行为和态度。因此，心理危机干预工作者要能够从当事人的角度理解其所处的现实环境，从而帮助当事人更好地渡过危机。

7. 自我反省能力

心理危机干预者有时候也会因自己的原因做出不恰当的行为，如由于情绪的波动，而将咨询当作宣泄自己情绪的场所；由于当事人表示出的“阻抗”，而忽视当事人的情感表达，采取疏远和冷漠行为等。这就需要其具备自我反省能力，时刻反思自己的行为是否恰当，是否不利于当事人恢复心理平衡。

第二节　高校大学生心理危机干预的工作阶段

大学生心理危机干预工作是一项较为复杂的活动。要想获得较好的干预效果，就应当循序渐进地做好每一个阶段的工作。具体来说，高校大学生心理危机干预工作主要有以下几个阶段。

一、明确问题阶段

实施大学生心理危机干预工作，首先要进行的就是明确心理危机大学生存在的问题。在这一阶段，危机干预者可通过开放式的问题以及积极的倾听来收集信息。收集信息时，危机干预者需要注意以下几点。

其一，做出认真准确的判断。有时候，心理危机大学生会透漏出某些和语言信息不同的非语言信息，干预者一定不能忽略非言语信息，而只关注言语信息。

其二，干预者在收集信息的过程中还应帮助心理危机大学生改变不合理的思想认知，指出其自身存在的问题与事件以及周围的环境之间的关系，并围绕问题的核心将各方面的问题澄清，明确迫切需要解决的首要问题是什么。

其三，对有严重心理危机，又具有高度情绪化或者是防御性的大学生，危机干预者应该避开回答那些与问题太远的话题。

二、报告信息阶段

高校要建立起通畅的大学生心理危机信息的反馈机制，随时掌握大学生心理危机的动

态。有人一旦发现心理危机情况，应立即向所在班级的班主任或者是辅导员报告，班主任以及辅导员要迅速向学院的心理危机应急处理工作小组组长报告，该组长要立即向大学生心理危机评估与干预工作办公室的主任报告，办公室主任则根据大学生心理危机严重的程度酌情向大学生心理危机干预工作领导小组及时汇报。

三、监护阶段

在信息报告完，等待实施心理危机干预措施之前，尤其是在与大学生的家长做安全责任的移交工作之前，学院“心理危机应急处理工作小组”应对心理危机当事人进行 24 小时的特别监护，对心理危机特别严重的，学院“心理危机应急处理工作小组”组长要安排学院相关人员协助保卫人员进行 24 小时的特别监护，或者在有监护的情况下送到医院接受进一步的治疗。

这其实是为了保证心理危机当事人的人身安全，将对心理危机当事人以及对他人的危险程度、致死性、失去能动性等降低到最小的程度。其实，不只是监护阶段，在接下来的任何一个阶段，都要时刻注意安全问题。

四、通知家长阶段

在对心理危机大学生进行即时监护的同时，高校相关学院的“心理危机应急处理工作小组”应该以最快的速度通知其家长或者其他监护人来校，与学校共同商议进一步的处理措施。在这一过程中，学院就要做好相应的记录。

五、心理危机阻控阶段

学校的心理危机干预小组应组织各学院对可能引起心理危机扩大或者是激化的人、物、情境等，进行必要的消除或隔绝。对于学校可以进行调控的某些可能引发其他学生心理危机的刺激物，高校应协助相关部门及时地阻断。当然，有时候为了提高大学生的安全感，也可让大学生得知危机事件的始末以及目前的情况。

六、提供支持阶段

在该阶段，干预工作者要与心理危机的大学生进行一定的沟通与交流，要通过使用积极的、关心的、接受的态度，让大学生认识到干预者是能够给其提供支持以及帮助的。在大学生充分信任干预工作者的基础之上，干预工作者要帮助大学生探索替代危机的解决办法，并转化成积极而具建设性的思维模式，让其意识到还有很多可以变通、可供选择的方式与方法，促使大学生采取积极的行动与努力，获得社会的广泛支持。

七、制订计划阶段

当心理危机大学生通过一定的行动和努力，获得社会的支持与认可之后，心理危机干预工作者就应该引导大学生共同制订下一步的行动计划，从而逐步恢复大学生的心理失衡状态。计划的内容主要包括具体的行动步骤以及能提供及时帮助的个人、组织团体与机构。值得注意的是，计划的制订一定要考虑切实可行性，要充分考虑学生的应对能力。

八、实施治疗阶段

在制订了具体的计划后，干预工作者就可以进行有针对性的治疗了。在该阶段，干预者可按如下情况进行治疗。

其一，对可以在校坚持学习但需要辅助一定的药物进行治疗的大学生，学院应该和学生家长商定详细的监护措施。

其二，对需要住院接受治疗的大学生，干预者应与家长一同将学生送至专业精神卫生机构治疗。

其三，面对一般的大学生心理危机，干预者和存在心理危机的大学生应该共同地努力，通过制定的具体行动假话来逐步地解除大学生的心理危机。

其四，对一些严重患有抑郁症、存有消极观念以及行为的大学生而言，要尽早转介到专科医院进行治疗，使心理危机大学生的病情能够迅速得到控制，防止其自伤以及自杀等恶性事件在校园内的发生。

九、获得承诺阶段

这是大学生心理危机干预的最后一个阶段。在该阶段，主要任务就是帮助心理危机大学生向干预者承诺采取确定的、积极的行动步骤。这些行动步骤必须是心理危机当事人自己愿意采取的，也是具有可行性的。干预者从当事人那里得到诚实、直接而适当的承诺，可以说是结束心理危机干预之前的重要一步。

第三节　高校大学生心理危机干预的学校环境保障

大学期间是大学生形成人生观、道德观、价值观的关键阶段。对于大学生而言，在学校的时间占据了他们所有时间的绝大部分。因此，学校里的一切都对他们有着深深的影响。尤其是他们接触最多的老师与同学，往往在生活和学习中能给他们及时的支持与帮助。很显然，高校这一环境对大学生心理危机干预是起着非常重要的作用的。总的来说，

高校大学生心理危机干预的学校环境保障可从以下几个方面去体现。

一、强化高校的师德建设

师德，即教师的职业道德。我国自古就比较重视师德问题。因为教师的一言一行都极大地影响着学生，有时候甚至影响一生。在高校中，教师不仅要承担教书这一重任，还要承担育人这一重任。这就使教师在具备丰富的专业知识的同时，还应具备高尚的道德品质。总之，高校教师要能够以言传身教为学生道德品质的养成树立正面的榜样。强化高校的师德建设，以下几个方面应当是值得注意的。

（一）完善教师的选拔及评价制度

以往在选拔、评价教师时，总是执行着一种表格化的制度——“教师＝学历＋职称”。这显然忽略了对教师来说最为关键的道德品质。这会致使教师形成功利主义、实用主义的作风，对学生产生非常不好的影响。改革教师选用、评价机制，就是要高度重视师德，倡导教师以高尚的人格、规范的言行熏陶、陶冶学生，以心灵感染心灵，在与学生的交往中倾注人文关怀。

（二）提高教师的人格修养与心理健康水平

师德发展往往会历经由他律向自律的转化过程。这种转化过程实现的关键，就在于教师自身的体验和感悟。师德自律，即教师对某一种社会规范形成内心的认同后，自觉地内化为自己的道德意志和道德信念，用这种道德规范指导自己日常的行为，能动地用自己的道德信念去进行道德实践的过程。这一过程往往需要教师不断地提升自己的人格修养水平和心理健康水平。因此，高校一方面要加强对教师的自律和道德养成教育，认真组织教师学习《公民道德建设实施纲要》和《教师法》等相关法律法规，鼓励教师撰写有关人格和心理修养方面的文章，开展有关方面的学习与交流活动；另一方面，高校要建立好教师心理健康档案，定期对教师进行心理测验，并给予相应的辅导，努力提高教师的心理健康水平。

二、建设良好的校园环境

大学校园是大学生学习和生活的最重要的场所。校园环境良好能够振奋大学生的内心，激发大学生的学习热情，在潜移默化中陶冶大学生的情操、净化大学生的心灵，塑造与健全大学生的人格，从而减少大学生心理危机的发生。因此，高校要建设良好的校园环境，尤其是建设具有本校特色的、高雅健康的校园文化，从而充分发挥其积极向上的功能，改善大学生的社会心理环境。一般而言，良好的校园环境应当从以下几个方面着手。

（一）营造良好的课堂氛围

高校教师应努力通过课堂教学来营造良好的氛围。尤其是在德育课堂中，教师更是要从教学内容、方法等多个方面注重以好的氛围影响学生的内心。例如，教师在大学生德育课程中增加心理学的有关教学内容，帮助大学生了解以及掌握人格的适应以及情绪控制等的基本规律，教给大学生有关青年期心理适应的方法与技巧，帮助其改变心理品质；或者是增加有关生命教育的内容，帮助大学生更加关注个体生命的生存与发展，通过生命意识教育，体会生命的价值与意义。

在课堂教学过程中，教师要注重大学生主体性的发挥，要与大学生进行充分地互动，时刻关注大学生的内心世界。

（二）营造良好的师生交流氛围

高校教师应经常和学生进行交流，了解大学生的需要以及思想上的动态。从学习上、生活上以及心理上等多方面去真诚、真心地关心大学生，使其感受到来自教师的温暖与关怀，使其能对教师敞开心扉，进而得到有效的指导。

（三）营造良好的学生交流氛围

融洽的人际关系是抵御心理不健康的重要因素。大学生要学会主动与同学之间进行沟通，彼此之间互相帮助、信任、理解，让彼此感受到兄弟姐妹般的情谊。作为高校教师，应为大学生创造良好的、利于学生之间交流的环境氛围，让其在学习与生活过程中，感受他人生命的闪光点，丰富自身的生命，同时在互助中找到实现自己生命价值的途径。

（四）创建良好的校园文化

校园文化是整个社会文化的一个重要组成部分，它是以物质条件为基础的文化载体，是以人文为中心的精神文化。高校校园文化深深地影响着大学生的思维品质以及行为价值的形成与发展。因此，高校要注重创建良好的校园文化。校园文化内在地包含着物质文化、精神文化和制度文化。因此，高校应同时注重这三个方面的建设。

在物质文化方面，高校要完善校园中的设施、环境、教学、科研、生活等多个方面的物质条件，并赋予这些物质一定的文化内涵。在精神文化方面，高校要依托校训、校徽、校风、校史等显性或是隐性的载体，充分引导高校师生的行为、心理，使其在潜移默化中接受共同的思想引导、情感熏陶、意志磨炼和人格塑造。在制度文化方面，高校要健全和完善制度规范，加强师生的制度意识，从而促进师生的健康成长。

为了加强校园的文化建设，高校还应多开展丰富多彩的校园文化生活，如社团、兴趣小组活动以及各种规模的文娱体育活动等。这不仅能够给大学生提供展示才华的机会和平台，还能够有效促进大学生的心理健康，缓解大学生的心理压力，培养他们积极向上的生活态度。

三、完善思想政治教育

高校开展思想政治教育主要是为了培养学生的健全人格和良好心态，促进其身心的健康成长。随着时代的发展与变化，当代大学生的思想政治教育环境也变得越来越复杂，大学生群体思想文化需求日趋多样，价值取向日趋多元。因此，高校必须完善之前的思想政治教育，充分照顾到大学生日渐形成的不同需求。这就要求教育者转变教育观念，在思想

政治教育中尤其注重树立以人为本的教育理念。

首先，要突出对学生的人文关怀，把学生看成有情感、有需要的“人”，要努力在一个轻松、愉快、和谐的氛围中对大学生感兴趣的问题进行思想和政治上的引导与教育，同时深入学生的学习、生活、课外活动之中，关注大学生个体的生活细节、把握其思想脉搏和行为习惯。

其次，要不断拓展思想政治教育的途径，不断创新教育方式，有针对性进行教育和指导，把大学生的不良思想扼杀于萌芽状态，指导大学生理性地分析和解决问题，有效减少心理危机行为的发生。

四、开展挫折教育

任何一个人一生中都会遇到大大小小各种各样的挫折，如果面对挫折却没有一个正确的心态，就很容易被挫折击倒。在高校中，大学生遭遇心理危机，主要也是因为其耐挫力极差，遇到一点点挫折，便一蹶不振、怨天尤人，长期积累负面情绪而导致的。所谓挫折教育，就是指有意识地利用和设置挫折情境，通过知识和技能的训练，使大学生形成应对挫折的正确心态和耐挫折的能力。高校开展挫折教育对预防和干预大学生心理危机有着极为重要的意义。在挫折教育中，教育者关键要注意以下几点。

其一，让大学生学会坦然地面对挫折与失败，树立“失败也是我所需要的”的思想，提高抵抗失败的能力。

其二，让大学生学会科学地认识失败，树立正确的失败观念，能以平和冷静的心态来面对挫折与失败，进而从失败中获得更多的知识和经验，为走向成功不断地进行积累，最终获得胜利。

总之，高校要通过挫折教育，引导大学生提高承担来自外界环境的压力和打击的能力，学会理智调控自己的情绪，做情绪的主人，从而更好地适应环境，更好地融入社会。

五、增加积极心理学训练课程

积极心理学的有关研究结果表明，只有人所固有的积极力量得到培育和增长，人性的消极方面才能被消除或抑制。总的来说，积极心理品质的培养既是一个行为过程，也是一个心理体验过程。高校应当注意多增加一些积极心理学训练课程，让大学生学会积极主动地关心自己的心理发展，并在积极体验条件下内化形成某种品质特征；让他们的心理免疫力、心理适应力、心理承受能力得到增强；让他们学会以积极心理去面对生活上的种种挫折，并以强大的精神力量和智慧去克服挫折。

训练大学生的积极心理，对于解除大学生成长中的迷茫，帮助大学生预防与干预心理危机，确实有着非常重要的作用。高校应当大力宣传积极心理知识，通过增设积极心理学选修课程、开展励志书籍交流会、开展心理情景剧比赛活动、播放积极心理影片等方式来培养大学生的积极心理素质。

第五章

高校大学生心理危机干预的方法

第一节　危机干预的方法与步骤研究

一、危机干预的方法研究

最初，是卡普兰与林德曼首先对消除危机的原则开展了深入的研究。卡普兰通过研究，强调了以下三个方面的内容。

第一，为心理危机的当事人提供一定的信息。这是因为，产生心理危机的人，往往是因为对事情的真像存在某种偏见，产生了错觉，将自身所处的危机情境或是遇到的危机事件进行了无限的夸大，将事情想象得比事实要糟糕许多。给心理危机的当事人提供正确的信息，能够帮助其在根本上正确认识危机，减轻心理上的负担，进而正视现实。

第二，调整心理危机当事人对待危机的心态，对其心理表示理解、关注和同情，真诚地为当时人提供帮助。

第三，要使心理危机的当事人接受一定的帮助，采用“哀伤辅导”这一理论，使其将痛苦的经历进行合理的情感宣泄。

在卡普兰与林德曼之后，美国的临床心理学家贝特尔等人又进一步提出了消除心理危机的策略，其中主要包括给心理危机的当事人提供一定的精神支持、提供宣泄情绪的机会、引导乐观积极的精神、有选择地进行倾听、给出一定的委婉劝告、直接进行建议与限制等。

下面，对目前世界各国所使用的主要心理危机的干预方法进行简要的阐述和说明。

（一）灾难后的心理卫生工作策略

灾难后的心理卫生工作策略属于团体的心理危机干预方法，这一方法原是为美国国立和军人退伍事务部服务的。其具体的方法可以分为以下三个主要阶段。

1. 执行任务之前

在执行任务之前，主要的负责人员需要给予参加具体任务的人员以充分的支持和信任，并分担一定的责任；要制定好应对危机的组织预案，通过提前的预演，对各个成员的具体任务进行明确，减轻成员预期的焦虑感，建立自信心。

2. 执行任务之中

在执行任务的过程中，要保证救护人员是在两人以上，进而相互协作来共同承担相应的工作量，解决具体的工作问题，要尽可能使人员远离咖啡和酒精；在值勤人员的间歇时间给予其与家人进行交流的机会，并配备专业的心理咨询师与之共同来执行任务，利用各种方法和手段来缓解其压力，使救护人员能够减轻其心理上的压力，在值勤任务结束之后，要给每个人安排一次小组治疗。

3. 任务结束之后

任务结束之后，需要给每一位参加了任务的人员一至两周的放松时间，使其尽可能从执行任务的紧张情绪中快速解脱出来，如果个别人员出现了消沉与乏力等消极情绪，就要对其工作安排进行一定的调整，尽可能预防其在创伤之后发生应激障碍（PTSD）症状。

（二）CISD 干预模式

CISD（Critical Incident Stress Debriefing）干预模式是关键事件应激报告法的简称，最开始是由米切尔在 20 世纪 70 年代末提出来的。它出现的最原始目的是为维护面对应激事件的救护工作者自身的身心健康问题，后来则在逐渐的修改与完善中得到了较为广泛的应用。现在，这一方法已经被用来对遭受过各种心理创伤的个人的心理干预。CISD 是在教育干预理论以及危机干预理论的基础上产生的，主要包含着教育与心理的若干要素，是关键时间应激管理类别的延伸，是多要素的、综合的危机反应技术。

CISD 的工作方针就是对人类所经历的创伤性事件的症状的持久度与激烈度进行预防和减轻，以最快的迅速使个体恢复到平时状态。一般而言，CISD 可以分为非正式以及正式援助两大类型。

非正式的援助主要是由接受过专业训练的工作人员在事件的现场开展的紧急性的应激干预，其过程整体需要约一个小时的事件。而正式的援助干预则被具体分成了七大阶段，一般是在危机事件出现后的 24 小时内完成，具体需要 2～3 小时的时间。其具体的步骤包括以下几点：

（1）为当事人介绍干预小组的成员以及干预的具体过程，同其建立其相互信任的关系。

（2）要求事件的当事人从其自身的观察角度出发，对危机事件的具体事实提供信息。

（3）积极鼓舞事件当事人对与自身相关的危机事件的痛苦经历和想法进行自由表达，将自身的情绪毫无保留的表露出来。

（4）对危机当事人所处的危机事件的痛苦经历与回忆进行挖掘，鼓励其勇于承认并表达自身的情感。

（5）要求心理危机干预小组的成员对危机事件中各自的情感与经历进行回顾，目的是加深其对危机事件的认识，进而能与当事人产生更为深切的共鸣感。

（6）引导危机当事人意识到，其应激反应属于在压力之下的正常的、能够被理解的心理行为，并为其提供调整心理，促进心理健康的知识与技能。

（7）根据上述情况，对心理危机的应对策略与计划进行进一步的修改与完善。

CISD 心理危机干预模式对减轻人的由于各种事故所引起的心灵创伤，保持其内在环境的平稳，促进其身心疾病的恢复具有十分重大的意义。

（三）CISM 干预模式

CISM（Critical Incident Stress Management）干预模式是关键事件应激管理法的简称，这一模式特别强调在心理危机的干预中将家庭作为全面干预的主要组成部分，注重服务于幸存者的家庭，并将幸存者所面临的不同发展阶段的不同心理与情感状态、各个时间线与应激阶段进行研究，根据不同阶段采取不同的干预计划和策略。

纳什等人曾利用 CISM 干预模式对科威特士兵在伊拉克遭到入侵之后对其产生的应激心理进行研究。研究的结果表明认知解释能够对人所受到的创伤性事件的应激影响起到减轻的重要作用。积极的认知解释倾向与对应激事件的更加健康和有效的反应联系在一起，而消极的认知解释则与更无助、无效的反应联系在一起①。

（四）ACT 干预模式

美国的罗伯特在“9·11”恐怖事件之后，针对恐怖事件的罹难者的心理干预而提出了 ACT 干预模式。这一模式是作为一套具有连续性的干预与评估策略而存在，其中，A、C、T 分别指的是评估（assessment）、危机干预（crisis intervention）与创伤治疗（trauma treatment）。其具体的内容如表 5-1 所示。

表 5-1　ACT 干预模式

A（assessment）	评估：治疗需要评估、对公众安全和财产的威胁评估，包括治疗类选法评估（triage assessment）、危机评估（crsis assessment）、创伤评估（trauma assessment）、生物心理学和文化评估（the biopsychosocial and cultural assessment）

① Naser FA, et al. Overcoming the effects of disaster: Arationale for the Kuwaiti CISM program International Journal of Emergency Mental Health, 2001 (3).

续表

C（crisisintervention）	干预：灾难救济和社会服务的交付、关键事件应激报告的执行（CISD）、危机干预步骤的实施、强化观点和应对支持
T（trauma treatment）	治疗：创伤应激反应、创伤后应激障碍（PTSD）、创伤和应激管理的十步治疗草案（Lemer&Shelton）、创伤治疗计划和康复策略的应用

（五）心理危机干预六步法

危机干预六步法①是由詹姆士与格林兰共同提出的，主要包括了问题确定、当事人安全的保证、支持的建立、可变通应对方式的提出及验证、计划的制定、承诺的获得。

1. 问题确定

就是从危机事件的当事人的角度出发，对其所认识的问题进行理解与确定。

2. 当事人安全的保证

在进行危机干预工作的过程中，干预工作人员要首先将当事人的安全作为最主要的目标，尽可能地降低当事人对自我以及他人身心所造成的危险性。

3. 支持的建立

干预工作要想获得实际的效果，就需要危机当事人充分了解干预工作人员对其的关心与帮助，了解干预工作人员是完全值得和能够被信任的。干预人员通过对当事人的积极支持，使二者之间的交流与沟通变得顺利。

4. 可变通应对方式的提出和验证

解决危机的方式是多种多样的，危机干预工作人员需要在干预的过程中让危机当事人充分意识到，还存在很多可变通的应对方式能够被选择，进而对这些选择进行验证，保证选择的合理和科学。

5. 计划的制定

心理危机干预工作人员需要同当事人一起来制定具体的行动步骤，进而制定出良好的干预计划。

6. 承诺的获得

在制定了干预计划之后，干预工作人员需要让危机当事人对所制定的计划进行复述，进而从当事人那里获得明确的依据计划开展干预的承诺。

（六）心理危机干预七步模型

干预七步模型是由罗伯特首次提出的，主要是用在帮助那些处于急性的心理危机、应激障碍以及情境性危机的人群。心理危机干预的七步模型如图 5 - 1 所示。其具体步骤包括以下七步。

---

① 肖水源．危机干预策略［M］．中国轻工业出版社，2000

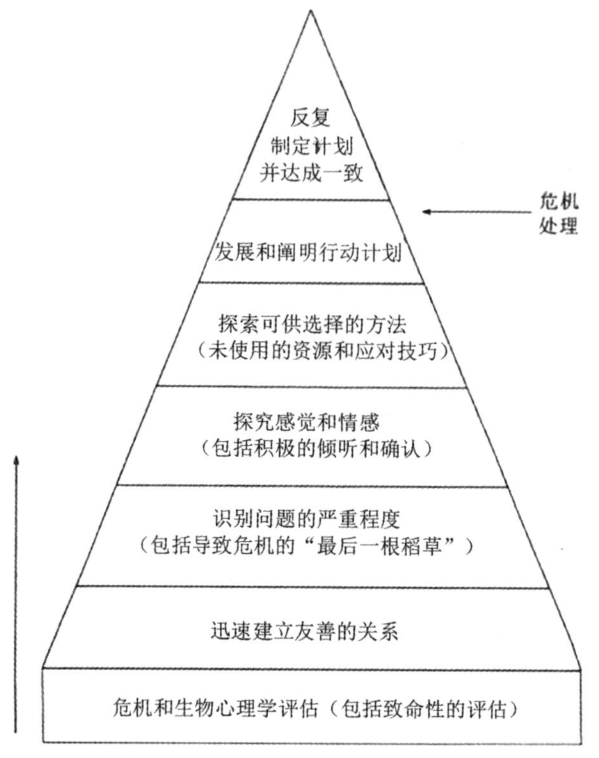

图5－1　心理危机干预的七步模型

1. 彻底的危机评估与生物心理社会评估

主要是对危险性，甚至是某些致命性的危险进行迅速评估，其中包含酒精与毒品的滥用情况、暴力杀人与自杀的危险性、消极与积极的应对策略、药物治疗的需要进行评估。

2. 快速建立友善的治疗关系

这一阶段多是与第一阶段同时进行的。这是心理干预工作人员向危机当事人表示接纳与尊敬的关键性步骤。要对危机当事人的话题表示出兴趣与关心，保持中立的态度，不对当事人的问题进行评判，排除个人的主观观点和看法，尽可能地与之建立一个良好的治疗关心，进而保证局面在自身的掌控之中。

3. 识别问题的严重程度

利用一个具有开放性的问题使危机当事人对其所遇到的问题进行描述与解释。这样以来，就能够使当事人在描述的过程中了解事情的真相，进而认识到问题的严重程度。在这一过程中，当事人能够对产生危机的某些关键性时刻以及主要的原因进行了解和认识，进而寻找有效的应对策略。

4. 通过积极的倾听与确认来探究感觉与情感

干预工作者要对当事人进行积极的关注与理解，通过有效的倾听与当事人建立友好的关系，获得彼此的信任，进而更好地对当事人的感觉与情感进行探究和分析。

干预工作人员可以采用鼓励性的话语，如“啊”“哦”等让危机当事人充分感受到对

方的聆听，这些话语性的反馈在电话干预中尤为重要。除了这一方法，在干预过程中的反应、解释以及情绪定性等都是十分有效的干预技巧，反应是对当事人所表达的想法、情感等的接受和理解，包括通过话语的重复对当事人表示理解与赞同；情绪定性主要是对当事人在话语中所隐含的情感进行总结，如“你听起来非常难过”。

5. 提供可供选择的方法

对当事人的主观能动性以及之前成功的应对机制进行识别，进而探索出可供选择的方法。干预工作人员与危机当事人之间的合作可以进一步使可供选择的资源与方法的范围扩大。因此，这就使危机干预工作者的工作应变能力，灵活性与创造性成功心理干预成功与否的关键。

6. 发展和阐明行动计划

这就是让当事人对行动计划进行阐述，给予当事人最小的限制以及最大的自主性。这一阶段的重要环节就是对可供联系的人以及转介资源进行识别，进而提供具体的应对机制。

7. 反复制订计划并达成一致

危机当事人与干预工作人员在第一次见面之后，会初步地达成一致。之后，随着计划的制订，需要二者对计划进行不断的修订，确定有效的计划内容，并实现最终的一致。

（七）心理创伤应激管理十步模型

这一干预模型是由莱纳等人提出是，主要是用在灾难之后对当事人应激反应的直接处理，其具体的步骤包括以下几个方面。

（1）对当事人自己和他人的危险性进行评估。

（2）对伤害的身体与知觉机制进行考虑和分析。

（3）对当事人的主观能动性水平进行评估。

（4）对是否需要治疗进行确定。

（5）对个体所具有的创伤应激症状进行观察和识别。

（6）对当事人进行自我介绍，对自身的角色与任务进行声明，与当事人建立良好的关系。

（7）让当事人对经历的危机事件进行陈述，进而使情绪恢复平静，正确地认识事件本身。

（8）积极而投入地对当事人的陈述进行倾听，对其表现出绝对的支持。

（9）对危机当事人给予积极而有效的，具有模式化的指导与教育。

（10）帮助当事人面对眼前的现实，着眼于未来，并提供一定的转介建议。

二、危机干预的步骤研究

虽然心理危机的干预是不存在任何既定的程序的，但是危机干预人员还是有必要对基本的干预步骤进行把握。

除了上文中提到的之外，还有许多学者都曾对危机干预的方法步骤进行过研究。高登福特曾主张，当事人如果依据下面的步骤做出思考与行动，就能取得较为良好的效果。

第一，对当事人存在的困难与问题加以明确。

第二，为当事人提出多种可供选择的具体解决问题的策略与方案。

第三，分析各个策略与方案的利弊以及其现实的可行性。

第四，选取最佳的策略方案。

第五，确定方案具体的实施程序与步骤。

第六，切实地执行方案。

第七，对方案执行的结果进行检验。

从以上的几个步骤可知，干预工作人员在心理危机的干预过程中最主要的作用不是为当事人提供多么明确的公式，而是在于对其的引导、启发、促进与鼓励。我国学者季建林在（1994）提出了危机干预四步法。① 这四步主要是问题的评估、治疗性干预计划的制定、干预治疗、危机的解决与随访。

总之，通过综合的分析与研究，以及相关的实践经验，现在将危机干预的步骤具体表述为以下内容。

（一）问题的评估

问题评估是危机干预的第一步，主要是为了对使当事人陷入危机的事件进行明确；对当事人陷入危机的感受进行认知；对当事人所具有的身心功能水平加以了解；对当事人是否具有危险性进行判断；对当事人以往所具有的危机应对策略进行研究；对能够被利用的资源进行分析。

1. 明确事件

干预工作人员首先需要了解是什么事件使当事人陷入了危机状态。这里可以通过提出某些开放性的问题，如“是什么事让你感到这么慌张?”“告诉我，发生了什么事?”等来对事情的真相加以了解。这里需要指出的是许多当事人所面临的危机问题是十分复杂的，有可能存在多个导致危机的问题，这就需要干预人员对每一个问题都进行明确的界定。一般而言，危机的主要问题与当事人所经历的最近发生的事件相关，次要问题则是在危机事件之前就已经出现的问题。在进行危机干预的过程中，需要根据之前确定的危机事件了进行，进而确定干预的主题和方向。

2. 状态界定

在第二阶段，需要干预工作人员对危机当事人所处的状态进行界定。采用一些危机评估的工具对当事人目前所具有的水平与功能进行确定，对情绪的反应及能动性的程度进行确定，并将其与出现危机前的状态进行比较；对危机当事人对事件的感受进行了解，认识

① 季建林，徐俊冕．危机干预的理论与实践［J］．临床精神医学杂志，1994（02）：116－118.

到事件对当事人而言意味着什么，其是否对事件进行了正确的认识，事件又对当事人的正常生活、学习、工作以及其身边的人产生了怎样的影响；此外，还要对危机当事人进行危险性的评估，在评估时的问题必须是确定的、特定的以及直接的，如“你在过去有没有这样做过?”“你打算什么时候来实施你的计划?”“你想过以自杀来了解这一问题吗?”通过问题，如果发现当事人具有较为严重的他杀或是自杀倾向，就要考虑对其进行精神科的会诊，甚至需要进行住院治疗，进而确保当事人自身以及他人的人身安全。

3. 应付策略探讨

危机干预工作人员可以通过向当事人询问的方式，如询问当事人在危机事件之前是否遇到过类似情况，以及其是如何处理的，在当事人对危机应对策略进行回忆时，能够帮助其自身寻找到有效的危机干预方法。

如果当事人此前没有遇到过类似的情况，那么危机干预人员就需要与其一同探讨新的有效应对策略。除了要寻求专业的帮助之外，还要对干预的多种可选择的方法进行分析和挖掘，进而为危机当事人提供尽可能多的解决问题的方式和途径，对环境资源进行充分利用，积极采用各种应对方式，利用具有建设性的思维策略和方式，同当事人之间进行以合作为主要方式的沟通和商讨，有针对性的进行危机问题的解决。

（二）计划的制订

在计划的制订阶段，是属于危机决策的重要步骤，心理学家沃瑞特与福提纳什认为在危机干预的决策阶段主要有以下几个阶段。

（1）观察：主要目的是观察危机是属于异常行为还是偶然发生的事件。

（2）区别：对与危机相关以及无关的资料进行区别。

（3）验证：通过对当事人观察和交流进行：

（4）组织：对获取的资料进行有意义的组织，形成可以使用的材料。

（5）分类：将材料具体分成有益于危机当事人恢复正常状态以及有益于交流等不同的类。

在对个体危机的引发事件、事件所具有的严重性、对危机当事人的影响、当事人现有的水平与功能等问题进行了解后，危机干预人员便可以具体考虑解决问题的先后顺序，对妨碍干预效果的因素进行分析，寻找获得最佳干预效果的办法，制定确定的目标干预计划，进而在最短时间内获得问题的解决。

危机干预的目标是为了帮助当事人消除其内心的紧张情绪，提升身心的功能至危机前的水平，帮助其完成正常的生活、工作、社交以及学习活动。干预人员对危机当事人的干预目标与计划应该直至当事人能够独立自主面对周围的环境以及学习、生活等活动内容，进而具有一定的独立性与自主性，将情绪保持在一个较为稳定的状态。

（三）干预的实施

干预的实施是整个干预步骤中最为重要，也是最为核心的阶段，在这一过程中，对危机的认识以及时机的选择等都是十分重要的内容。危机干预人员要尽可能多的提供可供选择的方法来解决问题，并将对问题的解决具有帮助的方案详细地介绍给当事人，与其进行具体的商讨。这一干预阶段需要解决的问题主要有以下几点。

1. 使危机当事人舒缓及疏泄情绪

处于危机当中的个体，一般都会存在某些因为压抑而产生的非现实的极端情感（如爱、恨与愤怒等），或者是因为悲伤而产生的自责与自我否认。危机干预人员需要对当事人表示一定的关心与理解，与之建立一个良好的友谊关系，鼓励当事人自由表达内心的思想情感，如内疚、否认、生气与悲痛等，在某些必要的时候还可以采取疏泄、放松等心理治疗的手段来帮助当事人减轻压力，使其情绪得到疏泄和缓解。

2. 使当事人正确理解当前现状

处于危机中的当事人，对当前的现状认识往往是不理性的，进而在内心产生紧张情绪。让当事人正确认识当前的现状，能够使其认识到当前的情感与心理是对危机的一种正常反应，进而理智地面对现实。但是，这里并不鼓励当事人对危机的所有含义进行关注和理解。

3. 学习应对方式

引导当事人对过去应对逆遇的成功技巧进行总结，帮助其学会新的应对挫折与逆境的方式，学会通过外界现有的资源帮助摆脱眼前的危机情境，获得一定的支持，减轻心理上的失衡现象。

4. 获得承诺

干预人员需要让危机当事人对所制定的计划进行复述，进而从当事人那里获得明确的依据计划开展干预的承诺。

（四）效果与反馈

在进行危机干预的过程中，需要对干预是否取得了预期的效果进行评估，进而依据实际的需要对干预计划进行修改与调整，进而制定出最佳的计划方案。

这一时期，当事人的情绪经过一定的干预之后，往往得到了一定的减轻与缓解，这时就要对治疗的过程进行中断，减少当事人对危机干预人员的心理依赖。在结束时，要注意对当事人新学习的应对技巧进行考察与检验，积极鼓励其在往后遇见重大逆境或挫折时加以运用，增强其面对挫折和逆境的能力，尽可能减少危机产生的几率。

此外，在结束危机干预之后，危机干预人员要进行一个小型的干预报告会，所有的参与人员将其干预心得进行交流，对自身的成功与过失进行客观评价。这样一来，既能够使危机干预人员的压力得到缓解，还利于干预人员总结工作得失，进而更好地为下一次的干预工作做好准备。而在危机干预中顺利康复的危机当事人，也要进行一个告别仪式，在心理上真正与过去告别，进而展开新的生活。

第二节　危机干预的技巧探究

一、沟通技巧

（一）接纳与关注

危机干预人员要对当事人的情感与行为无条件地接纳。其主要表现在以下几个方面。

1. 对当事人的行为与情绪进行理解

危机干预人员要对当事人所表现出来的焦虑、绝望甚至是敌意保持平静，坚持始终如一，为其营造一个可以被信任的安全的氛围，进而与当事人建立一个彼此信任的友好关系。

2. 对当事人的个人观念与境遇表示尊重

危机干预人员要想保持中立，就要对当事人的行为与看法做出一定的好与坏的评判，使其感受到自己是被接纳与尊重的，进而获得自我存在的价值感。

危机干预人员要时刻使当事人意识到其是被关注的。危机干预人员要在当事人进行叙述时，保持全神关注，认真倾听。同时，干预人员还要与当事人保持一定的距离，以45度角面对着，这样会减轻当事人的紧张与不安。

危机干预人员还要采用眼神保持、不时点头、适当言语的反馈以及微笑等方式，向当事人传递一种信任、参与和关心的态度。要注意当事人在叙述中的言语与非言语反应，建立彼此信任的良好治疗性关系。

（二）耐心倾听

倾听是使当事人拜托危机的重要环节，需要干预人员在这一过程中设身处地地理解对方的感受。倾听不仅是关注当事人的言语，还要对当事人的表情、姿势、语调与举动等进行观察。在关注的基础上还要对当事人所传达的信息进行理解，注意言语之间的前后连接，将其与生活环境关联在一起。

卡莫尔认为，咨询师能够可以通过澄清、释义、情感反馈和归纳总结四项倾听技术，加深对当事人的了解与认识①。澄清指的是危机干预人员对当事人所发出的某些模棱两可的信息进行提问，进而鼓励和引导当事人对当时的情况进行更为详细地叙述，保证信息内容的真实与准确。释义就是干预人员将当事人传达的信息中同情境、人物、事件及想法等相关的内容重新进行编排，实现对信息内的在理解，进而使当事人注意到其所表达的信息内容所显示

① 张建新．心理咨询帅问诊策略［M］．中国轻工业出版社，2000.

出的问题的实质。情感反馈指的是干预人员对当事人信息所传递的情感与感受进行重新组织，进而鼓励当事人对自身的内心感受进行倾听，提升其认识、支配和管理自身情绪的能力。归纳总结指的是对释义与情感反馈二者的延伸，干预人员将不同内的信息进行加工连接，帮助当事人将不同元素加以连接、确定共同的主题，进而对整个过程进行回顾。

危机干预人员的倾听只有在充分理解和同情当事人的基础上才能真正发挥实效。因此，如果干预人员在倾听的过程中对当事人传达的某些信息所表达的意思不能完全领会的时候，不能不懂装懂，要及时向当事人确认。这能够使当事人感受到干预人员的关注，加强彼此之间的信任，也能使危机干预人员对当事人所描述的事实以及情绪体验进行正确的理会。

此外，危机干预人员还要利用语言与动作等方式对当事人表示关注和理解，站在当事人的立场设身处地地为当事人着想，体会其内心的真实感受。依据罗杰斯的理论，情就是体验他人内心世界的能力。

（三）提问

1. 开放式的提问

开放式的提问总是要以“什么”或者是“如何”等来进行，目的是引导当事人进行更为详细而深入的表达。开放式的提问鼓励当事人对其情感内涵进行完整的叙述以及深入的表达，进而顺利因此当事人的感情、行为与思维等方面的内容。采用这一提问方式时要注意，要尽可能地避免问“为什么”这样的问题，因为这样的问题会让当事人在心理上产生防御。

2. 封闭式的提问

封闭式的提问主要是用来向当事人对某一具有或是特别的资料进行了解，对某些资料与行为进行确认，主要是以“是”与“否”来作答。封闭式的提问经常使用的词有“有没有”“对不对”“能否”“是否”等。封闭式的提问经常出现于危机干预的早期阶段，用来对特殊资料进行确定，辅助危机干预人员进行危机的快速判断。但是，如果过多地适应封闭式的提问，就会导致来访者陷入被动，因此，在实践的过程中，通常需要将开放式与封闭式的提问结合在一起。

（四）适当沉默

在干预人员组织交流的过程当中，当事人极有可能会出现较长时间的沉默，进而导致交流无法顺利进行。这时危机干预人员不必自责是自己的交流能力不强，也不要试图随意发表意见试图打破沉默，更不能急切地催促或是强迫当事人回答。

当事人在这种情况下需要一定的时间来思考问题的解决方法，无休止的说教以及连珠炮式的提问对解决危机没有任何作用，反而会导致当事人在内心产生厌烦情绪，而适当的沉默则会加深彼此之间的理解，进而达到共情。干预人员在适当的沉默当中能够给当事人传达出这样一个信息：“我能理解你的苦衷，并随时愿意帮你。”危机干预人员切忌对当事人的思考进行控制，在长时间的沉默之后，反而能够获得一些有价值的信息。干预人员要在这一段时间内，思考下面要问的问题，并对当事人的表现加以理解，进而更好地掌控当

前的局面。

（五）适度引导

干预人员要对当事人的观念、人格以及境遇等充分地尊重，不能进行任何的价值评价和判断。但是在具体的操作过程中，危机干预人员往往不得不对当事人的相关行为或情感进行判断，特别是需要干预人员对事态的发展进行积极控制的时候，常需要对当事人作出较为明确、直接而适度的指导。“适度”主要是不要在自身的情绪中流露出对当事人的喜好；不要对危机当事人的人格加以评判；对当事人的行为进行一定的价值引导；适当地采用鼓励与表扬等正面的方式对当事人进行赞赏。

（六）非言语交流

当事人除了采用语言的方式，还会通过自身的肢体语言表达出特定的情绪与情感，如绝望、忧郁、怀疑、恐惧及愤怒等。危机干预人员要对当事人的非语言信息进行积极关注，查看其与当事人的言语表达是否一致。但是，这一非言语的沟通通常带有探测以及猜测的成分，不一定就可靠。因此，危机干预人员不能过分地对当事人的肢体语言进行推测。此外，危机干预人员也要注重自身非言语性的表达，将其与自身的言语配合在一起，向当事人传递出理解与关注的信息。非言语的内容具有多种多样的表达方式，主要包括目光的接触、上身前倾、语调、动作、眼神的变化、面部表情的变化等，有时候还包括了房间的布置情况等，都能够使当事人感到平静与放松，进而对自身所处的环境产生安全感。

二、评估技巧

评估交流属于危机干预的重要内容之一，也是贯穿于危机干预过程始终的一个重要的方法之一。干预人员评估技巧的掌握情况对干预的效果有着极大的影响。从危机的产生直到危机事件的缓解与解决这一过程，对当事人的情感与心理状况进行评估是十分重要的。干预人员必须在有限的时间内对当事人所处的情境以及反应进行迅速的掌握。

宝纳德曾依据美国各个州在1987～1998年间的特大洪灾进行了研究，提出了阶段论的评估模型。这一理论主张当事人所处的应激状态的消除或者是恶化阶段，一般需要经历五个阶段。要想防止当事人应激状态的恶化，就要在48小时之内由专业的干预人员进行诊断与治疗。威斯顿则提出了环境与个人之见互动的评估模型对应激事件以及应激心理进行解释。这一模型注重对应激以及应激影响因素的理解，注重对事物所具体的多样性进行了解。童辉杰等人曾在2003年我国在“非典”十分流行的期间，提出了SARS应激反应的结构评估模型，包括三个因素：过度恐慌、防御反应和认知评价①。

在这里，我们认为，对危机的评估，应该从危机的性质、当事人的功能水平、危机应付机制与支持系统、自伤或伤人危险性、精神疾病这五大方面开展工作，进而明确干预的

① 童辉杰．“非典（SARS）”应激反应模式及其特征［J］．心理学报，2004（01）：103－109.

计划和策略。

（一）危机性质的评估

危机干预人员要首先对危机的性质进行评估，充分了解危机是属于复发性的，还是一次性的，也就是考察危机是由于慢性的生活事件所引起，还是由于某些境遇性、突发性的事件所导致的。针对这两种不同性质的危机，其干预的方式也是不同的。对于属于慢性复发性质的危机当事人，干预的持续时间往往是比较长的，因此需要长期的治疗才能完成；而属于一次性的急性或者是境遇性的危机，则需要对当事人采取直接干预的方式来进行治疗，当事人恢复到危机前的水平的时间也会比较短，也能够采取较为正常的应对机制，并对现有的资源进行有效的利用。

（二）当事人功能水平的评估

对当事人功能水平的评估，是危机干预人员对当事人当前所受的心理伤害的严重性进行的迅速判断。梅耶等人曾提出了三维筛选评估模型以及分类评估量表。三维筛选是从认知、情感与行为这三方面对当事人的功能水平进行评估（见图5－2）。其中，认知的评估主要是对侵犯、威胁与丧失内容的评估；情感的评估主要是愤怒/敌意、恐惧/焦虑、沮丧/忧愁内容的评估；行为的评估则主要包括了接近、回避、失去能动性三方面的内容。三维评估模型是一种十分快速、简易而有效的评估系统。

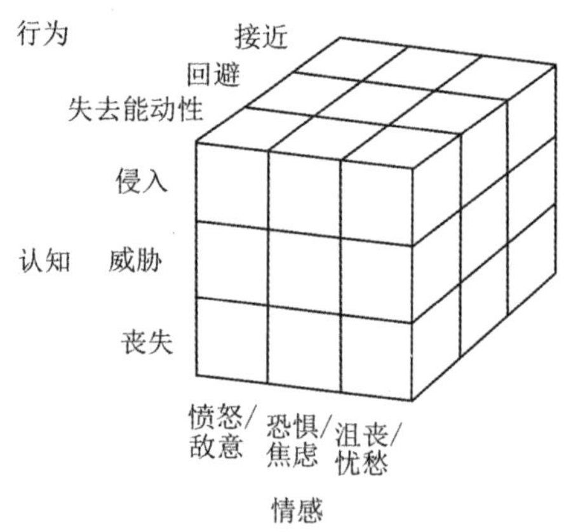

图5－2　三维筛选评估模型

在对当事人的功能水平进行评估时，危机干预人员需要首先对评估保持客观的态度。在对当事人进行评估时，可以采取提问的方式，提出一些开放式的问题，对其认知、情绪以及行为状态进行了解。如果当事人的功能水平十分的低，其就很有可能不仅对过去与现在怀有某些不恰当的认知，甚至会对未来也抱有一种消极的态度。一般而言，当事人的情绪反应越小，说明其对未来抱有的希望和信心就越低。因此，那些完全没有情绪反应的当事人比那些情绪反应较大的当事人更需要干预人员的直接关心与关注。当事人功能水平的评估结果，关系到之后的干预工作策略以及干预的程度。梅耶评估量表（见表5－2），将当事人的情感、认知、行为分成了从“无损害”到“严重损害”的六大类共十个等级。

表5-2　情感、认知、行为严重程度量表

	1 无损害	2　3 损害很轻	4　5 轻度损害	6　7 中等损害	8　9 显著损害	10 严重损害
情感	情绪状态稳定，对日常活动情感表达透彻	情感对环境反应适当，对环境变化只有短暂的负性情感流露，小强烈，情绪完全能由当事人自控	情感对环境反应适当，但对环境变化有较长时间的负性情感流露，当事人能意识到需要自我控制	情感对环境反应有脱节，常表现出负性情感，对环境变化有较强烈的情感波动。情感状态虽比较稳定，但需努力控制情绪	负性情感体验明显超出环境的影响，情感与环境明显不协调，心境波动明显，当事人意识到负性情感，但不能控制	完全失控或极度悲伤
认知	注意力集中。解决问题和作决定的能力正常，对危机时间的认识和感知与实际情况相符合	当事人的思维集中在危机事件上，但思想能受意志控制；问题解决和作决定的能力轻微受损；对危机事件的认识和感知基本与现实相符	注意力偶尔不集中，感到较难控制对危机事件的思考，解决问题和作决定的能力降低，对危机事件的认识和感知与现实情况所预计的在某些方而有偏差	注意力时常不能集中，较多地考虑危机事件而难以自拔；解决问题和作决定的能力因为强迫性思维、自我怀疑和犹豫而受到影响。对危机事件的认识和感知与现实情况可能有明显的不同	沉湎于对危机事件的思虑，因为强迫、自我怀疑和犹豫而明显的影响了当事人解决问题和作决定的能力；对危机事件的认识和感知可能与现实情况有实质性的差异	除了危机事件外，不能集中注意力。因为受强迫、自我怀疑和犹豫的影响，丧失了解决问题和作决定的能力：对危机事件的认识和感知与现实情况明显有差异
行为	对危机事件的应付行为恰当，能保持必要的日常功能偶尔有不恰当的应付行为，能保证正常必要的日常功能，但需要努力	偶尔出现不恰当的应付行为，有时有日常功能的减退，表现为效率的降低	有不恰当的应付行为，且没有效率。需要花很大精力方能维持日常功能	应付行为明显超出危机事件的反应。日常功能表现明显受到影响	行为异常，难以预料。并日对自己或对他人有伤害的危险	

如果仅仅是对当事人现在的功能水平作评估，还不能够完全了解当事人的危机严重程

度。危机干预人员还要将当事人当前的危机状态同之前的功能水平加以比较，这样就可以明显看出当事人在危机之后情感、认知以及行为的变化。危机干预人员还要对当事人的危机持续时间进行评估，查看这一状态是否是长期存在的。这里还要注意的一点是，当事人的功能水平的评估应该是贯穿于整个危机干预过程始终的重要内容。危机干预人员在实施一定的危机干预工作之后，要通过当事人的情绪与行为等的表现内容查看干预的效果，进而更好地实施下一步的危机干预策略。

（三）危机应付机制、支持系统以及其他资源的评估

在整个危机干预的过程中，危机干预人员要牢记所收集的各类相关资料，并对这些资料所具有的意义进行评价。在评估的过程中，对危机的应对机制，以及能够被利用的替代解决方法等进行评估时，要对当事人的思想观念以及自主能动性进行考虑，危机干预人员所提出的建议只能是给当事人一个参考。作为替代的各种可利用的解决方法需要将对当事人有益的资源充分加以考虑。有时候危机当事人所需要的仅仅是一个具体而微小的行动步骤或是建议，干预人员要和当事人一起商讨解决问题的方法，将问题解决的可能性列举出来供当事人选择，还要参与可能性的评价。

当然，在很多情况下干预人员的可能性评估并不会被当事人所采纳或者是付诸实施，这主要是因为干预人员只是为当事人提供建议，而不能强迫当事人去执行。对当事人来说，要想良好地解决自身的危机，就不能过度地对干预人员产生依赖，而是要依靠当事人自己来进行选择和执行。

危机干预人员在对当事人进行危机干预时，需要积极思考的问题是：采取何种行动才能使当事人恢复到危机前的水平？有哪些具体的社会团体、机构或是个人能够给予当事人一定的支持？当事人在危机干预的过程中是否会遇到社交、经济、职业或是个人等方面的困难或障碍？当事人需要采纳的行动具体是什么？

（四）危险性的评估

危险性评估主要是对当事人是否具有自杀以及杀人的可能性进行评估。虽然不是每个危机当事人都会产生这种极端的情绪倾向，但是都存在着这一可能性。因此，要对每一位危机当事人进行危险性评估。一般而言，大部分的危机当事人在出现极端行为之前，都会表现出某些特定的线索和表现，干预人员要依据这些线索和表现，对当事人的危险性进行预测。例如，中国科学院在上海的某一研究所，一名博士生在挣脱了看护同学之后，跳楼身亡。在这名博士研究生跳楼的前一天，曾写下遗书，甚至对死后的处理都十分详明的说明。因此，在看到遗书时，就应该及时向专业的心理治疗机构求助。

（五）神经科检查

当个体处于危机状态时，其体内的神经系统就会产生一定的反应，进而使中枢以及外周交感神经系统、神经传递质、下丘脑—腺垂体—肾上腺轴的内分泌等发生改变，这些神经系统方面的变化，会对人的情绪、行为以及思维产生不同程度的影响。对当事人的神经科进行检查能够及时准确的对其危机状态进行评估。

相关研究指出，许多精神障碍，包括抑郁症以及精神分裂症等都会在神经递质方面出

现异常变化，如去甲肾上腺素、多巴胺与五羟色胺。很多用来对精神障碍进行治疗的药物都会促使这些神经递质的改变。一旦精神患者停止服药，有可能就会出现暴力事件。

治疗精神障碍的药物除了对精神障碍具有作用，还会进一步对人的精神活动进行影响，改变其大脑的化学功能，导致严重的心理副反应。如果在这一时期服用其他的药物，还可能因为药物彼此间的反应对个体的心理造成损害。因此，危机干预人员要对当事人进行精神检查，进而防止药物的滥用和不必要的副作用。

第三节　创伤后应激障碍及其干预研究

一般而言，危机都是发生在人们难以提前预知的情况下，因而具有较大的杀伤力。在面对灾难性的、突如其来的事件，如我国的“11·21”包头空难、印度洋海啸、美国的“9·11”、遭遇绑架或者是强奸等自然或是人为的创伤性事件时，会对事件的亲历者以及朋友、亲属等造成巨大的心理困扰和伤害。个人在面对这些较为严重的突发性创伤事件时，极有可能出现十分严重的心理障碍。这些障碍大致可以分为急性应激障碍、调适障碍、极度应激障碍以及创伤后应激障碍四个类型。创伤后的应激障碍（PTSD）则是其中的研究热点。下面，我们将对创伤后的应激障碍症状和干预进行重点分析。

一、PTSD 的含义

创伤后应激障碍（PTSD）主要是由于某些不同寻常的，具有威胁性、突发性以及灾难性的生活事件所导致的个体的延迟出现以及长期持续的一种精神障碍。PTSD 是危机的转移状态，属于个体在创伤性事件之后产生的一种持续长期的心理影响。

无论是谁，不管其具有怎样的心理素质，在面对某些灾难性、突发性的事件时都会不同程度地产生恐惧、无助以及焦虑等消极情绪，很多情况下，这一消极反应会在一段时间之后自动消失。因此，适度的创伤性事件所产生的应激反应对人是具有一定的益处的。但是，还存在一部分个体难以克服创伤性事件所带来的影响，不能及时地处理和调节好自身的消极情绪，在事件出现后的数月甚至是数年的时间，仍然表现出各种心理障碍与不适应证，这就是 PTSD。

PTSD 这一名词的正式提出以及受到重视是由于美国在越南战争中的退伍军人。依据美国精神病协会的统计数据显示，在美国公民中，PTSD 的人群总患病率是 1% ~14%，平均患病率是 8%，其中少年儿童的患病率远远高于成人的患病概率，女性人数是男性人数的 2 倍，终身患病的危险性达到了 3% ~58%。

出现上述问题的原因，除人个体的心理素质以及人口因素之外，这一症状的发生率还要受到个体对事件的接近程度（包括身体与情感两方面的接近）以及创伤性事件的性质的影响。总的来看，人为的灾难性创伤事件要比自然灾难对人具有更大的危害和创伤性，同时，个体越接近创伤性事件，其患病的危险性和可能性也就越高。

二、PTSD 的症状及干预

PTSD 作为一种比较难诊断的心理障碍疾病，它的症状呈现具有难以识别性、复杂性，还经常容易同其他的心理障碍问题产生混淆。一般来说，以下四种类型的症状能够对 PTSD 进行确定。

（一）反复、持续地对创伤性事件进行体验

（1）在遭遇类似的创伤性事件的情境时，会出现相似的生理反应。

（2）反复地做与创伤性事件类似的噩梦。

（3）反复对创伤性事件进行回忆。

（4）反复对创伤性事件出现不切实际的幻想以及不可能的幻觉。

（二）对创伤性事件的刺激采取回避态度

（1）无法对创伤性事件的关键和重要方面进行回忆。

（2）激励避免产生与创伤事件有关联的情感与想法。

（3）情感的表达遇到限制和障碍。

（4）对有可能引发对创伤性事件进行回忆的人、事物或情境采取刻意回避的态度。

（5）对他人产生严重的疏离感。

（6）对生活中有意义的活动丧失了兴趣。

（三）警觉性提高

（1）在日常生活中难以集中注意力。

（2）出现睡眠问题，入睡比较困难，睡眠较浅。

（3）常处于高度的准备状态。

（4）情绪比较烦躁，容易发怒。

（四）功能受损

（1）出现物质滥用的现象。

（2）工作、学习、生活与人际交往功能受到了限制。

（3）精神处于痛苦的状态。

除了上述特有的四大症状以外，PTSD 还会出现抑郁、哮喘、焦虑、支气管、高血压等躯体疾病与精神疾病共同存在的倾向，进而给个体带来了难以承受的心理痛苦。

由于 PTSD 是因为创伤性事件而造成的一种慢性的心理疾患，因而，其危机的干预与急性的危机干预是不一样的。患有 PTSD 的个体需要接受长期的心理治疗才能达到治愈的效果。PTSD 可以采用多种危机干预技术进行危机干预，其中比较常见的有认知疗法、关键事件应激报告法（CISD）、眼动脱敏技术（EMDR）以及疏泄疗法等。

第六章

高校大学生心理危机干预工作系统的评估与反馈

第一节　高校大学生心理危机干预工作系统的评估

高校大学生心理危机干预工作系统的评估，主要是针对高校大学生是否存在心理危机，以及心理危机的程度等进行一定的判断。其最终目的还是要服务于高校大学生的心理危机干预。

一、高校大学生心理危机干预工作系统的评估内容

一般来说，高校大学生心理危机干预工作系统的评估内容，主要包括以下三个方面，从而了解高校大学生心理危机的情况，进而做好危机的评估。

（一）高校大学生心理危机中的自杀倾向性

尽管不一定每个存在心理危机的高校大学生都有自杀倾向，但心理危机的干预者必须在整个干预过程中，经常对他们自杀的可能性作一定的了解。这主要是由于具有自杀倾向的行为往往是形式多样的，并可能存在多种形式的掩饰。因此，干预者必须意识到每一个处在心理危机中的高校大学生都有可能存在自杀的严重倾向。

而如果要想对高校大学生的自杀危险性进行正确地评估，那么就应当对其自杀的意图或暗示进行充分地了解。心理学家海威顿就认为，高校大学生的自杀表示，通常有以下十

多种：①将可怕的想法表达出来；②向他人寻求帮助；③希望别人能够设身处地地理解自己内心的感受；④希望从挫折环境中逃离；⑤对于过去所做过的一些事向某人道歉；⑥生活失去控制却不知如何使其回到原来的轨道；⑦情况不能容忍以致其必须做些事情来改变，却不知如何去做；⑧忽然表达对别人的爱；⑨试图影响他人或使他人改变主意；⑩害怕重复他人走过的路；⑪为他人做一些好事；⑫发现对方是否真爱自己；⑬没有原因的突然表示想死。

（二）高校大学生心理危机的身心表现

在进行干预之前，应当对高校大学生所处于的危机情况进行综合的评定，如他们所面临的情感反应、认知状态、躯体反应、行为改变的程度方面的表现等。当高校大学生出现心理危机时，有的往往能够及时的察觉，但也有可能仍处于“未知未觉”之中。总之，无论是何种情形，当其面对危机时，都会产生一系列必然的身心反应，具体见如下分析。

1. 生理方面

出现心理危机的高校大学生，常常表现出头痛、失眠、食欲下降、肠胃不适、腹泻、疲乏、做噩梦、有梗塞感、感觉呼吸困难或窒息、容易受到惊吓、肌肉紧张等不良生理反应。

2. 行为方面

出现心理危机的高校大学生总是表现出不敢出门、容易自责或怪罪他人、回避问题、疏远他人、不信任别人等。

3. 认知方面

出现心理危机的高校大学生总是表现为健忘、缺乏自信、难以下决定、注意力不集中、不能将思想从危机事件上转移等。

4. 情绪方面

出现心理危机的高校大学生常常表现出持续担忧、悲伤、焦虑、绝望、麻木、恐惧、害怕、怀疑、敏感、警觉、沮丧、忧郁、易怒、无助、否认、孤独、愤怒、烦躁等不良情绪。

（三）高校大学生心理危机的紧急程度

高校大学生心理危机的紧急程度的评估，主要体现在以下几方面。

第一，心理危机出现的严重程度。

第二，心理危机的根源评定，即影响高校大学生出现心理危机的最根本事件是什么，或者是在处理危机事件过程中所出现的过渡因素，以及社会文化等其他因素。

第三，高校大学生求助者以及他人是否存在生命的危险，即是否具有攻击他人或自杀等危险性的行为倾向。

二、高校大学生心理危机干预工作系统的评估方法

高校大学生的心理危机干预属于一个动态的过程，因此，其心理危机干预工作系统的

评估也应当是动态的。在不同的心理危机干预阶段，评估的方式与方法也要按照具体的情况和要求的改变而有所改变。一般来说，高校大学生心理危机干预工作系统的评估方法，主要有以下几种。

（一）访谈

这是指对高校大学生较为熟悉的社会关系，如父母、同学、朋友、教师等进行有针对性的访谈。该方法不仅是验证高校大学生个体自述的真实性的最直接有效的办法，同时也能对其心理危机产生的原因进行深入的了解，并得出一些合理的解释。

（二）建立良好的咨访关系

在高校大学生心理危机干预工作系统的评估过程中，要和被评估的高校大学生建立良好的咨访关系。而这也是进行评估的一个重要基础。毕竟一旦处理不好双方的关系，那么就会存在来自高校大学生的较大阻抗，进而使得评估工作难以继续进行。

（三）进行心理测评

在进行心理评估时，一些高校大学生可能会有意无意地回避自己的一些敏感问题，甚至还可能会欺骗、完全否认某些存在的问题与想法。针对这种情况，评估者在向高校大学生本人了解一些情况之后，可通过 MMPI（明尼苏达多相人格调查表）心理测试、EPQ（艾森克人格问卷）等进行心理测验，以验证、发现高校大学生的性格特点、思维方式等，找出影响其心理危机的关键因素。

第二节　高校大学生心理危机干预工作系统的反馈

高校大学生心理危机干预系统的反馈，主要是为了防止高校大学生在被进行干预之后再次出现心理危机，从而帮助他们有效恢复到心理危机之前的心理水平和状态，并使其将心理危机作为一次宝贵的成长体验，以提高其应对心理危机能力的一种机制。一般来说，高校大学生心理危机干预工作系统的反馈，要遵循发展性、内紧外松等原则。而在具体的实施过程中，其主要有以下几方面内容。

一、建立良好的预后跟踪支持系统

高校应当建立起良好的预后跟踪支持系统，从而实现高校大学生心理危机的预后跟踪。这就要求：首先，高校应当对预后高校大学生的学习与生活进行妥善地安排；其次，应当给预后高校大学生配备朋辈心理辅导，从而使其恢复正常的人际交往；再次，辅导员、班干部应时刻对高校大学生的预后心理状况进行了解与关心，并与其家长保持密切的沟通，指导家长如何关心预后的高校大学生；最后，辅导员要对高校大学生进行定期或不定期的心理会谈，以巩固预后效果。

二、提供预后心理咨询与辅导

干预之后，高校大学生很可能尚难以恢复到心理危机发生前的心理功能与水平。为此，这就需要高校组织相关人员对其进行系统的、专业的心理咨询与辅导，以帮助其恢复到心理危机发生前的功能水平，并提高其危机应对的能力。

三、采取预后阻断与保护措施

阻断即要对高校大学生有可能再次出现的预后心理危机发生的人、事或情景等刺激物，进行及时的协调阻断，以消除预后高校大学生的不良刺激。而保护则是指对预后高校大学生遭遇危机之后所引起的过激反应可能攻击到的对象，采取一定的保护措施。

第七章

高校大学生心理危机干预的社会支持系统

第一节　高校大学生心理危机干预的社会支持系统研究

人一生的道路并非是完全平坦和顺利的，任何人都会遭遇到各种各样的困扰、逆境以及麻烦，处于困境中的人，都会希望获得他人的理解与支持。因此，社会支持系统的建立就显得尤为重要了。对于高校大学生而言，老师、父母、亲戚、同学、朋友，不同形式的正式以及非正式的组织等都能够成为大学生心理危机干预的良好支持源。

一、社会支持概述

（一）社会支持的含义

整个人类社会的产生是伴随着人与人之间的相互帮助与支持的，因此社会支持的概念对我们来说并非是完全陌生的。但是，作为专业术语以及科学研究的社会支持，则是从20世纪70年代正式提出来的，并没有一个确定的含义界定，而是在不同的学科之间以及学科内部具有不同的含义解释。总体而言，对社会支持含义的解释主要包括以下几种。

1. 从社会资源的作用角度

社会支持作为一个比较复杂的概念，一方面包含了环境性的因素，另一方面包含了社会个体认知等内在因素，所反应的是个体同他人之间的一种直接的相互作用。因而，社会支持的中心应该是被支持者，其他的个人与组织则需要以其为中心构成发散性的联系。从具体的操作上而言，社会支持所反映的是被支持者所拥有的社会关系的一种量化表现；从功能上而言，社会支持则是被支持者在社会关系中所获取的物质以及精神上的理解与支持。

2. 从社会行为的性质角度

韦伯斯特《新大学字典》中将“支持”定义为一种能够促进扶持、帮助或支撑事物的行为或过程；而社会支持是一种在社会环境中促进人类发展的力量或因素。

夸特利德认为社会支持属于一个复合维度，体现在个人与环境之间的三种水平关系上：一是社会支持的环境来源；二是人们在整体上的参与水平；三是社会支持能否为个体提供归属感、情感、物质以及信息等的帮助。沃林斯顿等同样主张社会支持属于一个复合结构，是个体在各种正式以及非正式的社会联系中获得的帮助、安慰与信息等。

3. 从社会互动关系的角度

社会互动关系重视人与人之间的互动关系。社会支持作为人与人之间建立的一种亲密联系，这一关系会在个体陷入威胁或是困难时，为其提供一定的物质以及精神上的支持与帮助，属于心理障碍与心理压力之间的中介因素。良好的社会支持有时候甚至能够成为个体间以及个体与群体间的一种依靠和依恋，它较为适合于对个体情感的促进、指导的提供以及个人身份与成就的反馈等。

（二）社会支持对心理健康的积极作用理论

研究者们对社会支持同身心健康两者间的关系研究已有很长一段时间的历史了。早在19世纪，法国社会学家迪尔凯姆就发现自杀和个体与社会联系的紧密程度有很大的关系。20世纪之后，社会流行病学的相关研究进一步表明社会结合程度比较低或者是被社会隔离的个体在身心健康上的水平是比较低的，且死亡率会比较高。在对精神疾病患者的心理研究过程中也发现，同正常人相比，患有精神分裂症的患者在社交面上比较狭窄，基本限于周围的亲人。同时，患有神经症的患者在社交活动上也会比较少，社会关系比较松散。还有研究表明，如果老年人在生活上有着比较密切的社会活动关系，能够大大降低抑郁症的患病率。在20世纪70年代初期，精神病学的文献中出现了社会支持的概念，有研究者表明，良好的社会支持对人体的身心健康是极为有利的。

社会支持一方面能够为处于压力状态下的个体提供一定的保护，缓冲压力；另一方面会对个体良好的情绪体验的维持具有一定的作用和意义。在对压力的研究中，社会支持对身心健康的维持以及疾病的预防所具有的重要作用和意义越来越成为众多研究者研究的对象。当前，在研究社会支持对个体心理健康的作用机理方面存在一定的分歧，主要有缓冲器以及主效果两大理论模型。

1. 缓冲器模型

个体在感知到情境的威胁或者是出现了过高要求的事件时，往往会因不适应而产生压力。个体会在不适应的情境下产生对压力的感知，进而产生一系列的反应。压力知觉所具

有的效应主要是行为适应与生理反应的唤起。虽然极少数的压力性的情境或事件并非就会引起每个个体产生强烈的应对压力的要求，但是这一压力的出现，会随着事件的不断增加，进而持续出现面对压力的需求，个体为了应对压力而对自身能力进行过分使用时就会出现不适应的情况。

缓冲影响是帮助个体应对压力事件的可利用资源的支持评估程度。① 这一模型主张社会支持只会在应激条件之下同身心的健康产生联系，对个体的压力具有一定的缓冲作用。进而减小了压力事件对个体身心健康的消极影响，避免个体在压力下出现过激行为和反应。

这一模型认为，社会支持在压力事件与个体之间扮演着桥梁和链接的角色。其主要表现在以下两个方面，一是对主观情感体验与罹患疾病之间进行缓冲；一是对压力事件与主观评价之间进行缓冲。

缓冲器模型的这一假设也获得了很多研究者们的支持。科恩与威尔士对 40 多篇社会支持与心理健康关系的文章进行综述后证实了社会支持对压力的缓冲作用。还有学者指出，个体在出现压力缓冲需要的时候立刻获得他人的帮助是社会支持缓冲压力的根本来源。这也就是说，个体从社会支持中所获得的感知比其客观所获得的对于健康的影响更大。

2. 主效果模型

这一模型主张社会支持是具有普遍性的增益作用的，其作用的发挥并不限制于个体是否出现心理应激的状况。不管个体有没有出现心理应激，是否处在压力之下，也不管个体所获得的支持情况是怎样的，只要有社会支持的加入，那么对个体而言都是有益的，两者之间属于明显的正相关关系。

社会支持的具体作用在于帮助个体维持良好的情绪体验以及健康的身心状况。这一模型关注的是社会支持对身心发展的主效应，而不对社会支持同不良的生活事件间的作用加以考虑。但是，十分确定的一点是，社会网络的融入能够帮助个体避免某些负面体验的产生，如法律以及经济上的问题等，进而有效地避免了由此产生的心理以及生理上的问题。

很多研究者把社区的参与、社会交往、朋友间的互动关系以及良好的婚姻状况等作为社会支持的重要指标，进而用来研究社会支持的主效果模型。很多研究也充分证明了社会支持同适应有着很大的关系，但这一相关会随着被试的年龄、性别以及社会经济地位等特征的变化，以及具体研究中不同纬度的社会支持（如他人的社会支持行为、对社会支持的满意程度、社会关系数量）的变化而发生改变。

一般而言，当个体拥有一个较大的社会联系网络时，能够给人带来稳定、积极的情绪体验，以及由于沟通而产生的社会性回报行为，因而社会性支持同个体的精神状态是有很大关系的。

---

① 段鑫星，程婧．大学生心理危机干预［M］．科学出版社，2006.

二、大学生社会支持系统研究

（一）大学生社会支持的主要影响因素

大学生所获得的社会支持丰富与否，与大学生个人同他人之间产生联系时所体现出的社会属性有关。这主要是受大学生个体的自我的期望水平、生物学特征、人际交往以及社会文化条件等因素的影响。下面对影响大学生社会支持获得的主要影响因素进行分析。

1. 家庭背景

有学者在对大学生的社会支持调查研究中发现，贫困学生一般较少向外界寻求社会性与工具性的支持。而有人却认为，大学生家庭经济状况对其社会支持所具有的影响仅仅只表现在客观的支持方面，与家庭的经济收入相比，大学生家庭结构的完整与否有着更大的影响。此外，父母的受教育程度对子女社会支持的获取的影响也较为突出。尤其是在主观性的支持维度上，拥有完整的家庭结构的大学生，以及父母拥有较高文化程度的大学生都会获得更多的支持。

2. 个性

大学生的人格因素会对社会支持的感知产生影响。一般而言，一个具体良好个性的大学生，会较容易获得社会支持。李慧民等人则进一步研究指出，大学生外向的个性比内向的个性获得的社会支持多，并且更容易对支持获得良好的情感体验，产生更高的满意度和利用效率。而那些情绪不稳定或具有精神质倾向的大学生则很难对社会支持产生良好的感受。

3. 性别

大学生在性别上的不同也会导致其对社会支持利用的侧重点的差异。伯克等人的大学生社会支持研究中发现女生在社会支持上更愿意选择同伴，且压力的程度以及生理心理健康问题出现的概率更高。与伯克的研究相比，学者汉德森在对937名大学生的社会支持调查研究中发现，女生在社会支持的选择上更倾向于家庭，男生则更愿意选择来自朋友的支持，且男生比女生更愿意在焦虑与学业需求等方面向老师寻求支持和帮助，也更愿意通过社会支持的利用来帮助自己获得解决问题的方法和策略，而女生则会在问题情境中通过情感上的安慰与帮助的寻求来解决问题。

4. 学科与专业

大学生学科与专业的不同，也会使其产生不同的社会支持倾向。一般认为，学习艺术、文科、师范、医学、体育类的大学生获得社会支持的水平比理工类的学生更高。这主要是因为学习体育专业的学生，更加注重团队精神，这就使其对积极的社会支持的获得有着更多的需求。而文科与艺术等专业的大学生，往往需要进行较多的社会活动与人际交往，对社会关系网的建立有一定的需求，这些对其获得社会支持具有很大的帮助。

5. 年级

学者陶沙曾对大学新生所获得的社会支持进行了调查和研究，提出大学生在入学的第一个学期的校园生活的适应过程中，社会支持在总体水平上表现出了先下降、后回升的趋势。李慧民等人则认为，高年级的大学生相比于低年级的学生在社会支持的获得水平上比

较高，但是利用率比较低。刘广珠学者的研究结果发现，在同学与朋友的支持中，以大四的学生最多；在恋人的支持中，大三与大四年级的学生会高于大一与大二年级的学生。而赵勇等人的研究成果表明，在主观的支持上，一年级的学生最高而三年级的学生最低；在支持的利用程度上，大三的学生高于大二与大四的学生但又低于大一的学生；从支持的人数来看，大一学生获得的支持数量是最多，大三与大四几乎持平，大二的学生获得的社会支持则是最少的；从支持的具体来源来看，大一学生的社会支持中来自父母的支持明显小于其他的三个年级，而来自朋友与同学的支持又显著高于其他三个年级，其中以大三学生获得的父母支持是最多的。

6. 其他因素

除了上述的五个方面的影响因素之外，大学生是否为独生子女、生源情况等也会对社会支持的获得产生影响。学者彭欣等人的研究结果表明，大学生所获得的社会支持与其是否是独生子女有很大的影响，非独生子女的大学生在社会支持上的分值要显著高于独牛子女，其非独生子女的大学生对社会支持具有更高的利用度。而在生源情况上，城市学生在客观支持上的分值会高于农村学生，在主观上的支持以及总的社会支持上的分值则会低于农村学生，农村学生对社会支持的获得有着更高的满意度以及更为积极的情感体验。

（二）大学生应激状态下的社会支持系统的调查与研究

国内外现有的社会支持的理论研究成果主要是对一般生活情境中大学生的社会支持所具有的特点进行了研究，而很少对大学生在应激状态下的社会支持系统进行研究。下面就对上述内容进行研究，进而对大学生在应激状态下的求助特点深入理解和把握。

1. 研究的方法与工具

为了对大学生在应激状态下的社会支持进行全面而深入地理解和把握，有学者曾针对300 名年级、性别、专业等各不相同的大学生进行了问卷调查。调查总共回收了有效的问卷 510 份，有效回收率是 85%。

本此调查问卷主要是由两大部分构成。第一部分是对调查对象的基本情况进行了解，涉及年级、性别、专业以及家庭的经济状况等。第二部分是对大学生在应激状态下的社会支持情况展开调查，测量的工具是使用自制的《大学生应激状态社会支持状况调查问卷》，这一问卷又具体分为三个部分，第一部分从主观支持、客观支持以及支持的利用度三个方面对大学生的社会支持所具有的特点进行了解；第二部分是从信息支持、物质支持、情感支持以及陪伴支持这四个方面对大学生应激状态下的社会支持情况进行了解和考察；第三部分则是对大学生在六种特定的情境与事件下所具有的社会支持特点进行研究，包括恋爱和性的问题、前程问题、人际关系问题、重大的突发性事件、经济问题以及学业问题。在调查之后，对回收的有效调查问卷进行了统一的编码，采用了 SPSS10.0 的方法进行了统计数据的分析。

2. 研究的结果与分析

（1）大学生应激状态下社会支持的来源及性质。在社会支持的来源问题上，大学生普遍愿意在关键的危机时刻将父母作为自己第一位的社会支持来源。朋友是大学生位居第二位的支持来源，恋人则处于第三位。剩下的社会支持来源还有其余的家人、老师、亲戚、同学等。这就充分说明，父母、朋友以及恋人是对大学生产生较大影响的群体。

（2）大学生社会支持的一般性特点。通过统计数据显示，大学生在社会支持的总体水平上比较一般，其中客观社会支持与主观社会支持的分值较高，但是对支持的利用程度比较低。在大学生的性别差异性的比较中发现，男生与女生之间在三个维度以及支持的总分方面均存在着显著的差别，女生的社会支持总分、客观支持以及支持的利用程度均高于男生，男生则只在主观支持上的分值高于女生。这也就进一步说明，男生对所获得的支持的满意程度比较高，而女生所获得的支持资源比男生多。这一差异的产生，与我国传统文化中对男女角色的社会期望值的差异存在着很大的关系。

（3）大学生在特定情境与事件下的社会支持特点。在以往的调查研究中显示，我国大学生在遇到困难情境或是烦恼时，通常只有11%的人愿意主动寻求社会支持和帮助。但从实际情况来看，这与大学生所处的困难情境的性质与类型以及烦恼的程度有很大的关系。大学生并不会一味地选择在困难情境中“独自面对”或者是“寻求别人的安慰或帮助”，而是针对不同的情况，作出不同的反应。当大学生遭遇了学业难题时，往往愿意主动求助，这一愿望倾向往往也是最为强烈的，恋爱和性的问题则是排在第二位的，人际关系的问题则排在了第三位，这三类问题是和大学生自身的成长具有极为密切的关系的问题，因此他们常极度渴望获得他人的帮助，进而对成长的奥秘进行探索，寻找解决问题的答案。

在不同的应激情境中，大学生选择的具体求助对象也是不一样的。大学生在面临重大的突发事件、经济问题以及前程问题时，往往愿意首次向自己的父母寻求支持和帮助，排在第二位的是朋友，老师则在前程问题上排在第三位、同学在重大的突发性事件上排在第三位、其他的家人与亲戚则在经济问题上处于第三位；在面对恋爱与性问题、学业问题以及人际关系的问题时，往往愿意向父母和朋友寻求支持和帮助，恋人在恋爱与性问题以及学业问题中排在第三位，同学则在人际关系的问题上排在第二位。这就一方面说明，大学生处于不同的应激状态下所需要的社会支持类型是不同的，支持的来源也会随着支持类型的不同而发生改变。另一个方面，也说明大学生对于有关自身成长的问题更愿意与同辈的朋友和同学等进行交流，在前程、经济等与家庭的整体利益息息相关的问题上则对父母和家人有着更多的依赖。

第二节　高校大学生心理危机干预中对社会支持系统的运用

高校大学生的心理危机干预离不开社会支持系统的协助，因此要对社会支持系统进行充分的运用。下面对社会支持系统运用的必要性和作用两方面进行详细的阐述。

一、高校大学生心理危机干预中运用社会支持系统的必要性

对于那些心理危机干预工作做的比较好的国家，必然需要将社会支持系统与心理危机

的干预与救治结合在一起。从我国目前的情况来看，社会支持系统在高校心理危机干预中的作用尚没有完全的凸显，需要进一步提升对社会支持系统的运用能力。其原因主要是因为高校危机干预工作存在以下几点不足。

（一）大学生不善于寻求心理帮助

在我国人民的习惯和传统中，往往选择在遇到心理危机问题时，不主动向他人寻求专业的心理援助。中国人向来将心理上的问题等同于精神上的疾病，或者是将其同个人的思想道德品质联系在一起。中国人有着较强的趋同心理，认为一旦个人的隐私遭到暴露，并与周围人的思想不一样时，就会招来周围人不一样的目光，被当成异类，甚至会出现孤立的现象。因此，中国人在心理有苦恼的时候，往往将苦恼放在心理，进行自我调节，而不会和他人诉说，这样会被他人当作“坚强”的典范。因此，这一现象可以说是有着较为深刻的文化与历史根源的。特别是中国的男性，受到传统文化的影响，男性这一性别角色的设计就要求其将情感压抑在内心，及时遇到了再大的问题和困难，也只能选择一个人来忍受。即使有些情况不得不向他人诉苦，中国人也会采用“内外有别、亲疏分明”的原则，首先向自己比较亲密的亲朋好友诉苦，而不习惯向陌生的人暴露隐私。

一项对我国大学生求助方式的调查显示，我国大学生在遇到心理问题时，同样倾向于通过自身的调节来解决问题，在不得已的时候，才会向周围的父母或者是朋友寻求帮助。因此，大学生在遇到心理危机而寻求专业心理咨询的帮助的概率是比较低的，只有很少一部分（7.8%）的学生。虽然女大学生在遇到心理危机时的求助倾向比男大学生要高一些，但是其求助的对象也主要是自己的父母，通常很少向专业的精神科医生求助。

（二）心理危机干预机制的不健全

国外早在20世纪60年代就已经出现了有关灾难的“危机管理”以及“危机干预”系统，目的是为遭受了心理创伤的个人以及有自杀倾向的人员提供一定的心理帮助和服务。美国洛杉矶建立了世界上第一条被称为“希望线”（又叫“生命线”）的心理疏导热线。从目前的情况来看，凡在北美各国以及欧洲人口在10万~20万的城市，都设有危机干预中心，其主要的工作人员是由心理学家、精神病学家、社会工作者以及护士组成。

我国内地在危机的干预工作上依然停留在起步阶段，南京危机干预服务中心作为我国建立最早的危机干预机构，是在1991年7月1日成立，在当时曾引起了不小的轰动以及国际上的关注。之后，北京心理危机研究与干预中心、四川省心理干预中心、深圳市心理危机干预中心、杭州心理危机研究与干预中心、福建省精神卫生中心干预自杀门诊等不断建立，这些机构对心理危机的预警与危机事件的处理产生了巨大的作用。在2003年的SARS疫情出现后，北京师范大学、湖南大学、四川大学等高校也成立了心理危机干预中心。但是，危机干预工作是一项系统性的工程，并非建立了一定的机构就算完成了相应的建设工作，它还需要资金、物资、人力等各方面的长期全面投入，需要广泛的参与和重视，并随之建立起一套通畅的干预网络。

根据我国目前高校以及社会危机干预机构所存在的机制不完善、人力不足、资金短缺等普遍的问题，要想实现心理危机干预机制的健全发展还需要很长一段路要走。作为一种公益性的社会组织，其运转资金需要依靠社会的支援与帮助，由于我国大众普遍对这一事业缺乏关注，因而也就很难筹集到更多的社会公益资助。我国高校危机干预机构也同样面临着这样的情况。因此，高校心理危机干预机制的建立需要依靠各个管理部门、学校领导以及全体大学生的共同参与和帮助，才能使其发挥应有的作用。

心理危机干预作为社会发展以及国家精神文明进步的重要标志，要想保证其的发展与完善，就需要有一定的制度作为保障，需要相应的组织机构以及工作人员的共同协调来完成工作。只有这样才能保证在危机事件到来后，能够调动、协调以及整合各种力量对危机进行及时而有效的干预。

（三）危机干预工作人员的不足

我国的危机干预组织机构，主要是由两大力量所组成的。

1. 专业危机干预人员不足

专业危机干预人员多是拥有专业的心理危机干预知识，接受过专业的心理危机干预培训的心理咨询师。在美国，心理咨询人员首先需要获得心理咨询的硕士学位，需要在学校心理咨询、组织心理咨询、健康心理咨询、婚姻与家庭心理咨询以及职业心理咨询等专业的领域完成了规定的实习时间与内容，并且还要通过“国家咨询者资格认定委员会”所制定的考试，拥有相应的心理咨询师开业执照。在欧洲，各个国家由于教育体制的差异，对心理咨询人员的要求也各不相同，有的需要硕士学位，有的需有博士学位。例如，荷兰要求一名专业的心理咨询人员要经过 5 ~ 7 年的学习才能最终获得硕士学位，之后还要去医院或者是诊所进行没有工资的助理工作 1 ~ 2 年，这样之后才能成为专业的心理咨询师。

2. 志愿者不足

志愿者主要是接受过一定的短期心理危机干预培训，且多是热衷于社会公共卫生服务事业或者是曾是心理危机的受害者等相关人员。

从我国高校的心理危机干预人员来看，其人员主要是三个部分：一是医务人员，二是年轻的心理学专业工作者，三是学生思想教育工作者。从总体上来看，我国高校的心理危机干预工作缺少具有熟练的专业知识的相关人员，因为导致危机干预人员力量的严重不足。

（四）社会支持系统参与危机干预的及时有效性

社会支持相比于专业的心理危机干预人员，对危机当事人有着更多的了解，因此具有较为明显的优势。

1. 营造良好的交流氛围

社会支持参与到心理危机干预中，能够免除传统的“医患”关系，减轻当事人的心理压力，进而营造良好的交流氛围，使当事人更好地宣泄内心的情感。

2. 有利于危机后日常生活的恢复

心理危机的干预人员更多的负责的是当时危机事件的干预，而危机之后的恢复则更多地需要依靠社会支持系统的帮助。有研究表明，即使接受了专业的危机干预，其效果的好

坏仍然需要在社会支持网络中得到检验和巩固，因为个体最终还是要回归到正常的社会当中。

3. 保证干预的及时性

危机干预的重要因素之一就是及时性。由于危机当事人与社会支持成员的交往一般都比较密切，因而很容易对当事人的异常行为进行察觉，干预人员通过社会支持人员也能够及时对当事人的过去经历等进行全面了解，为干预工作的进行节省了宝贵的时间。

4. 提出有效的应对方案

由于社会支持成员对当事人的了解是比较全面的，因此，能够为干预人员提供较为准确的信息，进而帮助和引导当事人采用惯常的方式来应对危机。在很多情况下，当事人在面对危机时，往往会被眼前的情况蒙蔽而暂时忘记了之前惯常使用的有效危机应对方式。

5. 为危机当事人提供情感支持

一般情况下，危机当事人会在危机面前产生一种自我受到挑战与破坏的感觉，这时候，家庭成员等社会支持能够帮助其调节自我观念以及自我感受，这是专业干预人员所无法达到的。

二、大学生心理危机干预中社会支持系统的预防机制

人的本质属性是社会性，每个人都生活在某种具体的社会环境中。对于当代大学生而言，他们往往会碰到不同程度的心理危机，在这种情况下，他们经常需要一定社会支持系统的帮助才能更好地渡过危机。具体来说，大学生危机干预中社会支持系统的预防机制主要包括学校、家庭、社会三个方面的内容。本书在这里将对大学生危机干预中社会支持系统的预防机制进行专门的论述。

（一）社会与大学生心理危机的预防与干预

1. 社会对于大学生心理危机预防与干预的意义

大学生生存在一定的社会中，必然要受到社会环境的影响。在政局稳定、言论自由、法律公平公正、经济繁荣发展、文化欣欣向荣的社会中，人们普遍会有一种安全感、幸福感，并对生活充满积极正面的态度。如果社会不安定、暴力冲突不断、人民权益遭到践踏，那么人们在社会生活中就会体验到更多负面消极的情绪，进而对现实生活失去信心。从这个角度来看，净化社会环境，营造一个有利于学生健康成长的环境，对防范大学生心理危机可以起到事半功倍的作用。

2. 社会在大学生心理危机预防机制中的作用

具体来说，要充分发挥社会在大学生心理危机防御机制中的作用，就需要做好以下几个方面的工作。

（1）建立专业的心理危机干预服务机构。在当前阶段下，针对越来越多的大学生心理危机现象，有必要建立专业的心理危机干预服务。具体来说，政府必须发挥其宏观调控的作用，出台相应的扶持政策，如可以让高校心理学教师在职称评审中享有一定的优惠政

策，使其能有更充足的时间精力投入心理危机干预这项事业。

需要强调的是，大学生心理危机干预是一项公益事业，相关组织是非营利性的机构，但是心理危机干预服务机构的运营需要必要的经费。因此，政府应该加大支持力度，进行相应的财政投资，支持相关工作的开展。

（2）加强心理危机宣传教育，发挥媒体积极作用。在现代社会中，多数人缺乏对心理危机的正确认识，因而在身边的人处于心理危机状态时不能做出准确的判断和应有的重视。所以政府及相关职能部门应该负起责任，向公众做好心理危机相关知识的宣传教育工作。

相关研究表明，媒体对于心理危机事件的不当报道，很有可能引起某些人的模仿行为，反而产生负面消极的作用。在当前阶段下，针对一些媒体为了吸引人们的眼球而做出不合理报道的行为，改进和规范娱乐界和新闻界对自杀行为的报道，是降低大学生自杀率的一个有效策略。

（3）彻底改革教育制度，转变教育职能。

第一，坚持教育育人的目的。教育的基本目的和意义应该是提高国民素质，培养德智体美劳全面发展的人才。高等教育必须要注重学生的身心是否健康、人格是否健全、是否拥有克服挫折的能力等方面的情况。

第二，完善贫困生救助体系。家庭经济贫困是造成大学生心理危机的重要因素。解决贫困大学生问题，可以切实保障贫困大学生身心健康发展，能够有效减少和预防大学生心理危机事件。

第三，建立公平公正的竞争机制。在当前我国社会中，存在着许多不公平现象，这种社会环境会导致大学生心理危机实践的发生。在社会上建立起公平公正的人才竞争机制，创造更加宽松和谐的人才成长环境，能够有效减少大学生的心理危机现象。

（二）家庭对大学生心理危机的预防与干预

1. 家庭对于大学生心理危机预防与干预的意义

每个人的成长都与其家庭教育密切相关，家庭教育对于个体健全人格的形成以及心理的健康发展都有着十分重要的影响。人们在接受学校教育之前的几年里，家庭教育对其人格形成起着主要作用，“三岁看大，七岁看老”正是说明家庭教育的重要性。

在当前阶段下，大学生普遍已经离开父母独立生活，但家庭仍对大学生的学习和生活有着一定的影响。如果子女已经出现心理危机状态，父母必须配合学校的工作，采取行之有效的干预措施，与学校共同帮助孩子积极应对摆脱心理危机的不良影响。

2. 家庭在大学生心理危机预防机制中的作用

具体来说，要充分发挥家庭在大学生心理危机防御机制中的作用，就需要做好以下几个方面的工作。

（1）完善家庭教育功能，形成良好家庭氛围。家庭的影响是大学生心理危机事件产生的一个重要原因。不合理的家庭教育会导致孩子形成不良的习惯，为培养孩子良好的心理品质以及应对挫折的能力造成一定程度的困难。因此，必须要特别重视家庭教育功能的发

挥。在家庭中，父母需要掌握科学的家庭教育理论，有的放矢对孩子进行教育。具体来说，父母之间应当相互尊重，为子女营造一个充满爱和尊重的家庭氛围，共同关心和教育孩子，尊重孩子的想法和意见，使其从自己所得到的尊重中学会自尊和尊重他人。

（2）家长加强与子女的交流沟通。当孩子出现心理危机倾向时，家长不应一味地对其求全责备，但也不能听之任之，而应当晓之以理、动之以情，使孩子学会分辨善恶美丑，让他们感到亲情的温暖，帮助他们顺利第走出困境。同时，还应当协助各方追本溯源、查疏堵漏，避免和化解各种危机。

（3）正确对待子女的心理危机。家长必须要对心理危机有一个正确的认识，克服对心理疾病的偏见，用爱和关心对子女提供有力支持。对于子女出现的心理危机现象，一方面，要与学校、老师积极配合，另一方面，可以寻求专业心理咨询机构的帮助。

（三）高校对大学生心理危机的预防与干预

1. 学校对于大学生心理危机预防与干预的意义

通常情况下，大学生的时间大多是在学校度过的，老师与同学是大学生接触最多的人，在学习生活中，老师和同学可以为其提供及时的帮助。大学读书阶段是大学生形成人生观、道德观、价值观的关键阶段，大学生能否顺利地完成从学校到社会的过渡，高校起着至关重要的作用。由此我们可以看出，高校的教育环境、老师的言传身教对预防大学生心理危机事件有着至关重要的作用。

2. 学校在大学生心理危机预防机制中的作用

具体来说，要充分发挥学校在大学生心理危机防御机制中的作用，就需要做好以下几个方面的工作。

（1）改革高校教师选拔及评价机制，强化师德建设。教师的言行都会对学生产生一定的影响。从这个角度来看，教师在向学生传授科学知识之外，同时也承担着教会学生如何“做人”的重任。在当前阶段下，高校应当改革教师选用、评价机制，强化师德建设，使得师生交往充满人文关怀，促进学生的身心健康发展。

（2）完善思想政治教育，建设良好的校园文化。第一，树立以人为本的教育理念。高校思想政治教育必须树立以人为本的教育理念，这样可以更好地了解学生所处的困境，从而进行针对性的教育和指导，把学生存在的不良思想扼杀于萌芽状态，指导学生理性地分析和解决其心理危机。

第二，真正落实校园文化建设。对于大学生来说，其绝大部分的时间都在学校，除了学习之外，大学校园中丰富多样的文娱体育活动为不同爱好的学生提供了展示才华的机会和平台，这也是对大学生进行心理健康教育的一种有效形式。

（3）加强大学生心理健康教育，提升大学生心理素质。

第一，健全大学生自我意识，促进自我成长。帮助学生健全自我意识有着非常重要的意义，让学生学会观察自己、剖析自己，清晰认识自己的优缺点，并在此基础上确立合适的目标，在达成目标的过程中培养坚强的意志力。

第二，增加积极心理学训练课程，提高学生心理弹性。在高校教育工作中，必须要注重促进学生积极心理品质的发展，加强对学生的人文关怀和心理疏导，使广大大学生能够正确对待自己、他人和社会，正确对待困难、挫折和荣誉，塑造自尊自信、理性平和、积极向上的社会心态。

第三，开展生命教育，重视挫折教育。所谓生命教育，就是指通过引导学生对生命及生命现象进行深入的思考，使其充分认识到生命的宝贵，从而珍惜生命。所谓挫折教育，则是指利用和设置挫折情境，通过相关知识和技能的训练，使大学生形成应对挫折的正确心态和耐挫折的能力。

第四，加强人际交往教育。良好的人际交往可以使大学生形成尊重、理解、信任、宽容等优秀的品质，也使大学生学会求同存异、团结协作，为大学生心理健康提供保障。

三、大学生心理危机干预中对社会支持的利用

在大学生心理危机干预工作中对社会支持加以利用，能够有效地缓解危机，使大学生尽快地走出当前的困境。大学生心理危机干预在对社会支持进行利用时需要注意以下几个方面的内容。

（一）加强对社会支持系统本身的关注

危机能够为个体的成长提供一定的机会。大学生在经历了危机后，会从中吸取一定的经验与教训，进而在日后的成长与发展中避免类似情况的产生或者提升应对危机的能力。而对社会支持成员自身而言，其在危机干预中，通过与危机当事人以及其他成员的沟通、交流，能够了解到与危机相关的问题以及相应的应对策略等重要信息，进而获得自身的成长与锻炼。

但是，危机干预对社会支持成员也具有一定的危害性。这主要是因为社会支持成员一般与危机当事人具有深厚的感情联系，在进行危机干预时，往往需要进行大量的感情投入，这就同样给其带来了过多的痛苦与悲伤经历，甚至会唤起其对过往生活的负性情绪与感受。这一情况的产生通常被叫做“移情”（“投情”或“共情”）。甚至专业的危机干预工作者也会因为当事人而产生移情，陷入消极的情绪状态中。

因此，一个完善的危机干预机制就需要涉及对工作人员以及社会支持人员的善后处理。对于工作人员可以进行定期的在岗培训、干预工作的总结报告会以及参与人员的心理督导等。对危机的社会支持系统，也需要相关的工作人员对其情感的变化加以关注，给予适当的心理疏导，进而避免其变成下一个心理危机的受害者。其中，需要特别注意对干预失败或者是出现自杀死亡等事件当事人的社会支持人员的心理辅导与帮助。

（二）社会支持成员需要掌握一定的危机干预知识

虽然社会支持成员对危机当事人的帮助多是由于情感的本能，但这一帮助往往由于缺少必要的技术与理论指导而比较盲目，甚至会产生负面效果。因此，需要社会支持成员掌

握一定的危机干预专业知识。其具体表现在以下几个方面：

（1）对于自杀倾向较严重的，不要强制干预，而要送往专业机构接受治疗。

（2）给予当事人一定的信念，相信别人是能够为其提供支持与帮助的。

（3）要尽可能地取得他人的支持与帮助，进而共同承担帮助当事人的责任。

（4）保持接纳，不对当事人的想法与行为进行评判，不强制对方接受自己的观点和内心感受。

（5）充分考虑当事人的实际需要，进而为其提供有效的物质支持与帮助，否则只能帮倒忙。

（6）在干预过程中保持冷静，对当事人的想法耐心倾听，使其宣泄内心的情绪和感受，对其表示充分的理解与关心。

（7）如果当事人的自杀危险性较高，要立刻采取一定的措施来保障其安全。

（8）询问当事人是否产生了自杀想法，对任何自杀迹象都认真对待，不承诺对其自杀想法保密。

（三）保持与社会支持系统的密切联系

"保持"在这里具有两个方面的意思，一是要求危机干预人员，掌握危机当事人的社会支持信息，方面和社会支持成员共同对当事人进行支持与帮助；一是要求大学生在日常生活中建构自己的社会关系网络，获得丰富的社会支持资源。

1. 社会支持资源的掌握

这就需要危机干预人员对大学生的社会支持人员具有一定的了解，并与之保持密切的联系。也需要社会支持人员积极配合干预人员，积极、主动地与之保持联系。高校的危机干预人员，一般可以通过以下途径来获取社会支持的资源信息：一是在与当事人的谈话中获得相关的支持信息；一是通过当事人的辅导员等间接获得社会支持成员的信息。由于大学生离家远，一般多与朋友、同学、老师联系较多。但其对父母仍然存在着很大的依恋，父母的支持对其影响也比较大。因此，干预人员切忌不能忽视父母这一关键的社会支持资源。

2. 大学生社会支持系统的拓展

从上述内容可知，大学生的社会支持主要是家人、亲戚、朋友、同学与老师这五类。除此之外，社会支持还有组织的支持（正式与非正式的组织支持）。大学生需要在社会支持网络的建构过程中，拓展组织支持。学校也要为大学生提供心理求助以及互助的场所，除了心理咨询与危机干预机构的建立，还可以协助大学生建立心理互助社等朋辈辅导。这种组织需要大学生具有良好的自我管理能力，同时需要对大学生进行简单的培训。朋辈心理咨询的双方在知识结构与生活阅历上具有很大的相同之处，因而可以减少隔阂，进而获得较好的辅导效果。

第八章

心理危机事件的干预

第一节　高校大学生自杀危机与性侵犯心理危机干预

一、高校大学生自杀心理危机干预

近些年来，高校大学生所面临的危机事件越来越多，越来越复杂。其中，自杀危机已经引起了社会各界的高度关注。为了对大学生的自杀危机进行合理的干预，大量学者纷纷投入到了寻求解决这一问题的正确途径中。本章则从心理学角度出发就大学生的自杀危机进行相应的探讨，并给出一定的干预措施。

全世界每年约有 100 万人完成自杀，完成自杀者是自杀未遂者的 1/10。中国每年有 28.7 万人完成自杀，250 万至 500 万人因自杀未遂而接受治疗。根据北京心理危机研究与干预中心的调查显示，自杀、交通事故、意外溺水是造成 15 ~ 34 岁年龄组死亡的三个重要原因。

自杀显然在世界上已经成为了一个亟待解决的公共卫生问题和严重的社会问题。大学生自杀则尤为突出，自杀率是同龄一般人口的 2 ~ 4 倍。可见，大学生自杀现象在高校学生心理卫生工作中是绝对不容忽视的。高校、家庭、社会及学生个体都应当重视起来，采取正确的自杀预防与干预措施。

（一）自杀的概念及相关理论分析

1. 自杀的概念

人们一开始是从心理学或精神病学的角度来研究自杀现象的。从弗洛伊德起，很多学者都对自杀的概念进行了界定。弗洛伊德认为，人所拥有的求死的心理动力机制导致了自杀的发生。卡尔·门内格尔则认为，自杀是由精神动力三联征所导致的，即人具有“想死的愿望、想被杀的愿望和想杀人的愿望”。阿尔弗雷德·阿得勒也指出，自杀是克服生命感和死亡感的途径，是对他人进行责备和报复的方法。法国著名精神医学家埃斯奎罗更是认为，自杀总是同某种精神错乱联系在一起，对于精神错乱来说，自杀表现了其所有特点，自杀可以看作是其症状之一。

迪尔凯姆开创了自杀研究的社会学传统。他把自杀定义为“人们把任何由死者自己完成并知道会产生这种结果的某种消极或积极的行动直接或间接地引起的死亡叫做自杀”“自杀未遂也是这种意义上的行动，但在引起死亡之前就被制止了”

到了现如今，人们对自杀研究的视角越来越宽，涉及到了心理学、伦理学、社会学、医学、人类学等。在此，本文将自杀界定为：个体自愿或蓄意采取各种方式结束自己生命的行为。简单来说，就是个体自我伤害，自我结束生命的行为。

2. 自杀的类型

从不同的依据出发，自杀可被分为不同的类型。

（1）根据社会整合和社会规范分类。

迪尔凯姆从社会学的角度出发，根据社会整合和社会规范将自杀分为四类，即利己型自杀、利他型自杀、失范型自杀和宿命型自杀。

①利己型自杀。这种自杀类型产生于极度的个人主义。西方近代个人主义的发展使得个人与家庭、宗教和社会相脱离，这就致使相当一部分人感到生活空虚并失去了目标，从而做出自杀行为。迪尔凯姆曾指出，利己型自杀多发生在自由职业者、基督教教徒、未婚者和离婚者中间。

②利他型自杀。当个体过分地屈从于一种社会目标和意义，全身心地服务于社会，服务于他人，就会容易失去自我。迪尔凯姆举出了欧洲军队的例子，欧洲军队里的士兵整天被训练，不断给他们强调“社会价值”，于是导致他们不看重自己的价值，失去了自我，失去了生活的乐趣，因而他们的自杀率是高于普通百姓的。

③失范型自杀。这种自杀类型主要由社会混乱所导致，个体正是在混乱中，行为失去了规范，内心中增添了痛苦。在迪尔凯姆看来，欲望与满足欲望的手段之间的不平衡是一切生物痛苦的根源。当社会发生动乱、变迁时，人们由于失去了种种秩序和规范，所以使欲望与满足欲望的手段不能协调，因而行为混乱而无节制，造成内心中的巨大痛苦，以致产生自杀现象。失范型自杀大多发生在处于经济危机中的工商业者身上。

④宿命型自杀。当社会控制过度时，个体就很有可能失去任何希望，进而产生自杀。

这种自杀就是宿命型自杀。这种类型的自杀在现代社会并不多见。

除了迪尔凯姆的自杀分类外，施奈德曼也从不同的依据出发进行过自杀分类。施奈德曼根据自杀者对死亡态度的不同将自杀者分为寻求死亡者、主动死亡者、漠视死亡者和无畏死亡者四类。

（2）根据自杀的发展过程分类。我国学者马剑侠等人根据自杀的发展过程，将大学生的自杀分为了两种类型，即冲动型自杀和理智型自杀。

①冲动型自杀。这种自杀类型也称为情绪型自杀，是指个体在情绪失控状态下的冲动行为。引起该类自杀的因素往往是爆发性的激情。这种自杀具有突发性，进程快，发展期短。

②理智型自杀。这种自杀是个体经过长期的评价和体验、推理和判断之后进行的自杀行为。该类自杀的特点为：个体的心理表现比较复杂；有目的、有计划；进程慢，发展期长。

（3）根据自杀的结果分类。美国国立精神卫生研究所自杀预防研究中心根据自杀的结果将自杀分为企图自杀、自杀未遂和自杀死亡三类。

①企图自杀。这种自杀是指有寻求死亡的愿望，但没有采取任何实际行动。这种自杀又通常分为两种情况：一是有自杀意愿，做好了自杀准备（如选择了自杀的方法和时间，写好了遗书，安排好了后事），还没有采取实际的行动；二是仅仅有死的念头，没有自杀计划和自杀准备。这是学界公认的一种分类。

②自杀未遂。这种自杀是指个体已经做出了伤害自己的行为，但并没有出现死亡结果。

③自杀死亡。这种自杀是指个体采取有意的自伤行为，并导致了最终的死亡结果。

3. 自杀的相关理论

自从弗洛伊德对自杀提出了心理动力学的解释后，很多学者都进行了不同视角的研究，以下是几种较为典型的理论。

（1）易感—应激—无望模型。19 世纪 80 年代，斯豪特和克鲁姆提出了自杀行为的易感—应激模型，认为在生活应激事件和自杀行为之间起中介作用的是认知僵化变量。

斯豪特等将易感—应激模型扩展成了易感—应激—无望模型。在他们看来，除了认知僵化外，自杀的个体通常还存在人际问题解决技巧的缺陷。当外部出现应激源，而个体又具有人际问题解决技巧的缺陷，那么个体会逐步产生无望感，应激只要持续增强，个体的自杀风险就会加大。这种理论容易理解，也容易应用，但是过于简单也是它的缺点所在。

（2）应激—易感模型。著名学者沃瑟曼提出了广义自杀过程的应激—易感模型。在应激—易感模型提出之前先有了应激—素质模型。在应激—素质模型中，基因的结构及后天获得的敏感性都影响着个体的易感性或素质。先天的影响因素包括 5 – 羟色胺、去肾上腺素和多巴胺等，后天的应激事件主要有严重的危机、创伤、急性躯体及精神疾病、虐待和失业等。

广义自杀过程的应激—易感模型可以说是应激—素质模型的补充，是为了更好地理解自杀人群与周围人群之间相互作用的动力学过程以及遗传与外部环境之间的相互作用。受系统论思想的影响，应激—易感模型试图把生物、社会和心理等众多影响因素结合起来，探索各个因素之间的复杂关系。所以说，该理论模型具有系统性。

（3）认知三联理论。这是贝克提出的一种与自杀相关的理论。贝克发现，抑郁个体习惯化了的负性超价观念的认知模式，使他们在感知同样的世界时得出了消极的结果，他们对自我、世界和未来更容易产生消极的想法，于是就形成了抑郁的消极认知三联。在贝克看来，自我、世界和未来是组成抑郁思维结构的三个独立的部分。实质上，这三者之间是有一定的重合关系的。自我包含自我的世界和自我的未来两个部分。

（4）逃离自我的理论。伯梅斯特尔指出，自杀理论不能建立在慢性精神疾病的假设上，自杀的理论应包括抑郁和非抑郁的成分。于是，他融合认知和动力因素，提出了逃离自我的理论。

（5）人际—心理理论。2005 年，卓尼尔在前人研究的基础上，提出了人际—心理理论。该理论认为，只有当个体既有自杀的期望，又具备了自杀的能力时，才会导致自杀死亡。这就表明自杀的两个必备条件是自杀期望和自杀能力。

自杀期望往往是因归属受挫和自我累赘感知而产生的。自杀能力则往往指个体一方面能够制定出致命的自伤方案，一方面又能够忍受自伤过程中产生的任何恐惧和痛苦。如果单有自杀期望，还不会导致自杀死亡的结果；如果个体既产生了自杀期望，又具备自杀能力，那么自杀结果就能够成立。

（二）自杀的测量方法及工具

个体的自杀涉及很多方面的因素，如个体、家庭、社会等，因此，相关人员应当从不同层面去测量自杀，然后做出正确的自杀风险评估。

1. 自杀相关精神障碍测量

（1）贝克无望感问卷（BHS）。所谓无望感，即对未来的泛化的消极期待。它是临床自杀人群长期表现出的一个显著特征，也是自杀的重要风险因素。因此，贝克编制出了贝克无望感问卷。该问卷是当前运用非常广泛的一种测量工具。

贝克无望感问卷量表总共包含了 20 个题目，每个题目以是或否回答，回答是得 1 分，回答否得 0 分。理论总分为 20 分，如果被测者获得 9 分以上的分数，即有较高自杀风险。后来，有学者对这一问卷进行了专门的分析，得出的结果证明 BHS 的测量分数确实是自杀和非致命性自伤的风险因素。当然，分析结果也提出了警告：9 分或 9 分以上的自杀风险提高程度显著低于原始研究的报告。这就告诉人们，使用贝克无望感问卷时要注意它可能存在较高的假阳性率。

（2）贝克抑郁问卷（BDI）。由于抑郁也是自杀的一个重要风险因素，因此贝克据此编制了抑郁问卷。该问卷也是比较常用的一个自杀测评量表。

贝克抑郁问卷适用于成人各个年龄段，也有人编成了适用于儿童和少年的版本。该问卷也按照是（1分）与否（0分）回答。被测者的自杀风险按如下规则评判：0～13分的自杀风险最小，14～19分为轻度的自杀风险，20～28分中度的自杀风险，29～63分为严重的自杀风险。

（3）贝克焦虑问卷（BAI）。焦虑同样是一个重要的自杀风险因素，因此，贝克编制了他的第三个问卷——贝克焦虑问卷。

该问卷的信度和效度都比较好，能比较准确地反映个体主观感受到的焦虑程度。因此，它既适用于具有焦虑症状的年轻人，也适用于心理门诊、精神科门诊或住院患者。该问卷的评分方法为：0～7分最小，8～15分轻度，16～25分中度，26～63分严重。

由于自杀所涉及到的因素较多，在实际的自杀评定中，上述一些测量工具也只能作为综合评定的一个部分来使用，而不能作为唯一的指标。

2. 自杀意念、态度、行为等的测量

（1）成人自杀意念问卷（ASIQ）。成人自杀意念问卷总共包含25个自评项目，每个项目分6个等级，测查的主要是个体的自杀意念，即个体关于自杀和自杀伤害的想法。该问卷的信效度较高，能针对不同的成人人群。不过，由于其还未划分因素结构，所以测量结果只能得到一个原始总分以及百分等级和T分。有学者则建议将该问卷应用于大学生时，划界分定为31分。

（2）自杀可能问卷（SPS）。自杀可能问卷总共包含36个自评项目，分4个临床分量表，分别是无望感、自杀意念、消极自我评价、敌对。该问卷主要是评估个体的主观感受或行为的发生频率。其具有良好的内容、结构和区分效度，适用于青少年及14岁以上的成人。可见，它对于大学生来说是非常适用的。

（3）自杀行为问卷（SBQ）。自杀行为问卷总共包含4个自评项目，主要用于评估与自杀有关的行为和意图。该问卷具有较高的信效度，且简单实用，既适用于临床人群，也适用于非临床人群，因而受到很多人的欢迎。不过，客观而言，该问卷的项目数量过于少。

（4）多维态度自杀倾向量表（MAST）。多维态度自杀倾向量表总共包含30个项目，每一个项目从1（非常同意）到5（非常不同意）计分。该量表主要是用来评估4个关于生存和死亡的冲突，即生存吸引、生存排斥、死亡吸引和死亡排斥。其中，用来评估自杀风险的主要是生存排斥和死亡吸引。奥斯曼曾使用MAST量表对美国青少年自杀行为进行了相关研究，结果显示该量表能够将临床自杀青少年与正常控制组青少年区分开来，且该量表中青少年对死亡的热爱与自杀可能性量表所评估的自杀构想、自杀威胁以及未来自杀的可能性相关。

上述四种测量工具中，成人自杀意念问卷和自杀可能问卷是可用于精神病医院临床评估的工具；而自杀行为问卷和多维态度自杀倾向量表是可用于非临床的自杀倾向评估工具。

其实，比较常用的自杀意念、态度、行为等的测量还有拉德自杀意念问卷（SDS）、自杀企图和自伤行为问卷（SASII）、贝克自杀意念问卷（BSS）、生存理由问卷（RFL）。

（三）大学生自杀的心理及行为特点研究

大学生自杀已经成为了一个严重的公共卫生问题和社会问题。在我国，大学生自杀率更是在不断升高。面对此，很多学者对大学生自杀进行了相关的研究。自杀意念学者们首先相当一部分学者从自杀意念进行调查。例如，有学者通过调查发现，大学生中有自杀意念的比例很高，我国大学生群体过去几年曾有过自杀想法的人高达 34. 3%，有自杀经验的比例达到 4. 4%。有学者通过调查表明，大学生的平均自杀意念为 10. 7%，博士生自杀意念高达 13. 9%，并呈现出性别、年级和家庭经济状况差异。

通常而言，当个体的自杀意念形成后，心理上会经历一个矛盾冲突的过程，并出现一系列的心理和行为表现。我们可将这一系列的心理和行为表现看作是一个重要的求救信号，如果能及时觉察到这个信号，给予帮助，那么将非常有助于避免悲剧的发生。以下则专门分析一下有自杀意念的大学生与实施了自杀行为的大学生所具有的心理和行为特征。

1. 大学生自杀前的精神行为状态

一般来说，患有精神病或抑郁症的大学生往往具有很强烈的自杀企图，精神病者的自杀率高于一般人口的 10 ~ 90 倍，甚至有报告认为高于一般人口 727 倍。自杀者中，精神障碍的比率约为 74% ~ 100%，其中患有精神病的占 13% ~ 52%。导致自杀的精神病中，以精神分裂症和抑郁症最多。

根据调查发现，具有自杀倾向的大学生往往伴有精神的抑郁、食欲不振、失眠、焦虑等状态。在行为上，他们不愿与人接触，喜欢独处；非常敏感，过分注意别人的表现。那些自杀的大学生还往往会悄悄留下遗书，说出异常的话语，无故给同学或亲人送东西、送礼物，无故向人道歉等。

2. 自杀大学生的人格特征

我国学者崔玉华曾对北京 7 所重点大学和 1 所普通大学 1991 ~ 1995 年间自杀身亡的 28 个大学生进行研究，发现有 21 个大学生性格内向、少交往、自尊心强或敏感多疑，占到了 75%，有 3 个大学生个性固执、争强好胜，占到了 10. 72%，有 4 个大学生性格开朗、人际关系尚好，占到了 14. 28%。由此可见，大学生的人格特征与自杀有着很大的关系。

刘国华也对人格与自杀意念的关系进行了研究，结果显示外倾性与自杀意念具有显著负相关。从人格维度的特征上看，外倾者善于交际、活泼、好动、乐观等，代表的是一种积极的情感，会增加正性情感和生活满意度的体验，提升主观幸福感，而减少自杀意念；神经质者往往具有焦虑、敌意、抑郁、自我意识、冲动性和易感性等消极情感和体验，对自杀意念具有正向预测力，会增加自杀可能性。

3. 大学生自杀前多经历应激事件

经过大量的研究显示，很多自杀未遂和自杀死亡者自杀前经历过急性和慢性的应激事件。大学生自杀者中大多具有情绪因素或社会心理应激，常见的应激源有家庭的不和、学习的压力、人际关系紧张、经济困难、恋爱受挫、遭受重大的生理疾病等。

（四）大学生自杀的原因

导致大学生自杀的因素有很多，既有个体生物性因素，也有个性方面的因素，也有家庭、社会方面的因素，还有一些负性生活事件等。

如果将图中的诸多原因进行归类，可以发现大学生自杀的原因共分为以下几类。

其一，个体方面的原因。这包括生物性因素，如身体疾病、生理缺陷等；个体精神因素，如精神障碍、个性缺陷、长期抑郁、网络成瘾等；自我期望过高而产生巨大失落等。

其二，家庭与社会方面的原因。这属于外部原因，如个人前途渺茫，竞争压力大，就业压力大，不良文化的冲击等。

其三，负性生活事件。这往往是造成大学生自杀的直接原因。例如，学业失败、恋爱受挫、人际危机、就业受挫、考研失败、经济困难、重大丧失等。

其四，过去曾有过自杀企图。具有这种经历的人一般都是自杀的高危人群，应是重点关注的对象。

（五）大学生自杀行为的早期识别

大学生的生理已经成熟，心理也正向成熟阶段发展。因此，他们如果要选择自杀，往往会在早期呈现出一些比较特别的言行举止。因此，为了避免自杀的最终发生，相关人员应当能够及时识别出大学生早期所表现出来的一些自杀行为。大学生文化水平较高，在自杀的表达上呈现出不同的维度。本书认为，大学生在以下一些方面出现变化时，应当引起高度关注。

1. 语言表达方面

很多大学生在自杀前会在语言表达上发生一些变化。在与他人交谈的时候，其会对人诉说以往的经历等，会有意无意透露出要离别的信息，如“活得这样累，还不如死了算了”；自己独处的时候，会自言自语说些稀奇古怪的话；在日记或便条上可能会写下遗嘱或类似的文字，或者明确表达自杀意图。

2. 性格与行为方式方面

大学生在自杀前往往会在性格与行为方式上突然发生显著的变化。在性格上，一个外向、活泼开朗的学生突然变得沉默起来，不与任何人说话，独来独往。在行为上，大学生会突然表现出一些反常的举动，如搜集和保存能伤害身体的锐器，如绳索、水果刀等；反复逗留在一些危险区域，如某一高层建筑的平台上。当做出反常行为的学生将自己的行为有意透露给朋友，其实是发出了自杀的危险信号，这种信号往往也是求助信号，应当引起注意。

3. 情绪与心境方面

有自杀企图的大学生常常情绪不稳定。一般而言，其主要表现为情绪低落，心理疲惫，自卑自责，自罪感。当个体情绪从悲哀转化为高昂，或者当情绪由不稳定变得“正常”时，容易产生自杀行为。

4. 身体与神态方面

在身体方面，自杀前的大学生常常表现为失眠健忘，食欲锐减，面色憔悴，体重骤降，疲劳乏力等。在神态方面，自杀前的大学生一般表现为目光游移，躲闪回避，心神不定，神色慌张。

5. 人际关系方面

在人际关系方面，当大学生突然结束了与他人的重要关系，就预示着其抛出了自杀的危险信号。例如，突然与恋人分手，与朋友道别，赠送他人最后的礼物，与家人告别等。

（六）大学生自杀的预防

自杀预防是降低大学生自杀的关键。但自杀预防工作并不容易做，其涉及到方方面面，是一项艰苦而复杂的系统工程。因此，做好大学生自杀预防工作，社会、学校、家庭和个人都要积极采取一定措施。

1. 社会方面的预防

（1）开展自杀宣传教育。社会应当面向公众长期开展有关自杀问题的宣传教育。这种宣传教育的主要目的就是提高公众对自杀问题重要性的认识，提醒公众尊重生命，珍爱生命。在这种宣传教育中，大学生会逐步认识到生命是不可逆的，自杀不仅会给自己的家庭带来不幸与沉重的精神负担，也会影响社会的安定。

开展自杀宣传教育的时候，也要注意适度报道自杀未遂导致的麻痹症、大脑损伤、身体残疾等给家庭与社会带来的不良后果。这有助于提醒大学生不要随意选择自杀作为解决问题的方式。

每年9月10日是“世界预防自杀日”，国家应当积极利用这一日开展相应的宣传活动。要通过一定的宣传教育活动，向人们传播预防自杀的知识，减少社会歧视，使人们认识到自杀是可以预防的，应当集体预防自杀。

（2）澄清关于自杀的非理性观念。从实际情况来看，人们还没有建立明确的理性观念。因此，要从社会层面来预防大学生自杀，国家得担负起澄清关于自杀的非理性观念这一任务。很多人以为自杀没有预兆，这是不正确的。相关研究表明，自杀的人会给出很多线索与征兆表达他的自杀企图，但也并非所有自杀的人都有预兆。

有学者给出了一些有关自杀的寓言与事实（表8-1）。它们有助于大家全面了解自杀，建立自杀的理性观念。

表 8－1　有关自杀的寓言与事实

寓　言	事实
那些嘴上说要自杀的人并不会真的自杀	十个自杀的人中，有八个曾经表示过自杀的意愿
自杀的个体已经做出很明确的自杀决定	大多数人并没有决定是生还是死，他们常常与死亡赌博，让别人拯救自己
如果一个人曾经想过自杀，那么他永远就会有自杀的企图	一般而言，想要自杀的人只是在有限的时间内有这种想法，自杀的愿望常与抑郁症有关，而抑郁症会随着时间消退的
随着自杀危机过后情况的好转，自杀的危机就会过去	大部分自杀发生在抑郁症开始改善的 3 个月内，此时个体仍然是抑郁的。与在医院或者在抑郁的最低谷相比，个体在这个时候更容易接近武器以及有更多的能量去实施他们的计划
自杀更多发生在有钱人当中	对于社会的不同阶层，自杀率是一样的
自杀是病人的行为	尽管一个想自杀的人似乎总是感到不愉快，但他并不一定非要有某种“精神疾病”，自杀可以是理性的行为

（3）加强对传媒的正确引导

大量研究表明，自杀是具有传染性的，尤其是对青少年来说，过度渲染自杀的电视节目会给他们产生心理暗示，导致其模仿，诱发潜在的自杀行为。所以说，国家应当特别重视对传媒的正确引导，在报道自杀当事人时，媒体应当注意以下几点。

其一，采取谨慎态度，一方面要尽量避免过于详尽的自杀过程、细节及方法的描述；另一方面要避免对自杀采取欣赏的态度，或倾向于认为自杀是解决问题的一种方式。

其二，宣传自杀对社会、家庭及个人的危害，告诫人们自杀不是明智的选择，从而减少自杀报道的负面效应。

由于自杀具有不宜报道的特征，因此，媒体更是要慎重报道大学生自杀事件，尤其不宜报道自杀未遂事件。除此之外，由于媒体报道的真实性、客观性和适度性有助于预防大学生自杀，因此媒体一定要把握好报道内容，加强对自杀事件的正确引导。

2. 学校方面的预防

为了帮助大学生正确认识生命，理解死亡，避免自杀现象的发生，高校应当在大学生中积极开展生命教育与死亡教育。

（1）开展生命教育。1968 年，美国学者杰·唐纳·华特士针对青少年吸毒、自杀、他杀、性危害等高发现象首次提出了“生命教育”的概念。随着社会的不断发展，生命教育的理念与实践已经在全球得到了迅速发展。20 世纪 90 年代，中国台湾开始在学校教育中推广生命教育，主要阐释生命的可贵和生命应有的尊严。随后，我国全面实施和推进素

质教育，倡导以人为本，尊重、关心、理解和信任每一个人。生命教育研究便逐渐引起了人们的重视和关注。

所谓生命教育，即通过认识生命的起源、发展和终结，从而使学生认识生命、理解生命、欣赏生命、尊重生命，进而珍惜有限生命，建立起乐观、积极的人生观，促进学生价值观、生理、心理、社会适应能力的全面均衡发展的教育。这是一种人文教育、精神教育，也是一种唤醒心灵的教育。在高校中开展生命教育，主要就是为了倡导大学生认识生命、珍惜生命、尊重生命、享受生命，提升生命质量，创造生命价值。

为了使大学生知道生命的本体价值，学会尊重生命、珍惜生命，建立积极向上的人生观，高校应当担负起一定的责任，采取科学合理的措施来开展生命教育。

①实施人性化教育。高校教育不应只是一些知识、技能的教授，还应当包含着对人生命的关怀。因此，高校要将人文思维和人文精神作为生命教育的思想与理想，不仅要强调教育对大学生人文精神的提升和对灵魂的塑造，还要强调教育对个体生命、生活的关注，努力引导大学生去理解生命、追求生命的价值。

②科学评价学生。高校要转变过去以分数的高低评价学生优劣的做法，要综合考查大学生的多个方面，增加对大学生的肯定性评价，让大学生更多地看到自己的成长和发展，体会生命成长的欣慰，激发大学生生命的激情，培养大学生生命的创造力。

③培养大学生积极的情感体验。高校一方面要积极培养大学生的生命情感，如以发生在大学生周围的典型事件为例，从多个方面向大学生阐释生命的意义，帮助大学生发现自己为何而活，活着的意义等，使其摆脱迷茫，树立信心，具备积极的生命情感；另一方面要实施一定的挫折教育，引导大学生运用积极的方法处理痛苦和失落等，让其认识生命的脆弱和不可逆转，进而产生对生命的无限敬畏之情。

④营造良好的校园环境。高校可以在课堂教育中多增加一些有关生命教育的内容和心理学的有关内容，帮助他们加深对生命的价值的认识，帮助他们改变心理品质；也可以大力开展校园文化活动，增进大学生的人际关系。

（2）开展死亡教育。高校不仅要注重开展生命教育，同时也应当不忘开展死亡教育。死亡教育与生命教育是相对的。这一概念真正始于20世纪60年代的美国，并逐渐在西方国家得到推广。我国死亡教育起步较晚，开始于20世纪80年代。所谓死亡教育，即通过死亡教育让学生树立起正确的生死观念，让他们用正确的态度保持生命、追求生命的价值和意义的一种教育。面对当代大学生对生命与死亡态度的率性与随意现象，高校开展死亡教育具有非常迫切的现实意义。具体而言，高校可从以下几个方面开展死亡教育。

①用智者的死亡观启发大学生正确地看待死亡。中国伟大的教育家、思想家孔子主张以生的意义抵消死的侵袭，认为当我们生命过得充实而有意义时，就不惧怕死亡了。沈括在《梦溪笔谈》中谈道：“死生常理也。”他用自然历史观理解生死，认为死亡是很正常的事情。意义心理学家弗兰克尔认为，死亡的事实不是一种威胁，是我们利用时间达到最大极限的推动力，而不是让构成生命整体的机遇荒废而过。高校教育者应当适时拿出这些

名人对死亡的正确看法，来启发大学生去思考，去珍惜生命，去认识到在死亡之前应该过好每一天。

②开设死亡教育课程，培养大学生正确的死亡观。中国人一向对死亡讳莫如深，因此，当一个人最初接触死亡现象后必然产生困惑，甚至成为导致自杀的深层心理契机。高校开设死亡教育课程，能够让大学生系统学习与探索死亡的生理过程、死亡对人产生的心理影响等，能够教育大学生更加珍爱生命，懂得对亲人的临终关怀。

③引导大学生从价值层面关注死亡。毛泽东曾说："人固有一死，或重于泰山，或轻于鸿毛。为人民利益而死，比泰山还重，为个人利益而死，比鸿毛还轻。"这其实就是教育人们要看重人的价值，死也要死得更有价值，不要因为个人私利与一时的恩怨而死，限制了自己价值的发挥。

(3) 开展大学生心理健康教育与加强心理辅导。正常、健康的心理状态是大学生适应社会、正确认识生命意义、积极乐观生活的基本前提。因此，真正的教育是从照顾人的心灵入手，用情感的陶冶与智慧的激发来照料大学生的心理，增进和维持大学生身心健康水平，使大学生的心智保持健康和良性互动的姿态，实现生命内在的和谐，提升他们的生存境界，并不断追求人生的幸福。

高校对大学生开展专业的心理健康教育，能够有效帮助大学生提高心理健康意识，促进大学生人格的发展、情感与情绪的健康等，从而全面提高大学生的心理健康水平。

高校还可以通过个体心理咨询及团体心理辅导加强大学生的心理健康。在心理辅导中，大学生往往会通过专业心理辅导者的耐心帮助和引导，获得各种缓解压力的方法与技巧，从而促进自己心理的健康发展，使自己在遇到各种困难或问题时，能够采取恰当的方式、方法解决存在的心理问题。当然，高校应当建设好学校心理危机干预中心与心理辅导中心，真正发挥出其预防大学生自杀的作用。

3. 家庭方面的预防

在我国，家庭对任何一个个体的成长都有着至关重要的影响。很多大学生虽然在进入高校起就远离了家乡，远离了父母，但家庭依然时刻影响着他们的职业选择、情感走向、人际交往等。受到长期应试教育的影响，父母普遍将关注点放在子女的学业上，而对子女的心理状况并不敏感。因此，当大学生出现自杀企图时，父母也就很少能觉察到，从而不能及时地帮助大学生，使其走出困境。从家庭层面预防大学生自杀，家长应当注重做到以下几方面。

(1) 加强与子女的沟通与交流。大学生虽然身心都趋于成熟，但他们仍是孩子。对于家长来说，应当始终关注大学生的心理与行为变化，与他们建立良好的亲子沟通，时常给他们打个电话，或是通过网络进行沟通，了解他们的实际状况。

当大学生面临挫折与失败时，父母更是要充分发挥其他们的关键作用，要成为大学生强有力的社会支持，帮助他们走出困境，重构自己的信心。

在交流与沟通的过程中，家长应重点做好以下几个方面的事情：

①及时倾听子女的声音，了解他们的生存与心理状况。

②帮助子女建立正确的生活观、人生观和世界观，培养积极的思维。

③鼓励子女用开放、平等的方式表达他们的意见和建议和需要。

④鼓励子女搞好朋辈关系，引导他们与异性的良好交往。

⑤帮助子女了解自己，了解导致压力与烦恼的原因。

⑥帮助子女了解他们局促不安的来源。

⑦鼓励子女独立自主面对生活，面对压力，寻找解压的方法。

⑧当子女觉得紧张、生气或沮丧时，鼓励他们做一些轻松愉悦的事情。

⑨当子女遭遇挫折时，帮助他们战胜自己。

⑩当子女面临心理危机时，积极主动而无条件的关注并提供支持。

（2）及早发现子女的求助信号并及时处理。前面已经提到，有自杀企图的人一般都会在自杀前直接或间接地向周围的人发出求助信号。例如，当事人说出“我是一个无用的人”“我不想活下去了”“活着实在是太累了”“还不如死了算了”“生不如死”“活着真的没有意思”等这类话语时，很可能就是在向他人求助。作为家长，当听到这样的语言时，一定要高度重视，要积极与孩子沟通，了解孩子的真实想法，帮助孩子度过心理危机期并降低其自我惩罚倾向，鼓励孩子积极面对生活。

当然，家长在得知孩子有自杀企图后，也不能过度焦虑与警戒，显示出沉重的压力，否则会将彼此的心理压力传递，增加孩子的自责与内疚感，使事情向更坏的方向发展。所以，家长理应沉着应对，不过度焦急，更不要责备、批评孩子。

（3）重点关注有家族自杀史的子女。行为遗传学研究表明，家族自杀史的存在极大地增加了其后代的自杀可能，如果父母中一方有自杀倾向或行为，其子女比常人呈现更多的自杀倾向与行为，这种现象与大脑中的5－羟色胺有关。加拿大渥太华皇家医院也经过10年的研究得出，人的自杀行为与基因变异有关。因此，具有家族自杀遗传史与抑郁病史的家庭，家长一定要尤其关注孩子的心理健康水平与负性生括事件。

4. 学生个体方面的预防

个体的心理危机是一个不断累积的过程。作为大学生，应当随时清扫自己的内心，即不断的自我涤荡与反省，勇敢面对自己的阴暗面，让自己的心理更健康。一个心理健康的人是难以被困难与挫折打倒的，也就难以出现自杀现象。因此，大学生自己也要注意预防自己的自杀行为。一般而言，大学生重点应从以下几个方面来进行预防。

（1）积极关注自我内心。任何一个大学生都应当时刻积极关注自己的心理状态，当发现自杀意念萌生时，要主动求助，以积极的方式面对自己的问题，从而得到及时的解决。尤其在面临负性生活事件时，要关注这个事件对自己的影响时间与严重程度，一旦自己不能很好地进行调节，要主动求助相关的心理咨询中心，抑制自己向更坏的方向发展。

（2）树立积极的人生观。如果大学生拥有积极的人生观，那么其看待任何事、遇到任何事的时候，就不容易消沉，不容易走上歧途。所以，大学生应树立乐观的人生态度，以积极的心态面对挫折与失败。同时，大学生也要培养开阔的胸怀、乐观的生活态度，树立正确的生活目标。

（3）积极乐观应对挫折。大学生面临的危机既有境遇性的，也有成长性的。危机发生时，大学生要积极运用自身资源与社会资源，主动寻求社会支持，要有信心战胜危机，使危机化解在萌芽状态。这就是一种积极乐观的应对态度。

（七）大学生自杀干预

随着我国自杀率的逐年升高，20 世纪末我国自杀危机干预开始起步。1992 年 12 月，我国召开了第一届全国自杀预防与干预讨论会；1994 年，我国正式成立了心理卫生协会危机干预专业委员会。自此以后，我国有关自杀干预研究的优秀成果越来越多。所谓自杀干预，就是指自杀者表现出强烈的自杀倾向时，相关人员给予及时的帮助与指导，避免其自杀行为的发生。

自杀干预是预防和控制自杀的重要手段。实施自杀干预不仅是为了减轻当事人的自杀意图，减少自我伤害行为，还为了给当事人将来的心理治疗提供指导性意见。因为，实际情况是，当事人在一次自杀危机过后，往往没有完全放弃自杀意图。完整的自杀干预则能够有效防止个体后面自杀行为的再次发生。

1. 高度关注自杀高危大学生

（1）建立自杀高危大学生心理档案。高校实施大学生自杀干预，首先应当有一个高效运转、快速反应的大学生心理危机干预机构和一支业务精良、素质高强、适应性强、反应敏捷的高素质的专业队伍。这可以说是实施自杀干预的重要保障。

大学生心理危机干预机构应当通过心理测试进行初步筛查，建立自杀高危大学生心理档案。测试时，一般通过询问以下几个方面来建立自杀风险评估档案。

①过去的尝试、现在的计划和关于死亡的观念。例如，你偶尔有自杀的想法吗？你的同学或朋友中有人曾有过自杀的想法吗？你有详细的、可以执行的关于自杀的计划吗？你做过特殊的安排吗？你曾经幻想自杀后的情景吗？

②负性生活事件的反应。例如，你正在经历严重的心理危机吗？你遭遇负性生活事件（父母离婚、失恋、学业失败等）后有哪些行为改变？你有情感丧失的体验（如沮丧、无望、羞愧、潜在的愤怒等）吗？

③社会心理支持。例如，你的重要社会支持如父母、朋友、同学等缺失吗？你与同学感到有疏离感吗？

④导致危险行为的历史。例如，你曾经是否亲眼目睹过自杀，或亲人有自杀历史？你有没有做过自杀准备？你有没有曾经自杀未遂过？

一般来说，当大学生具有以下一些情况时，可被判定为自杀高危大学生：具有外部因素刺激；情绪低落，悲观抑郁；性格孤僻内向；有严重的不良家庭成长环境；缺乏明确的生活目标和信心；思想偏激，易走极端；表露自杀的想法或过去有过自杀企图。

（2）密切关注自杀高危大学生的心理与行为变化。通过心理档案识别自杀高危大学生

后，高校危机干预人员就应当密切观察自杀高危大学生的日常行为表现。观察的方面具体有以下一些：个性是否忽然改变；是否说过要自杀；是否写过有关自杀的诗或文字；饮食与睡眠习惯是否突然改变；功课是否下降，是否经常逃课或者离校出走；是否向同学交待后事，如还钱、整理物品等；是否长期受抑郁症困扰等。

当大学生出现以上一方面或多方面的行为变化时，要引起高度重视，加以严密监控并主动开展干预。不可产生“狼来了”的心理预识，从而错过许多干预的良好契机，造成不良后果。

（3）明确询问大学生的自杀企图。为了更好地实施自杀干预，高校心理危机干预者有时也可明确询问大学生的自杀企图。在此过程中，干预者一方面要了解自杀高危大学生的心理状态与行为反应，掌握基本的动态；另一方面要注意启发打学生认真审视自我，认识自己的问题并找到解决的策略。以下是某学者总结的适合询问自杀企图的问题：

①你是否已经长期生活在极度抑郁中？

②你是在什么情况下有轻生想法吗？

③死亡对你意味着什么？

④你是怎样陷入绝望中的？在陷入绝望中，有无努力自拔？

⑤在向着自杀滑去时，有什么人或什么事阻止你实施自杀呢？

⑥想到自杀时你眼前浮现的是什么情境呢？这些情境对你意味着什么？

⑦自杀会为你解决什么问题？能帮助你摆脱什么困境吗？

⑧除了自杀，你还有什么解决方法？

2. 提供保护性因素

自杀高危大学生既面临着一定的自杀风险因素，同时也面临着一定的保护性因素。这两种因素构成了两种力量的较量。当自杀风险因素高于保护因素时，大学生自杀的危险性就会增高，而当保护因素增强时，大学生的自杀危险就会降低。因此，干预者一定要多为自杀高危大学生提供保护性因素。

首先，要创造良好的舆论环境。这需要社会不过分渲染自杀，教育人们尊重生命，减少电视暴力与自杀节目；高校则要净化校园文化环境，形成积极向上的校园氛围，开展健康的校园文化活动。

其次，建立良好的社会支持系统。良好的社会支持系统是大学生化解心理危机的良药。自杀高危大学生如果在遭遇负性生活事件的时候，及时获得社会支持，那么就不容易走上自杀的道路。亲人、老师、同学、朋友、恋人等都可能成为大学生的良好社会支持，干预者应鼓励大学生建立好与这些人员的关系。

再次，鼓励自杀高危大学生提升自我认知。良好的自我认知，能够促进大学生积极健康的成长。干预者可通过鼓励大学生积极参加集体活动，从中找到归属感与价值感，树立正确的人生目标来提高自我认知能力。

最后，鼓励大学生进行积极的自我调适。例如，使用消除烦恼卡片，真实记录自己的实际情况；找合适的人倾诉；进行良性的自我对话等。

3. 自杀未遂学生的干预工作

所谓自杀未遂，就是指各种未导致个体死亡的故意自我伤害行为。据相关研究表明，自杀未遂者有 10% 最终自杀。这就说明干预者必须高度关注自杀未遂者，做好自杀未遂者的救助工作。干预者一定要有这样的意识：一是大学生只要有一次自杀未遂的经历，就应当将其列为自杀高危人群；二是在一次干预成功后不应当认为危机已经化解，而要继续关注，直至大学生自我成长的力量足以支撑其生活下去。实施自杀未遂学生的干预工作，应当注意以下几方面。

（1）与自杀未遂学生进行积极的沟通。沟通的过程中，干预者首先应当注意倾听自杀未遂大学生内心的声音，倾听中要倾注真诚、关注与同情心；其次，要共情，要设身处地感受当事人的困境与困难，不加评价与判断，而是运用同情心，了解其真正的想法，接近其内心。最后，要注意说话的语调、方式与内容，千万不要说挑战当事人的话、让当事人感觉不受重视、不被理解的话、表示震惊和责备的话、与当事人探讨生命的价值的话等。更重要的是，干预者不能以拯救者自居。

（2）为当事人提供社会支持。干预者通过与当事人进行沟通，使当事人受到充分的尊重理解后，就应当与其共同面对困难，寻找解决问题的路径。强有力的社会支持是自杀未遂者安全度过自杀危险期的关键，因此提供一定的社会支持是必然的工作。

除了干预者的努力干预外，当事人自己也应当积极改变自己，与干预者共同面对困难，找到解决问题的方法。

4. 启动社会和家庭心理支持系统共同参与救助

大学生自杀已经成为了一个显著的社会问题。因此，只靠学校单方面的预防与干预显然是不够的。社会和家庭也应当充分参与进来，共同建立起大学生的心理支持系统。社会心理学家发现，大约 2/3 的自杀成功者并不是非自杀不可，只是因为在自杀前期和最后阶段没有得到及时有效的救助，才产生无可挽回的结局。因此，当事人的亲人、朋友等，应当及时给其关爱、安慰和保证，以消除其孤独无助感。

总的来说，大学生自杀干预是一项非常复杂的工作，其专业性强，又涉及个人生命。因此，干预人员一定要有丰富的专业知识，还要具备关爱、理解、耐心、细致的素质。

二、高校大学生性侵犯危机事件干预

性侵犯危机在近两年也变得越来越频繁，为了大学生免受其害，这不能不将其当作一个重点内容进行关注。

（一）大学生性侵犯危机事件的概述

1. 大学生性侵犯危机事件的简介

大学生性侵犯危机事件，是指以女大学生为目标，以暴力、胁迫或其他手段，违背其意志，占有或玩弄女性的事件。这种危机事件不仅会深深地伤害到被害人的身心，而且还

会使被害人的人格尊严受到污辱，从而导致女大学生精神崩溃，甚至出现自残、自杀等严重后果。

自20世纪90年代以来，虽然“性道德教育”和“性法制教育”已经植入到了我国高校教育的内容中，但大学生性侵犯危机事件并没有因此而减少。有学者调查研究发现，以大学生为对象的性侵犯也有增多趋势——女大学生“被强迫求爱”的发生率从1991年的19.4%上升到2001年的36.1%。至2001年，全国女大学生中被迫接吻的发生率为47.2%，被迫性交的发生率高达12.8%。

不管是在西方发达国家，还是发展中国家，对女大学生的性侵害是一个绝对不能忽视的社会问题。

2. 大学生性侵犯危机事件的特征

大学生性侵犯危机事件最突出的特征就是受害者遭受到身心双重伤害，尤其是心理上的伤害，很可能致使更严重的后果发生。

大学生性侵犯事件发生后，受害者往往会承受来自多个方面的压力。如果碍于面子不告诉他人，自己默默承受，那么受害者会因得不到相应的心理指导，出现心理不健康情况，严重者可能会出现自杀行为。如果告知他人，事件影响扩大后，受害者可能会受到外界的舆论压力，长期下去容易导致心理畸形。

不单是给受害者本人带来极大的伤害，同时也会给受害者的家人、学校等带来巨大的伤害。所以说，大学生性侵犯危机事件必须引起多方的关注，制止此事件的发生。

3. 大学生性侵犯危机事件发生的原因

女大学生遭到性侵犯的情况各有不同，总体而言，性侵犯事件形成的原因既有主观方面的原因，也有客观方面的原因。

（1）主观原因。主观方面的原因就是女大学生自身的原因。事实上，只要性犯罪存在，每个女大学生都是潜在的受害人，只是，有时候是由于女大学生自己主观方面的原因，使自己由潜在的受害者变成了现实的受害者。女大学生自身的原因往往包括以下一些。

其一，疏忽大意，缺乏应有的警惕性而遭遇性侵犯事件。

其二，自身在行为上、语言上较为轻浮，喜欢浓妆艳抹，穿着性感、暴露，喜欢与异性朋友交往，这样就非常容易诱使犯罪者对自己施加性侵害。

其三，有些女大学生总爱贪图享受，总是希望依附有钱的人，因此会给犯罪分子以机会，使女大学生上当受骗，遭受性侵犯。

（2）客观原因。从客观方面说，女大学生也很容易遇到性侵犯危机事件。

其一，从社会道德方面来看，处于社会转型时期的中国，由于受到各种社会因素的影响，具有较为严重的社会道德困境，具体表现为人们普遍缺乏道德自律精神、价值冲突剧烈、社会道德共识难以凝聚等。女大学生容易遭遇性侵犯危机事件，与当今社会道德问题严重有着很大关系。在校园中，往往就会有一些道德败坏的男大学生，喜欢骚扰女生，或是偷窥女生解手、闯入洗澡室行流氓之事等；还会有一些道德败坏的高校教职员工也会利用女大学生单纯、幼稚、社会经验少的特点，以辅导学习、帮助找工作、谈恋爱等欺骗她们，使她们遭受性侵犯。在社会上，更是有很多缺乏道德自律的不法分子经常向女大学生伸出不法之手。例如，2014 年 8 月 21 日，女大学生金某到青岛参加体检。体检后于当天下午独自一人乘火车从青岛到济南转车去泰安。不法分子代某在济南火车站遇见了金某，随即与金某搭讪，称要骑电动车送金某去西客站，金某随即答应，但是代某却用电动车将金某带到了其住处，对金某实施了捆绑、殴打、恐吓、强奸，并利用性药品和性工具对金某实施多次性虐待。这一事件一出引起了社会的强烈反响。

其二，从舆论压力方面来看，进入新时期以后，虽然我国女性的政治地位、社会地位和家庭地位在不断提高，但是一些封建观念还是挥之不去，占有很大市场，如“三从四德”、贞操高于生命等。这些观念可谓是社会对女性相当严格的性要求。在这样的文化背景下，大学生性侵犯的受害者一旦向人倾诉、寻求帮助、提出诉讼，首先就会被大众认为已是不洁之人，也许还会揣测受害者自身轻浮、不检点。性侵犯危机事件一旦被传开，大学生的名誉就会受损，继而影响其未来的学业、就业、升职、爱情、婚姻等。面对巨大的舆论压力，性侵犯危机事件的受害者往往就不敢声张、不愿声张，选择忍气吞声。那些不法犯罪分子正是利用女大学生的这种心理而实施不法行为。

其三，从公共安全方面来看，在市场经济体制下，我国出现了价值多元化、利益冲突加剧、人口流动加剧、社会调控能力不足等一系列现象，这些现象对人们的心理产生着巨大的冲击。因此，各种公共安全事件也就频出不穷。在公共安全体系不健全的状况下，对于社会经验缺少的女大学生来说，也就极易遭遇性侵犯危机事件。

（二）大学生性侵犯危机事件的预防

1. 开展多形式的安全教育

当前阶段下，女大学生普遍缺乏安全意识，缺少安全自救常识和技能。在遭受性侵犯时不懂得采取何种恰当措施、何种正当途径来保护自己，防止受害。

因此，高校应当积极开展各种形式的安全教育，从而增强女大学生的安全意识、自我保护意识，提高性侵犯危机事件的灵活应对能力。与此同时，要通过安全教育使女大学生掌握基本自救技能，在遭受不法侵害时，知道如何采取应对措施、自救渠道。

在安全教育中，教育者还应当鼓励女大学生勇于揭露犯罪，同时在保证自身身体健康和生命安全的情况下，学习如何采取恰当策略防止不法侵害的发生或者避免扩大危害结果。

2. 举办校园性侵犯或性骚扰预防教育宣导活动

高校校园中可以举办一些性侵犯或性骚扰预防教育的宣传活动，如开展防身技能演示训练，发放相关预防书籍等。这样的宣传活动能够有效提高大学生的自我保护意识和性侵犯应对能力，降低大学生性侵犯的概率，培养大学生沉着机智处理此种危机事件的能力。

3. 加强思想道德教育

处于青年时期的女大学生心理趋于成熟，性意识增强，与异性交朋友的欲望强烈，但性观念尚未健全，鉴别能力和自控能力较差，容易受到意外的伤害。因此，高校教育者应当弘扬积极性向上的优良文化，帮助大学生树立起正确的人生观、健康的性观念，杜绝腐朽思想的侵蚀。

4. 加强法制教育

很多大学生的法制观念淡薄，法律意识缺乏。因此有些学生不懂得自己实施的行为是违法犯罪以及所要承担的法律责任，从而冲动地实施性侵犯行为，而许多受害者也不懂得运用法律武器来维护自己的合法权益。这就需要高校要加强法制教育，给学生灌输正确的法律知识，加强大学生的法律意识。

5. 加强校园安全管理，给学生提供制度保障

高校要加强安全管理，做好安全保障工作。首先，高校要完善安全管理规章，杜绝安全风险隐患；其次，要具体加强晚间的巡逻、学生宿舍的管理等。

6. 完善学校的各种保护机制

高校要完善各种保护机制，可以从多方面入手。例如，保持应急电话的通畅；加强校园晚间的巡逻；在黑暗处增设路灯；在学生常出入处设置保安点；假期加强对学生行踪的了解等。

（三）大学生性侵犯危机事件的干预

1. 事件发生后的处置

辅导员应当先以接纳、理解、支持的态度给予受害大学生信心，依据受害大学生的需求提供适当的帮助，如社会支持、医药协助、法律咨询服务等。

干预者应运用社会资源建立社会网络，让受害大学生及时宣泄情绪，并给予适当的引导。

预期受害大学生可能发生的问题，如身体上的不适、心理上的低落、消沉等，对其做好适当的安排。

要追踪掌握受害大学生的适应状况，并依其实际的需要给予协助，必要时，可建议受害大学生休学调适，通过环境和时间消除其身心的创伤。

干预者应当做好保密工作，尽量维护大学生的权益，不得随意透露受害大学生的相关信息，提醒所有知情者，保护受害大学生的名誉，必要时可采取签字承诺等方式来保密。另外，尽可能在自然的环境中实施干预，避免人为的制造特殊的环境给受害大学生造成过重的心理负担，激发或加重其心理问题。

2. 事件发生后的善后工作

善后工作是保证受性侵犯大学生的身心健康和人身安全的重要工作。在干预过程中，尤其不可忽视如下善后工作。

（1）高校应组织专业的心理辅导人员根据不同情形下的性侵犯事件对受害大学生进行心理辅导，确保受害大学生在事后能愈合受伤心理，继续健康成长。

（2）学校应视受害大学生的身心状况，主动转介至各相关机构，并于必要时协同相关处室提供心理咨询辅导、法律咨询渠道、课业协助、经济协助及其他性别平等教育委员会认为必要的协助。

（3）高校应派专人留心受害大学生的行为，经常通过电话联系了解其精神状态；联系学生家长及好友帮助受害大学生早日恢复；适当组织活动，扩大受害大学生的交际范围，分散其注意力，帮助其走出心理困境。

（4）全面协助受害大学生，在保护受害大学生的同时，按正常程序将罪犯绳之以法，消除性侵犯安全隐患。

第二节　高校大学生网络成瘾性危机与精神障碍心理危机干预

一、高校大学生网络成瘾性危机干预

这里所谓的高校大学生网络成瘾性危机，主要指的是网络成瘾。由于互联网可谓是一个信息高度集中、丰富多样的平台，因此，其以开放性、互动性、数字化、全球化等多元化特点，对如今人类的社会生活都产生了极为深刻的重要影响。而高校大学生作为互联网受众最多的一个群体，通过互联网能够帮助他们开阔视野、拓宽思维，并丰富高校大学生的学习、生活以及未来的工作，同时成为了他们学习知识、交流思想感情以及休闲娱乐的一个重要平台。

然而，随着高校大学生上网时间的持续增多，一些高校大学生沉迷于网络的现象（有人称为“网瘾”）也随之而来，从而严重影响了高校大学生的正常的学习、生活以及身心健康，从而给高校大学生本人、家庭、学校以及整个社会带来严重的消极影响。

（一）高校大学生网络成瘾性危机概述

高校大学生的“网瘾”，主要是指在无成瘾物质作用下的上网行为冲动失控，通常表现为高校大学生由于过度使用互联网而导致个体明显的社会、心理功能损害。网瘾症的主要类型包括网络恋情成瘾、网络游戏成瘾、网络关系成瘾、网络信息超载成瘾等。其中，网络信息超载成瘾和网络游戏成瘾最为常见。

（二）高校大学生网络成瘾性危机的特点

患有网瘾症的高校大学生，通常当事人伴有食欲减退、胃肠功能障碍、睡眠节律紊乱等躯体症状，以及伴有自信心膨胀、自我评价过高等高涨情绪反应或经常出现出悲观、沮丧、对未来失去希望等低落情绪体验。部分严重患者甚至完全与现实相脱节，并且出现短暂的现实解体、甚至妄想。以上种种危害的出现，严重影响了当事的高校大学生的正常生

活学习，导致其学习兴趣降低，甚至产生厌学心理，严重者还可产生轻生的悲观念头及自杀行为。

（三）高校大学生网络成瘾性危机的处置

对于一些轻度网瘾症的高校大学生，应当将其划入重点关注的对象名单之中，从而得到班干部、辅导员的共同关注与帮助，及时督促其顺利完成自己的学业。而对于一些沉迷网络相当严重、无法正常进行学习、生活的高校大学生，应当按照高校学籍管理的相关制定，对于一些达到学业警示、甚至退学情况的，须立即通知其家长，在其家长的协助之下进行教育或办理休、退学手续。

为了预防和纠正大学生网络成瘾现象，需要从大学生自身和社会两个方面做起。具体而言，必须要做好以下几个方面。

1. 正确认知网络

在现代社会中，互联网技术的高度发达极大地拓展了人类的交往空间，深刻地改变着人与人、人与社会的关系，给人类带来了一个全新的时代，在家办公、网上学校、电子商场、电子银行等等新生事物和社会现象的出现，使人类的生活方式发生着深刻的变革。但是，我们必须认识到，网络世界既是一个充满自由、开放、平等的世界，也是一个充满着诱惑与陷阱的危险之地。

在校大学生必须认识到，网络世界并非真实的社会，网络世界中的成就感并不意味着真正的成功，虚拟世界中情感的宣泄与满足并不能得到真正的快乐，应该认清网络带来的并非是鲜花与美酒，也会给自己带来苦涩的恶果。在当前阶段下，有许多迷恋上网而不能自拔的大学生，随着上网时间不断延长，他们的记忆力下降，对学习也逐渐产生厌烦感，并进而出现逃课上网、对各种活动漠不关心，进取意识减弱，与周围同学关系紧张等现象。从根本上来说，网络只是一种工具，网络资源是人类社会不可缺少的财富，应该科学合理地利用这一工具，发掘更多有价值的信息和资源，并对此进行充分的利用，而不能滥用网络，否则会造成很大的负面影响。

大学生对于网络世界的认识，常常会出现这样的错误认识，如夸大网络的功能，认为网络是解决一切问题的灵丹妙药；或是认为网络是带来人的自我迷失、人与人之间的相互欺骗、社会秩序紊乱的症结，从而完全否定网络的作用。客观来说，大学生只有对网络有正确的认知，才能以健康的心理和正确的态度去面对网络，合理地使用网络资源，准确地把握自我，认清自己的真实需要，将现实社会与虚拟社会的关系处理好，有效地避免网络心理问题的产生。

2. 自律与自我管理

自律包含着两层含义：一方面，自律总是与自由和理性联系在一起的，即要体现出人格尊严和道德觉悟，而不是被内在本能和外在必然性所决定；另一方面，自律是指自做主宰、自我约束、自我控制。人们要想做到既能够将自尊、自主与自由充分体现出来，又能够将自我控制力培养起来，首先必须要做到自律。在网络世界中，信息含量十分巨大，各种文化与价值理念交织纷纭，各种论断莫衷一是，各种诱惑比比皆是；网络世界又是一个充满自由的社会，摆脱了现实中的种种外在约束。在这种虚实难辨、是非难断却又无明确而强力约束的多彩世界，大学生容易因认知偏差或侥幸心理而产生心理困惑与矛盾，以致产生各种各样的网络心理问题。

大学生沉迷网络是对现实的一种逃避，也是一种社会责任感的淡化，这样不仅不能够解决其面临的现实问题，而且还有可能进一步加重大学生的心理问题，使他们更多地表现出自我迷失、生活重心丧失、人际沟能障碍等问题，产生非理性的甚至是反社会的行为，如大学生中的流行“网恋”与“网婚”现象。由于网上情缘不需要任何承诺，也没有任何约束，大学生的风花雪月通过网络就能实现。然而，大学生从网络世界的虚拟婚姻得到的快感又迫切希望回到现实中来，现实生活中，这样的理想又很容易破灭。于是，大学生又不得不回到网络世界，使得具本身空虚的心理变得更加空虚，导致大学生在现实情感交往中出现冷漠与抑郁，在交往上自我失落，造成心理承受能力脆弱。

由于网络世界中缺乏较强他律，许多大学生几乎感受不到较为直接的他律影响，因而其自律的重要性与意义显得尤为重要。一个缺乏自律的人不可能是一个自尊自重的人，也是一个不能获得自由与自我价值实现的人。这就要求大学生将自己的日常生活合理安排好，保持正常的生活、工作、学习规律，对上网时间进行有效的控制。

3. 改善网络环境

在现代社会中，网络环境成为人们生存和发展环境的一个重要组成部分，人们将越来越难以离开网络。网络环境在很大程度上造就了人们崭新的学习和交流环境，不同的网络环境会对大学生的人格产生不同的影响。良好的网络环境培育健全的人格，恶劣的网络环境造就有缺陷的人格。为了保障大学生网络心理的健康发展，还需要社会、学校等多方力量共同关注大学生的成长，优化网络环境，为大学生提供一个良好的发展平台。

（四）高校大学生网络成瘾性危机的预防措施

对于高校大学生的网瘾症，一般可从以下几个方面采取预防措施。

1. 进行网瘾症史摸底

在新生入学初期，高校应当适时地对所有学生的网瘾症史进行了解，并记录在案，以方便未来对一些存在网瘾问题的学生进行关注与引导。

2. 加强网络道德教育

各高校需要通过多种途径开展高校大学生网络道德教育，从而让他们能够自觉约束自己的网络行为。

3. 建立查寝制度

定期或不定期地进行查寝工作，以便于对患有网瘾症高校大学生的生活起居习惯、状况等进行及时了解。

4. 建立查课制度

定期或不定期地进行查课，以对患有网瘾症的高校大学生的到课情况，进行及时、全

面的了解。

5. 学习成绩分析制度

在每学期考试结束后，应当重点关注一些网瘾症高校大学生的最后考试情况，并督促一些有不及格科目的高校大学生利用假期认真复习，准备补考。

（五）高校大学生网络成瘾性危机的善后工作

对于一些因网瘾症严重而出现身体不适或精神症状的高校大学生，高校应在处置时保证其人身安全并充分考虑到其情绪等状况，在其家长未到校之前，须安排同班或同寝室同学，做好其相关的思想工作，并随时报告、掌握其行踪；辅导员或班干部须安抚学生，避免一些极端事件的出现，以免发生不可挽回的后果。

（六）高校大学生网络成瘾性危机的相关思考

高校大学生网瘾症危机的发生，其实往往都有一个历史发展的过程，即这些高校学生在中学时期已经不同程度地表现出沉迷网络的迹象。因此，在高校入学初期，各高校一定要向新生及其家长了解学生网瘾症历史的情况，从而方便今后对这些学生进行重点关注，并及时与家长保持密切联系。毕竟教育网瘾症高校大学生的任务不能完全由高校来承担，而且应当联手家长，最终确保高校大学生的身心健康、学业进步。而对于一些进入高校后才表现出网瘾症的高校大学生，应及早告知其家长，从而让家长想方设法进行协助教育。

二、高校大学生精神障碍心理危机干预

近些年来，各地方高校都或多或少地出现了因心理障碍、患精神病的高校大学生的危机事件。而怎样对以精神病为主体的危机进行预警和防范，以便于有效地实现危机的有效控制和化解，维护各地方各高校的校园秩序，将危机所造成的损失降低到最低限度，是衡量危机管理效果、构建和谐高校校园的一个重要标准。此外，我国人民代表大会常务委员会也于2013年对外颁布了《中华人民共和国精神卫生法》，以发展精神卫生事业、规范精神卫生服务、维护精神障碍患者的合法权益。而这也有效地保障了我国各地各高校对高校大学生精神障碍心理危机干预的顺利进行。

（一）高校大学生精神障碍心理危机概述

高校大学生精神障碍心理，通常指存在严重的心理障碍，其认识、情感、意志、动作行为等心理活动均可出现持久的明显异常，难以正常学习、工作、生活，动作行为难被一般人理解，并在病态心理的支配下，往往具有自杀或攻击、伤害他人的行为。

（二）高校大学生精神障碍心理危机的特点

高校大学生的精神障碍心理有时间歇发作，有时持续发作，并逐渐趋于慢性化，同时致残率较高。如果及早发现、及时就医，那么这些患病的高校大学生便能够在药物的辅助治疗之下，单独从事一些生活、学习活动。不过，大多数的高校大学生精神病患者主要属于出生缺陷或先天遗传。

一般来说，高校大学生精神病的常见类型主要有精神分裂症、狂躁抑郁性精神病、偏执性精神病及各种器质性病变伴发的精神病等。为此，患病的高校大学生及其家属应与精神科医生配合进行治疗。

其实，在日常生活中，有许多人将神经病与精神病完全等同起来。而这实际上是个严重的误区，毕竟神经病和精神病是有本质区别的，即精神病属于心理疾病范围，神经病属于器质性病理范围。此外，精神病的顽固性较强，病理改变明确，处理专业性较强，所以必须由专业人员进行干预并进行临床治疗。

最近一些年来，高校大学生心理障碍发生率开始呈不断上升趋势，而且高校大学生自杀与杀人案件也时有发生。为此，全国各地各高校都十分重视研究高校大学生心理危机干预工作，以试图找出干预心理危机、防治心理疾病等的有效方法或措施。

（三）高校大学生精神障碍心理危机的处置

高校大学生精神障碍危机的处置，主要包括以下几方面：

其一，要及时保护患病的学生，并果断采取一些有力措施，以防严重后果的和危机事件的发生。

其二，应迅速上报到高校有关部门，并与该学生家长取得联系，双方共同协商最终的处理方法。

其三，在取得家长或本人同意的前提之下，及时送医治疗。

其四，及时并严格依照医生所给出的治疗方案进行诊治。

其五，如有必要休学、转学甚至退学，需向家长告知休学、转学或退学的必要性，并希望家长理解、支持工作。之后，双方应进一步按要求办理相关休学、退学或转学手续。

（四）高校大学生精神障碍心理危机的预防措施

高校大学生精神障碍心理危机的预防措施，应做到以下几方面。

1. 把握信息

这就需要选择合理的方式、方法来收集高校大学生心理状况信息，并建立心理档案，及时进行跟踪和监测。

2. 多方配合

高校大学生以高校为其生活、学习之所，因此必须由高校主导管理，同时学生、家庭和社会相互配合，最终形成“高校引导、个体配合、家庭支持和社会关怀”的多方配合模式。

3. 及时反馈

这主要是指将收集到的信息及时反馈到有关部门（如院系的学生工作处等），并尽早将高校大学生精神障碍心理危机的苗头消除，以将事故发生和损伤程度降到最低。

4. 及早发现问题

如果以高校学生为中心，那么可以通过主动和被动的方式来表达自我的心理现状。

（1）主动方式。主动方式主要包括：其一，高校大学生通过总结和自我评价的方式，

向本校相关部门（如院系的学生工作处等）反映心理问题；其二，高校大学生向自己的家人反映，之后家人及时向高校反馈；其三，高校大学生向心理咨询机构寻求帮助，之后该心理咨询机构与高校进行联系。

（2）被动方式。被动方式主要包括：其一，高校采用各种方式调查本校大学生心理健康状况，如采取问卷调查的形式、心理座谈会、建立心理排查网络系统等，从而鼓励高校大学生积极、如实地反映自身和其他同学的心理问题；其二，家人定期与其子女进行交流，以便于了解其生活和学习近况，掌握其心理情况，并与高校保持密切的联系；其三，社会心理救助机构走入高校校园，通过专业化的心理知识研究高校大学生的心理走向，并与所在高校分享其研究成果，使高校掌握第一手资料，确定预警对象。

（五）高校大学生精神障碍心理危机的善后工作

高校大学生出现精神障碍危机事件后，为了确保他们的人身安全，各高校须做好如下善后工作。

其一，各高校在未做出任何处理意见之前，应提前通知学生家长前来协助处理学生的相关学业问题。

其二，在家长未来校之前，辅导员、班干部等人必须一同密切关注该学生的行为动态，一旦有异常情况应随时上报，以确保其人身安全。

其三，待家长来校之后，应做好相关的解释说明工作，并按照治疗疗程、治疗效果和主治医生的治疗建议，进行相应的治疗措施等。

其四，及时建立“事件处理档案”，充分总结工作经验。

第三节 心理危机下高校大学生的自我成长

大学生是社会发展的重要建设者，其个人发展水平直接影响到其个人的发展，并在一定程度上影响着社会的进一步发展。在当前阶段下，我们必须关注大学生的身心健康，使其实现自我成长，更好地为社会发展做出贡献。

人的内心都充满着成长的动力。成长的动力源于人的内心，它是由内至外的引发的，并不受外界条件的限制，但却需要外界来促动。实现自我成长需要我们很好的认识自己，跨越现有状态，以更加开放的心态接纳自我，提升自我，促进自我成长。

一、认识自我

古希腊人把“认识你自己”看成是人类的最高智慧，阿波罗神殿大门上写着这样一句箴言：“认识你自己。”通过认识使人感到荣耀、具有尊严的自我，会使人认识到自己所具有的崇高神圣价值。从某种角度来说，一个人是否能够取得成功，在很大程度上取决于其如何认识自我，如何运用自身拥有的条件。由此我们可以看出，大学生只有真正认识了自我，才能更好地去追求成功。

大学生正处在世界观和人生观的形成过程中，如何正确地认识自我，是一个迫在眉睫的问题。“人贵有自知之明”，全面而正确的自我认知是培养健全自我意识的基础。自我认知是从多方位建立的，既有自己的认识与评价，也有他人的评价。在日常生活中，大学生应当多与家人、朋友、同学进行沟通，听取他们对自己的评价，全面地认识自身的优点以及存在的缺陷。只有如此，才能使自己得到更好的发展。

大学生自我意识的发展与完善是一个不断地进行自我认知、自我评价、自我改造、自我完善的过程，正如雕琢一件工艺品一样，真正的匠人为了心中的追求，终身不悔。在现代社会中，广大大学生是一个有理想、有热情的群体，他们向社会寻求理解和信任，渴望施展自己的才能。社会的发展迫切要求当代的青年尽早认识自我，成为自我的主宰者。新时代的大学生们应当树立起永恒的自信心，坚定的信念，以坚韧的毅力去认识自我，进而实现人生的价值。

二、悦纳自我

悦纳自我不是一个抽象的概念，它是一种心理状态，是一种自我评价的情感和态度，与客观环境并不完全相关。在人类社会中，有些人拥有大量的财富，但是平日却经常感到压抑；有些人虽然生活清贫，但却可以做到知足常乐；有些人相貌俊美，但却对自己的长相感到不满，甚至因此不喜欢自己；还有些人在生理方面存在一定的缺陷，但却拥有一种豁达的人生态度，因而可以乐观地生活。由此我们可以看出，自我悦纳是自我意识健康发展的关键所在。

大学生要悦纳自我，首先要学会接纳自己，喜欢自己，欣赏自己。在此基础上，理智与客观地对待自己的长处与不足。客观来说，每个人都存在着这样那样的缺点，只是有些人的缺点表现的更加明显，有些人的缺陷不容易为人所发现而已。大学生不应该为没能达到自己的期望而过分自责，一个人不会因为自身存在的某些缺点而变得毫无价值。因此，大学生必须要客观对待自己的缺点，勇于承认和接受自己的不完美之处。当大学生们能够认识客观地认识自己存在的消极因素时，就可以更好地做到悦纳自我。由此可见，我们要学会在感情上容忍自己的不完美之处。

每个人的两重性是不可改变的。从这个角度来看，高校大学生应当保持一种心态和感觉，不但清楚自己的长处、优点，也了解自己的弱点，明白自己永远具有灵与肉、好与坏、真与伪、友好与孤独、坚定与灵活等等的两重性。当一个大学生能够充分地自我接纳时，他便会有良好的感觉，他的情感、举止、才能也才会发挥得更加出色。

三、自我反省

古人云：“吾日三省吾身。”经常性的自我反省是一种很好的行为。人类社会之所以能

够不断地进步与发展，正是因为人类能够在生活中不断地进行自我反省。客观来说，成功者并不是从来不犯错误，他们之所以能够成功，是因为他们有着更强的反省精神。对于高校大学生而言，为了更好地面对自身可能面临的心理危机现象，使自身取得更好的发展，必须要经常进行自我反省。

四、自我提升

大学生的自我成长是一个自我提升的过程。大学生要更好地进行自我提升，可以从两个方面做起，一是克服自身障碍，二是增强自我效能感。

所谓自我障碍，就是人们因自己能力不足的焦虑带来的不安全感的体验。例如，某大学生认为，由于考试前身体不好，因此在考试中没有取得好成绩。这就是一种常见的自我障碍，当事人由此为自己的考试失败找到了借口。大学生要使自我得到发展，必须主动克服自我障碍，进行自我提升。

所谓自我效能感，就是指个体在一定情境下对自我完成某项工作的期望与预期。客观来说，当人们期望自己成功时，他必然会尽自己最大的努力并且当面临挑战性任务时，会表现出更强的坚持力，从而增加了成功的可能性。通常情况下，自我效能感高的大学生一般对自己的学业期望也比较高。

大学生的自我成长需要不断进行反思，依照过去、现在、未来的时间顺序清晰地把握自己，这样才能更好地实现自我成长。这就需要大学生做到以下几个方面：第一，有一个较为健康的自我形象，只有这样才能更加积极主动地把自己推向更高的台阶，实现自我发展；第二，个体在成长中可能会存在这样一种态度，即害怕离开熟悉的环境去接受挑战，这就要求大学生要勇于接受挑战，敢于挑战自我。总言而之，高校大学生的自我发展需要其不断地自我反思、自我监控。大学生们必须要坚定信念：成长并没想象中困难，重要的是给自己一个尝试的机会！

参考文献

[1] 邵志芳．认知心理学——理论、实验和应用［M］．上海：上海教育出版社，2013.

[2] 徐东兴，赖海雄．心灵的优化与重建：大学生常见心理问题及应对策略［M］．武汉：武汉大学出版社，2015.

[3] 郭亚嫘．成长，总会有一点痛：当代大学生心理问题探究［M］．北京：北京时代华文书局，2014.

[4] 申艳婷，汤永隆，何敏．大学生常见心理问题解析——高校辅导员工作思路创新［M］．成都：四川大学出版社，2012.

[5] 吴才智，蒋湘祁．大学生心理健康［M］．上海：华东师范大学出版社，2013.

[6] 李云驰．大学生心理健康管理［M］．北京：中国社会出版社，2013.

[7] 张厚粲．大学生心理学［M］．北京：北京师范大学出版社，2002.

[8] 罗洪铁. 大学生成才理论与实践［M］. 北京：人民出版社，2010.

[9] 朱合理．大学生个体自我管理研究［M］．武汉：武汉大学出版社，2013.

[10] 郑爱明．大学生心理危机——家庭视角探寻［M］．南京：南京大学出版社，2013.

[11] 龚惠香．大学生心理素质训练［M］．杭州：浙江大学出版社，2011.

[12] 姚本先．学校心理健康教育新论［M］．北京：高等教育出版社，2010.

[13] 卢爱新．新时期大学生心理健康教育发展研究［M］．北京：中国社会科学出版社，2008.

[14] 朱坚，王水珍．健康之路从心起步：大学生心理调适与发展［M］．北京：科学出版社，2010.

[15] 夏智伦．高校心理健康教育操作实务［M］．北京：高等教育出版社，2013.

[16] 莫雷，颜农秋．大学生心理教育［M］．广州：暨南大学出版社，2003.

[17] 叶琳琳．大学生心理健康教育与心理素质训练［M］．北京：北京师范大学出版社，2012.

[18] 李江雪．大学生情绪管理与辅导［M］．北京：北京师范大学出版社，2010.

[19] 葛明贵等．大学生学习心理研究［M］．合肥：合肥工业大学出版社，2010.

[20] 韩晓黎．大学生就业心理调适与就业指导［M］．成都：西南交通大学出版

社，2014.

[21] 崔建华．快乐成长营：大学生心理素质提升训练［M］．厦门：厦门大学出版社，2009.

[22] 卢勤，周宏，邵昌玉．大学生心理健康理论与实践［M］．成都：四川大学出版社，2010.

[23] 李汉华．大学生心理健康教育［M］．北京：北京理工大学出版社，2011.

[24] 刘翔平．学校心理学——学生心理教育评估与干预［M］．北京：世界图书出版公司，1999.

[25] 郑宝锦，马桂兰．大学生心理健康教育［M］．青岛：中国海洋大学出版社，2008.

[26] 郑爱明．大学生心理危机：家庭视角探寻［M］．南京：南京大学出版社，2013.

[27] 赵平，夏玲．大学生心理健康问题与策略研究［M］．合肥：中国科学技术大学出版社，2012.

[28] 张旭东，车文博．挫折应对与大学生心理健康［M］．北京：科学出版社，2005.

[29] 吴超．大学生安全文化［M］．北京：机械工业出版社，2005.

[30] 段鑫星，程婧．大学生心理危机干预［M］．北京：科学出版社，2006.

[31] 陈斌，刘轩．积极心理学视角下的大学生极端心理危机预防［M］．南昌：江西人民出版社，2013.